LA CHAMANE DU TOUVA

Éditions Ellébore
16, rue de Lancry · 75010, Paris

Direction : Édouard Frison-Roche
Direction éditoriale : Katia Kaloun
Édition : Marine Bourasseau, assistée par Axelle Quéré
Couverture, création graphique et mise en pages :
Charlotte Thomas et Coline Cayzac

Crédits iconographiques :
Couverture : © Jozef Klopacka/Shutterstock

ISBN : 979-1-0230-0247-8

Nathalie Ruffat Westling

LA CHAMANE DU TOUVA

L'histoire d'une malédiction

Ellébore

SOMMAIRE

Nous ne sommes pas des êtres humains vivant une expérience spirituelle,

nous sommes des êtres spirituels vivant une expérience humaine.

– Pierre Teilhard de Chardin

À l'Ours.

Touva, Sibérie – février-mars 1986

Yahweh dit : « Qu'as-tu fait ?
La voix du sang de ton frère crie de la terre jusqu'à moi. Maintenant, tu es maudit de la terre qui a ouvert sa bouche pour recevoir de ta main le sang de ton frère. Quand tu cultiveras la terre, elle ne donnera plus ses fruits ; tu seras errant et fugitif sur la terre. »

Genèse 4:10-12

– Tu seras maudite, apatride, sans toit ni famille, à errer seule autour de la Terre pour l'éternité.

Je regarde Yelena, ma guide, hagarde, le cœur battant violemment au fond de ma poitrine, les mains moites, avant de m'écrier en français :

– Mais pourquoi ? Qu'est-ce que j'ai fait pour mériter ça ?

Yelena se tourne vers la chamane et se met à lui parler en russe de sa voix calme et douce. Soudain, tout me semble absurde ; les paroles de la vieille chamane proférées violemment, les chants gutturaux entrecoupés de crachats, le bruit assourdissant du tambour et cette yourte sale et sombre au fin fond de la Sibérie.

J'ai 21 ans et, d'un coup, je pense à mes amies, qui sont certainement en train de faire les boutiques ou de boire un verre de chardonnay dans un bar en ville. Je pense à Johannes et à Biret, qui m'ont envoyée voir cette vieille femme, et me voilà assise là, dans ce tipi insalubre à des milliers de kilomètres de tout cela. Je ne veux plus qu'une chose : rentrer chez moi !

Sans crier gare, comme sortie de sa transe, la chamane s'assoit soudain sur son vieux tabouret, pose son tambour à terre et se tait, la tête légèrement inclinée vers le sol. J'ai l'impression qu'elle s'est endormie ou évanouie. Ce silence presque incongru semble amplifier le crépitement des flammes. Malgré la coiffe de perles qui recouvre son visage et trouble sa vue, j'ai l'impression qu'elle me fixe. Je retiens ma respiration. Brusquement, d'une voix grave, presque sépulcrale, son regard éteint fixé sur moi alors qu'elle a relevé sa coiffe, elle se met à ânonner :

– Il y a longtemps, très longtemps, *malyshka*, tu as trahi ta famille. Ton clan a péri sous les flammes et les lances. Le sang a coulé dans ton village, beaucoup coulé. Tu as trahi ton père et ta mère. Tu as trahi ton mari, son village, sa famille. Tu es maudite, Nathalie, tu as été maudite par ta caste. Un sorcier, un vieil homme de ton clan, t'a jeté une malédiction ! Et depuis, ton âme erre sans repos sur la Terre !

Yelena continue de traduire doucement, le regard baissé. Je tremble désormais comme une feuille au vent. La fumée bleutée du foyer brouille l'air et un sentiment étrange et viscéral me glace soudain jusqu'aux os. Une peur violente, organique, s'empare alors de moi. Un goût de sang âcre et métallique m'étreint les mâchoires et me donne envie de vomir. Je me lève en suffoquant presque et trébuche sur mon tabouret. Qu'est-ce que je fais ici ? La chamane m'ordonne de m'asseoir. Yelena me prend la main.

– Viens, calme-toi, Nathalie.

Elle me verse un verre d'eau. La chamane se lève brusquement, se met à tourner autour de moi en murmurant des paroles incompréhensibles et en faisant virevolter des plumes d'aigle au-dessus de ma tête, ainsi qu'une sorte de crécelle emplie de pierres dont les vibrations m'étourdissent. La brise légère créée par les plumes me fait frissonner et je ferme les yeux. J'ai l'impression de vivre un cauchemar ; je sens mon cœur battre de plus en plus fort, prêt à se briser au fond de ma gorge. Je n'ai qu'une envie : fuir à travers la forêt enneigée.

Soudain, au-dessus de moi, je sens l'ombre d'un aigle tournoyer silencieusement. Le feu crépite doucement, je n'entends plus la vieille chamane chuchoter, Yelena s'est arrêtée de parler et je me sens en paix. Des larmes coulent doucement sur mes joues. Je pleure en silence et me recroqueville sur moi-même.

Juillet 1985

C'est l'été en Laponie. Depuis 10 heures du matin, je me bats contre de minuscules moustiques au milieu de la tourbière en jurant en français. La toundra est devenue mon unique terrain de jeu depuis quelques semaines, mais ces insectes rendent mes sorties insupportables. Accompagnée de la vieille Biret, qui tente vainement de m'apprendre quelques rudiments de la langue samie, je peste contre ces nuées de minuscules vampires. Taons, mouches noires et moustiques ont fait leur apparition pendant les pluies de juin. Biret m'a promis qu'ils disparaîtraient en août, dès que le temps se rafraîchirait.

Tous les matins, je l'accompagne lors de ses cueillettes. C'est une véritable « femme-médecine », une *noaidi*, une chamane hautement respectée par les habitants du coin. Elle soigne les rennes quand ils se blessent ou sont malades et connaît toutes les plantes des alentours : lichen, champignons et baies sauvages n'ont aucun secret pour elle. Elle les utilise en cuisine, mais aussi pour soigner son entourage. Et puis, elle parle aux arbres et aux rochers. Je l'ai vue s'arrêter près d'un bloc de pierres et murmurer des paroles en sami. Elle a longtemps refusé que je la suive, mais a finalement cédé, pensant que je me lasserais rapidement de ces longues et mornes promenades silencieuses.

Ce matin, Biret a revêtu sa robe d'été traditionnelle et sa coiffe. Elle porte de drôles de chaussons en peau de renne et semble glisser sur la bruyère comme un elfe. C'est une vieille femme, toute petite et ronde, à la peau claire et fripée et aux yeux bleus comme un ciel délavé. En ville, peu de gens portent le costume désormais, sauf pour les grandes occasions comme la foire aux rennes de Jokkmokk, en février, mais, ici, les anciens et ceux qui gardent les rennes s'habillent toujours traditionnellement.

Ce matin, j'ai vu les hommes partir au marquage et ai fait quelques grimaces à Johannes en guise de moquerie quand il a chaussé ses bottes en fourrure de renne et enfilé sa coiffe traditionnelle. Je n'arrive plus à les accompagner au marquage : couper une oreille au couteau m'est impossible. Je n'arrive pas à m'y faire, c'est plus fort que moi, alors j'ai filé ramasser les herbes avec Biret.

Johannes a souri en m'embrassant sur la tête et a rapidement attaché son couteau à sa ceinture et son lasso en croix autour de son buste. Cela va faire sept mois que je suis arrivée en Laponie avec lui, par amour ou par hasard, je ne sais plus vraiment. Je l'ai suivi sans trop me poser de questions.

Johannes est sami. Les Samis sont un peuple autochtone originaire de Laponie. Avant de le rencontrer, je n'avais jamais entendu parler d'eux. Ils vivent dans le nord de la Suède, de la Norvège et en Finlande, mais aussi dans la péninsule de Kola, en Russie. Traditionnellement, ils étaient éleveurs de rennes et vivaient de la chasse, de la pêche et des cueillettes. Aujourd'hui, les Samis ne sont pas tous éleveurs.

Johannes, lui, a quitté sa famille pour étudier le commerce international à Stockholm, avant de s'installer à Göteborg pour travailler. Il roule dans une vieille Volkswagen noire, porte des jeans Levi's et gère un restaurant, dans lequel il a croisé mon regard un soir de fête. Il appartient à un clan important de sa communauté, mais je crois que son entourage à Göteborg n'est pas au courant de ses origines. Loin de l'image des Vikings blonds et barbus de mon enfance, c'est un grand gaillard brun à la peau mate, aux yeux en amande et d'un bleu aussi profond qu'un lac du cercle polaire. Il détonne au sein des Samis, qui sont de petite taille et ont souvent la peau très claire.

Johannes sourit en permanence et ne prononce que trois mots par phrase. Je me moque de lui très souvent et il me le rend bien. Il rit sans cesse de mes crises de folie quotidiennes, de mes éclats de voix, de mes caprices et de mon accent français, mais ne dit jamais un mot de trop. La vie semble lui glisser dessus comme une pluie d'été.

À la fin de l'année 1984, il m'a convaincue de le suivre pendant plusieurs mois, ayant promis à son père et à son oncle de les seconder dans l'élevage des rennes qu'ils possèdent, et j'ai accepté de le suivre, bien que nous ne vivions ensemble que depuis quelques mois. J'ai quitté mon travail et mes études en me disant que ce serait certainement une expérience enrichissante et m'en remets désormais totalement à lui. Et puis, je crois bien que, au fond de moi, je suis tombée amoureuse de lui sans m'en rendre compte. L'amour m'est tombé dessus sans crier gare ; avant lui, j'ai toujours fui. Aujourd'hui, je n'ai pas peur, j'ai confiance en la vie, même si une ombre obscurcit parfois mon horizon.

Nous avons fêté Noël en tête-à-tête à la maison, à préparer nos valises, et j'ai eu bien du mal à choisir des vêtements adéquats au pays du froid polaire. Il m'a offert un anorak et des bottes fourrées, et j'ai ajouté en pêle-mêle gants, bonnets et pantalons de ski, ainsi que quelques pulls et sous-pulls. Les Suédois disent qu'il n'y a pas de mauvais temps, juste des mauvais vêtements, et c'est terriblement vrai. Depuis, j'ai peu à peu délaissé mes robes hippies et shorts de surfeuse d'il y a deux ans, lorsque je vivais en Californie, sans aucune nostalgie.

En atterrissant à Kiruna, en ce premier jour de l'année 1985, mes yeux s'éclairent à la découverte des étendues de neige qui scintillent à perte de vue dans la nuit glaciale. Il est 15 heures et il fait déjà nuit. Un thermomètre affiche -20 °C. Nous sommes à 200 kilomètres du cercle polaire et j'ai du mal à comprendre que je vais désormais vivre au pays des aurores boréales, moi qui en rêve depuis que je suis enfant.

La famille de Johannes est là, en costume traditionnel, et je me sens soudain étrangère, perdue au milieu de leurs accolades. Ils parlent sami entre eux et je reste plantée là, un brin intimidée. Je regarde

Johannes, qui me semble soudain encore plus grand et plus étranger que jamais. Je ne peux empêcher une légère tristesse de m'envahir. Mon cœur s'échoue souvent lors de petits moments de bonheur comme celui-ci. Je ne sais jamais vraiment d'où viennent ces pannes de cœur ; j'ai toujours été un peu mélancolique.

Nous embarquons dans leur énorme Nissan Patrol et quittons la ville en direction de leur petit hameau au cœur de la forêt. La route enneigée est interminable mais féerique. Johannes ne me lâche pas la main et je reste comme une enfant, le visage collé à la vitre glacée. Je les écoute vaguement parler leur langue que je ne comprends pas encore, tout en regardant la neige virevolter sous mes yeux.

À notre arrivée, je découvre un hameau de maisons rouges en bois, des chiens hurlant dans le silence de la nuit et la sœur de Johannes, Madeleine, sur le pas de la porte. Elle ressemble à Johannes, avec ses yeux bleus en amande, sa peau mate et ses longs cheveux bruns bouclés. Elle me salue en souriant et prend aussitôt ma valise. J'ai du mal à comprendre son dialecte, moi qui parle encore si mal suédois. Elle me demande de la suivre et nous arrivons dans ce qui sera désormais notre maison : un chalet de plain-pied situé tout près de la maison parentale. Toute la famille se presse autour de nous : enfants, beau-frère, voisins, tous me dévisagent avec curiosité. Johannes a l'air heureux, je l'observe du coin de l'œil.

Les présentations faites, la famille nous laisse enfin le temps de nous changer et de nous installer avant de nous retrouver plus tard pour le repas du soir. Johannes file aussitôt me préparer un thé, et un café pour lui. C'est le plus gros buveur de café que je connaisse, il en boit des litres et dort pourtant comme un loir. Pour ma part, je n'ai jamais goûté à une seule tasse de café de toute ma vie. Chez nous, enfants, il était tabou et interdit d'en boire, même si je n'ai jamais vraiment su pourquoi. Chez moi, on ne parle pas, on ne pose pas de questions ! C'est étrange, mais je crois que c'est la seule raison qui m'empêche encore d'en boire.

Vuolla, le père de Johannes, a allumé le gros poêle et y a chargé un panier de bûches. C'est un homme jovial mais réservé. Il a des yeux bleus en amande et porte un béret doté d'un étonnant pompon rouge en laine. C'est idiot mais, à l'aéroport, j'ai eu envie de rire en le voyant. Cela m'a fait penser au shako des petits soldats de plomb de l'Infanterie royale du Premier Empire, qu'un de mes oncles collectionnait. Bizarrement, il m'a aussitôt fait penser à mon père, avec son regard de myope et son sourire timide.

Dès son départ, je me vautre sur les peaux de rennes qui recouvrent le canapé et balaie la pièce du regard. Le chalet est simple mais agréable, et le poêle le réchauffe rapidement. Johannes revient avec une tasse de thé noir et me regarde en souriant sans rien dire. Il semble si heureux qu'aucun mot n'est nécessaire. Il m'apprend le silence.

J'ai encore du mal à réaliser que je suis si près du pôle Nord et que je vais bientôt m'endormir dans un immense lit recouvert de peaux de rennes. Étrangement, tout me paraît évident. Pourtant, il y a deux ans à peine, je vivais en Californie et passais les fêtes de fin d'année au milieu de l'océan Pacifique, sur l'île de Maui, à Lahaina. Je n'arrête pas de me dire que ma vie est étrange. Les jours qui suivent sont joyeux, malgré la nuit polaire qui m'étreint parfois la poitrine. Et si le soleil ne se levait plus jamais et que la nuit s'abattait sur moi pour toujours ? Je chasse vite mes angoisses à la vue du paysage qui s'offre désormais à moi chaque matin : un épais manteau de neige blanche scintille comme de la nacre sous le ciel de Laponie. Chaque jour est riche de découvertes et de surprises. Je me sens presque en symbiose avec tout ce qui m'entoure.

Madeleine, ma nouvelle belle-sœur, m'entraîne un peu partout et me fait découvrir son quotidien. Les enfants me surveillent du coin de l'œil et chuchotent sur mon passage. Je vois bien que je les intrigue autant qu'ils m'intriguent. Ce qui surprend tout le monde, c'est la facilité avec laquelle je m'adapte à ma nouvelle vie. La nourriture et les repas sont simples et toujours à base de viande de renne. Parfois, cette dernière est émincée et cuite à la crème avec des chanterelles.

Le soir, très souvent, nous prenons simplement un bol de bouillon de renne et de légumes-racines avec du pain et du fromage. Le pain, appelé *gáhkko*, est cuit sur la cuisinière à bois, et c'est Biret, la tante de Johannes, qui est en charge de sa confection quasi quotidienne. Elle nous le dépose souvent sur le pas de la porte, encore chaud, enveloppé dans un torchon.

Bientôt, je me régale d'une sorte de saucisson fumé appelé *gurpi*, de fromage fraîchement égoutté, de délicieux yaourt frais agrémenté de baies sauvages orangées. Ces petites baies polaires ressemblent à des mûres et sont appelées « plaquebière » ou « ronce des tourbières » en français. Je cherche sans cesse les noms des choses dans un énorme dictionnaire franco-suédois que je traîne avec moi depuis mes études et note inlassablement toutes les traductions dans mes carnets de voyage. Biret cueille ces baies l'été et les met en conserve ou en fait une délicieuse confiture riche en vitamine C.

Le poisson est pêché par les hommes de la famille avant d'être fumé, la plupart du temps. On se régale souvent d'ombres ou de truites du lac.

Rien ne me rebute et tout me semble naturel. En fait, je me sens à ma place ici, malgré l'austérité du Grand Nord.

Ils boivent du café toute la journée ; chaque fois, je m'esquive et me prépare des thermos de thé noir anglais sucré et agrémenté de quelques gouttes de lait. Le fait que je ne boive pas de café les intrigue et fait sourire Johannes.

Depuis notre arrivée, je ne le vois plus que très peu. En réalité, je ne le vois que tous les cinq ou six jours, lorsqu'il rentre du camp. À son retour, il est sale, épuisé et sent la fumée âcre de leur foyer qui brûle nuit et jour dans leur *lávvu*, le tipi familial traditionnel. Il s'effondre sur le lit à peine douché et je le regarde dormir en silence.

Quand il arrive, il gare son scooter des neiges devant la maison, file embrasser sa mère, puis rentre pieds nus dans le chalet en allumant une cigarette. Il me serre dans ses bras sans parler et je ressens sa fatigue. Souvent, je l'attends avec une bouilloire de café chaud et nous nous asseyons quelques minutes en silence, parce que je sais qu'il a besoin de ce moment de calme. D'ailleurs, il m'apprend de plus en plus le silence, moi qui en ai toujours eu si peur. Ensuite, je le laisse dormir quelques heures avant de le réveiller pour manger.

J'ai inventé le bœuf bourguignon à la viande de renne ; il adore ma recette. Il m'a dit qu'il se pourrait bien qu'on la présente à la foire de Jokkmokk. Depuis mon arrivée, on ne parle que de cela autour de moi.

Une fois attablé, il me demande comment se passent mes journées et je le rassure toujours en lui racontant quelques anecdotes ou mes promenades avec les enfants. En réalité, je suis remplie de doutes et ne sais déjà plus très bien ce que je fais ici ; mes journées sont longues et il me manque terriblement. Je sais qu'il encaisse beaucoup de pression par rapport à son statut de fils unique au sein de cette famille d'éleveurs et je n'ai pas envie de le troubler avec mes questionnements. Le fait qu'il ait choisi une « autre voie » lui a causé beaucoup de culpabilité par le passé et je sens bien qu'il tente de se rattraper.

Alors, je prépare de petits repas en tête-à-tête à la moindre occasion, puis nous filons vers le sauna que son père à fièrement bâti dans une vieille hutte. J'ai encore bien du mal à me jeter dans la neige en sortant du *bastu* familial, mais la sensation de bien-être que cela me procure m'encourage à plonger dans l'épaisseur blanche en hurlant immanquablement. Cela fait rire Johannes et nous nous roulons dans la neige comme des enfants avant de rentrer nous réchauffer près du poêle. Biret m'a expliqué les propriétés des bains de sauna, et je constate que ma peau n'a jamais été aussi belle.

La foire de Jokkmokk, début février, est l'événement attendu par tous les Samis. Je me dis que, la fête passée, Johannes sera peut-être plus disponible. C'est sans compter sur l'élevage et le gardiennage des rennes, qui accapare la vie des éleveurs vingt-quatre heures sur vingt-quatre, d'une saison à l'autre.

Alors qu'il repart au petit matin, je reçois un coup de téléphone de Göteborg m'annonçant que je suis admise à l'école de naturopathie au mois de septembre. Je saute de joie mais, à l'intérieur, une angoisse sourde me tenaille.

Je décide de profiter de chaque jour qui passe pour m'initier aux bienfaits des plantes et au quotidien du Grand Nord, sans me préoccuper de la suite. Biret m'a déjà montré comment préparer le *gáhkko* avec des graines d'angélique et m'a promis qu'elle m'emmènerait en ramasser près du ruisseau l'été venu. Les gens d'ici parlent peu et j'essaie de me rendre utile en allant chercher les enfants à l'école ou en aidant aux tâches ménagères, mais mes journées sont longues et solitaires. Parfois, je m'aventure jusqu'au lac gelé, mais je ne m'en approche pas, de peur de traverser la glace. L'autre jour, j'ai aperçu un homme qui y pêchait seul, au beau milieu de la neige immaculée, et un élan m'a surprise en sortant du bois. Malgré le silence et la solitude qui règnent ici, je me sens souvent épiée. Dans le Grand Nord, la vie vous surprend sans cesse.

Lorsque je pars dans la forêt, je ne dois pas me perdre : Máret, la mère de Johannes, m'a mise en garde contre les bêtes sauvages. Elle m'annonce qu'elle me cuisinera de l'ours un de ces jours. Je reste un peu troublée à l'idée de ce repas ; si je mange désormais de la viande de renne et d'élan, ainsi que du poisson sauvage, manger de l'ours me semble inenvisageable. Chasser l'ours, bien que puni d'emprisonnement en cas de chasse hors réglementation, donne ici lieu à une fête et à des rituels presque secrets et magiques. On accueille ce repas avec des chants ancestraux appelés *joik* et je me sens finalement honorée de pouvoir découvrir ces traditions qui se perdent dans la nuit. Je ne mangerai cependant pas de viande d'ours, décidé-je.

Un matin, alors qu'il se met à neiger violemment, je décide de passer la journée chez Máret, qui m'a invitée à la rejoindre. Elle est assise près de la fenêtre, occupée à broder une magnifique pièce de costume. Elle a préparé du café, ainsi qu'un gâteau roulé à la crème fouettée et garni de baies polaires. Elle m'en sert aussitôt une part, tandis que je repousse le café poliment.

Je parle un suédois sans fioritures et elle s'essaie parfois à quelques mots d'anglais. Je ne sais pas vraiment ce qu'elle pense de moi ou de ma relation avec Johannes, mais elle semble apprécier ma curiosité et mon indépendance. Malgré un visage sévère, elle est d'une douceur étonnante.

Soudain, elle me demande si je sais coudre. J'éclate de rire en lui disant que je ne sais même pas enfiler un fil dans le chas d'une aiguille. Elle sourit à travers ses lunettes et m'explique qu'elle coud elle-même tous les costumes de la famille et que c'est sa mère et son *áhkku*, sa grand-mère, qui lui ont enseigné ce savoir-faire. Elle prépare et répare déjà les costumes pour le marché de Jokkmokk. La robe traditionnelle portée par tous, le *gákti*, est plus courte pour les hommes ; sa longueur varie du genou aux chevilles pour les femmes.

Máret fait partie des nomades samis du Nord ; leurs costumes sont différents d'une région à l'autre, voire d'un village à l'autre. Tout est codifié : des broderies aux couleurs, des bijoux en argent ou en corne de renne aux lassos portés en croix autour du torse et aux ceintures. Les coiffes sont magnifiquement brodées. On porte des costumes différents selon la saison… Les placards de Máret recèlent de véritables trésors.

Elle part me chercher des châles et des manteaux de laine et m'explique que leur tissage permet à l'eau de glisser dessus. Je reste subjuguée devant tant de beauté et de créativité, et elle semble ravie de partager une part de leurs traditions avec moi.

Elle range tous ses tissus et bijoux en me disant qu'elle a bien avancé dans ses préparatifs et me demande de la suivre jusqu'au fumoir. J'enfile mon anorak et mes bottes, et nous partons en direction d'un cabanon en bois construit par l'*áddjá* paternel, le grand-père de Johannes. À l'intérieur sèchent des morceaux de viande fumée, ainsi que des saucisses et saucissons. Elle décroche un morceau de viande et referme aussitôt le fumoir puis, à l'extérieur, elle prélève encore quelques *gurpi* qui, eux, semblent avoir séché à l'air libre après avoir été fumés, accrochés à l'un des pans en bois du fumoir et protégés par une sorte de fenestron grillagé. Je lui demande si elle sale sa viande, mais elle semble tout accaparée et ne me répond pas. Elle reprend son panier et nous rentrons nous mettre au chaud. Il fait -22 °C et la tempête qui fait rage ne semble pas vouloir se calmer. Il souffle un vent féroce qui soulève des tonnes de neige. Je pense à Johannes : il me manque tellement, je voudrais tant qu'il rentre enfin…

Dans la cuisine, elle me donne quelques carottes, pommes de terre et légumes-racines à éplucher à l'économe pendant qu'elle dépose le morceau de viande fumée sur une planche en bois pour le découper en cubes. Elle manie un vieux couteau magnifiquement décoré et je ne peux m'empêcher de lui demander d'où il vient. Elle m'explique qu'elle a hérité de tous ces objets de ses parents. Ce couteau, dont le manche est en corne, a été sculpté par son grand-père. Sobrement, sans émotion apparente, elle ajoute que sa mère a perdu un petit garçon à la naissance et qu'elle est restée fille unique.

Ici, la soupe mijote tous les jours, agrémentée d'un morceau de viande et d'os, et Máret arrive toujours à me surprendre avec des recettes que je note le soir dans mon cahier. Dans la cocotte qu'elle a posée sur la vieille cuisinière à bois, elle plonge les légumes découpés en rondelles et la viande, avec un peu de sel et quelques grains de poivre blanc écrasés à la main. La soupe va cuire jusqu'en fin d'après-midi pour le repas du soir, que nous prenons à 17 heures.

En attendant, elle sort quelques *gáhkko* et un bloc de beurre, un *gurpi* assez sec qu'elle tranche finement et des cornichons qu'elle a préparés durant l'été. Elle sort un pack de lait entier du frigo et dispose deux assiettes sur la table avant de mettre une bouilloire ancienne à chauffer sur la cuisinière en prévision du café. Une fois attablée, je la laisse préparer son sandwich, qu'elle beurre généreusement, puis qu'elle garnit de tranches de *gurpi* et de cornichons. Elle me sert un grand verre de lait avant d'engloutir silencieusement son déjeuner. Je grignote quelques tranches de *gurpi* et du pain, mais ne touche pas au lait. En Suède, on boit des litres de lait à table, mais je ne m'y ferai jamais. Nous discutons des préparatifs du week-end, puis elle débarrasse la table en silence.

L'après-midi s'étire doucement devant le poêle qui ronronne et Máret reprend son ouvrage de broderie pendant que je regarde la neige tomber, perdue dans mes souvenirs.

Göteborg – fin août 1984

J'ai 21 ans lorsque je rencontre Johannes. Je viens alors d'emménager à quelques mètres du restaurant où je travaille, dans un immense appartement agréable du centre-ville qui appartient à mon patron autrichien. La vie est belle et je savoure chacune de ces journées suédoises.

Un soir, mes amies m'invitent dans un restaurant chic de la ville. Au milieu de ces grandes blondes bariolées de rose, je dénote toujours, avec mon immanquable uniforme : jean, tee-shirt blanc, veste noire et rouge à lèvres pour unique maquillage. Je suis la seule brune aux cheveux longs et mon accent ne laisse aucun doute sur mes origines. Ou, plutôt, on spécule sans cesse à ce sujet. Les rumeurs colportées me disent yougoslave, norvégienne ou allemande, et je laisse planer le doute en souriant mystérieusement.

Je trouve les hommes distants, aucune séduction n'émane d'eux et l'amour n'est définitivement pas une priorité pour moi. À peine assises à une table, les filles commandent de petits verres d'un alcool qui me retourne l'estomac ; je bois peu, voire pas, d'alcool.

Ce soir-là, je sens que quelqu'un m'observe de loin, derrière le bar. Il est grand, a des cheveux longs ondulés très bruns et des yeux bleus en amande, mystérieux. Je demande à ma voisine si elle le connaît et elle sourit en l'interpellant aussitôt. Je rougis lorsqu'il me demande ce que je veux boire. Il revient avec un cocktail et me tend la main en se présentant :

– *Hej*, Johannes.

Je bredouille un « Nathalie » gêné en baissant les yeux et il comprend aussitôt que je ne suis pas suédoise. Il repart discuter avec des clients pendant que nous trinquons joyeusement. La soirée bat son plein, les filles boivent verre après verre tandis que je trempe à peine mes lèvres dans mon cocktail. Ma voisine de table revient avec un verre de vin blanc qu'elle me tend. Je lui dis que je n'ai pas commandé de vin, mais elle désigne du regard le garçon brun qui me fait un signe en souriant. Je lève mon verre timidement et le bois du bout des lèvres, en silence. Je sens le regard du jeune homme sur moi et en suis troublée.

Nous décidons de poursuivre notre soirée dans un club de la ville. Les filles sont sacrément éméchées et continuent de boire pendant que je sirote un soda. À minuit arrive un groupe de garçons. Mes amies les interpellent et Johannes s'assoit à mes côtés. Les filles chuchotent en riant et je rougis à nouveau. Il me demande ce que je souhaite boire ; je lui réponds que j'ai assez bu, mais il revient avec une bouteille de vin français et deux verres en me demandant d'où je viens. Je réplique qu'il semblerait qu'il ait compris que j'étais française, au vu du vin blanc qu'il a commandé. Il m'avoue qu'il a mené son enquête et sourit de plus belle.

Nous discutons en anglais et il me raconte qu'il vient du nord de la Suède et qu'il appartient à une minorité appelée les « Samis ». Je reste muette, avouant mon ignorance.

Le bruit de la musique est assourdissant. La ville entière semble se presser dans ce club et Johannes a l'air de connaître chaque personne, saluant tout le monde. Je l'observe discrètement ; il a l'air joyeux et apprécié de tous.

La soirée est gaie, mais il est temps pour moi de rentrer. Mes cours commencent tôt le matin et j'enchaîne ensuite au restaurant. Mes journées ne me laissent aucun répit. Il me propose de me raccompagner, mais je le remercie et rentre seule à pied.

Les filles rentrent au petit matin en chahutant et me réveillent en frappant à ma porte. Cela m'agace, mais elles s'assoient toutes sur mon lit pour me raconter que Johannes leur a posé des tas de questions sur moi. Elles ont entendu dire qu'il sortait avec une fille blonde, mais n'en savent pas plus. Je me rendors aussitôt qu'elles sont parties ; mes cours commencent tôt et je n'ai pas le temps de me poser de questions.

Quelques heures plus tard, je me réveille en m'entendant parler en suédois. Rêver dans cette nouvelle langue m'arrive de plus en plus souvent depuis quelques semaines et cela me fait sourire intérieurement. Je n'ai aucune idée de ce que je raconte dans mes rêves, mais je suis convaincue que je parle bien suédois.

Les semaines passent et j'oscille inlassablement et avec bonheur entre mes cours et mon travail. Le jeudi soir, nous sortons toutes ensemble et je retrouve Johannes, toujours souriant et mystérieux, au restaurant qu'il gère. Un soir, il me demande si je veux bien attendre la fermeture du restaurant pour aller prendre un verre avec lui. Nous décidons d'aller dans un bar plus calme du centre-ville. Je sens que nous sommes en train de nous rapprocher et je crois qu'il est enfin temps de m'ouvrir un peu à l'amour.

En réalité, je ne me pose jamais de question au sujet de l'amour. Je ne le cherche pas, ne l'espère jamais et laisse faire la vie. Johannes sourit beaucoup et parle peu, ce qui me va très bien. Nous n'avons pas besoin de parler, nous nous comprenons à demi-mot.

Les semaines défilent ensuite à toute vitesse, entre nos emplois du temps chargés et nos soirées en tête-à-tête. Je passe presque toutes mes nuits chez lui et rentre juste pour me changer et préparer mes cours. Fort heureusement, nos horaires de travail coïncident et j'aime cette vie trépidante. Il n'y a manifestement aucune trace d'une quelconque blonde dans sa vie. Je ne pose aucune question ; il ne m'en pose pas non plus. Nous ne savons rien de nos passés respectifs, nous vivons juste dans le moment présent. Tout est fluide et à sa place avec lui. Souvent, il me demande de rapporter des vêtements chez lui, pour que je n'aie plus à courir, mais j'aime aussi mon indépendance et cette liberté d'aller et venir.

Un soir, alors que je suis au travail en train de compter ma caisse, mon patron m'appelle et me tend un énorme bouquet de roses jaunes. Je le regarde, incrédule, et lui dis que ce n'est pas mon anniversaire. Il éclate de rire et me dit que j'ai un admirateur. J'ouvre la carte accrochée au bouquet ; une clef en tombe. Je la ramasse sans comprendre et ouvre aussitôt la note. Johannes a griffonné : « Bienvenue chez nous ! Prends un taxi jusqu'à cette adresse. » Mon patron a déjà appelé le taxi et je me retrouve en route pour un quartier résidentiel de Göteborg. J'ai à peine le temps de me poser des questions que le chauffeur s'arrête déjà devant une maison en pierres apparentes et éclairée de bougies. Je descends du taxi le cœur battant, mon bouquet à la main, et sonne à la porte. Johannes se tient dans l'encablure, le sourire aux lèvres.

– Bienvenue chez nous !

Je ne comprends rien, mais je n'ai pas le temps d'ouvrir la bouche qu'il m'offre une coupe de champagne et me prend par la main pour me faire visiter la maison. Une fois dans la chambre, mon regard est attiré par un objet qu'il me semble reconnaître. C'est un portrait de mes grands-parents, qu'il a posé sur une commode ancienne. Je le regarde, interloquée. Il me demande si la maison me plaît. Je regarde le portrait et lui demande ce qu'il fait ici. Sans répondre, il ouvre une porte sur ma droite et je découvre un immense dressing où sont rangés mes vêtements, mes chaussures et mes valises. Je me retourne et il me serre dans ses bras en me disant :

– C'est notre maison, elle te plaît ?

Je reste partagée entre joie, surprise et une pointe d'agacement. Depuis mon arrivée en Suède, j'ai mis un point d'honneur à vivre seule et m'assume déjà très bien. Je ne suis pas sûre d'avoir envie de vivre en couple aussi rapidement. Je l'embrasse et garde le silence en l'observant déambuler dans la maison.

Le lendemain, par réflexe sûrement, je retourne à mon appartement. Les filles me demandent ce que je fais là et je leur dis que je dois me changer. Elles me regardent toutes en souriant, incrédules. J'entre dans ma chambre ; elle est vide. J'ai un moment de doute. Mon patron, qui passe relever les loyers, me demande à son tour ce que je fiche là. Il me dit de déguerpir en riant, puisque je ne vis plus ici et qu'il a déménagé toutes mes affaires avec Johannes. Je prends soudain conscience que tout le monde était au courant, sauf moi !

Je file travailler, mais passe une journée étrange, entre raz-de-marée émotionnel et petites bouffées de bonheur. Je ne sais pas si je suis amoureuse de Johannes. De toute façon, je ne sais pas ce qu'est l'amour. Je « renifle » les gens depuis toujours et ne m'approche que de ceux dont je reconnais « l'odeur ». Tout est comme ça chez moi, instinctif et animal. Ma journée de travail terminée, je décide de rentrer à pied pour me remettre les idées en place. Arrivée devant la porte, je prends conscience que c'est la première fois que je l'ouvre seule et j'ai le cœur qui bat presque comme si j'entrais chez un étranger en catimini.

Mes bottes sont là, au milieu des Stan Smith de Johannes. Je souris, un peu rassurée, et retire mon manteau et mes chaussures. Johannes est au travail et je m'ennuie un peu, perdue dans ce nouveau « chez moi ». J'erre un moment en observant chaque pièce, avant de décider d'aller faire des courses. Le poêle est éteint et je ne sais même pas comment l'allumer.

Johannes doit rentrer tard, mais je sais qu'il a pris l'habitude de manger en rentrant et qu'il adore la cuisine italienne. Je décide donc de préparer un osso-buco qui sera prêt juste à temps pour son retour. Je suis en train de préparer de la polenta quand la clef tourne dans la serrure. Mon cœur bondit de joie. Johannes entre dans la cuisine avec une bouteille de chardonnay en souriant. Son sourire et ses yeux, qui se plissent comme deux demi-lunes, me rendent tout simplement heureuse. Je ne me pose jamais de question parce que je sais, en mon for intérieur, que je ne cherche rien. Un simple regard de connivence me parle mille fois plus que de vaines promesses d'un avenir tout tracé. Nous dînons jusque tard et discutons de mes prochains examens, prévus pour la fin de la semaine. Je suis inconsciemment en train de lâcher mes études de langues ; je n'ai plus la force de jongler, mais je n'ai pas envie d'avouer ma lassitude. J'étudie l'allemand et la linguistique sans trop savoir ce que je veux faire ensuite. Je vis de passions et de coups de cœur, sans jamais me poser de question sur mon avenir.

Nous nous endormons épuisés, de petites bougies scintillant doucement sur le rebord de la fenêtre. Dans la nuit, je m'entends gémir, ouvre les yeux et me mets à hurler en me dressant sur le lit. Johannes s'assoit brusquement à son tour et me regarde sans comprendre. D'un coup, je m'effondre en larmes. Après quelques secondes de sanglots, je me calme enfin et lui explique que je croyais que la chambre était en feu. Il éclate de rire et souffle une à une toutes les bougies avant de m'enlacer sous la couette. Il s'est déjà rendormi, mais mon regard erre toujours tout autour de la chambre, éclairée par la lumière de la lune. En Suède, les volets n'existent pas. Ce pays calviniste où l'on ne cache rien, pas même son intérieur, me désarçonne parfois. Clôtures et volets y sont rares ; j'ai du mal à m'y faire et ai souvent l'impression d'être épiée. Je me rendors enfin, collée à Johannes jusqu'au petit matin.

Novembre 1984

Il a neigé dans la nuit. Après un petit-déjeuner copieux, nous décidons d'aller à Slottsskogen prendre l'air. La ville silencieuse semble encore endormie, malgré les familles et enfants qui se pressent vers le lac. Johannes irradie de bonheur. Je lui demande s'il skie et il éclate de rire :

– Je suis né sur des skis et j'ai grandi sur un traîneau ! me jette-t-il en riant, les yeux plissés.

Je souris et il se met à me raconter son enfance, là-haut, au pays *sápmi*, chez « ceux qui marchent avec les rennes », comme il aime à les décrire. Je le regarde avec beaucoup de curiosité et un brin de fierté. Je vis avec un nomade, un fils de la forêt boréale et, depuis que je suis en Suède, ma vie me semble étrange et familière à la fois.

Nous marchons vers le lac quand des enfants sortis de nulle part nous attaquent à coups de boules de neige. Des luges dévalent la pente du parc animalier et quelques skieurs de fond filent en silence. Le lac gelé est recouvert de neige ; Johannes m'entraîne sur la surface plane et je crie de peur avant de me laisser glisser sur quelques mètres et de rire comme une enfant. La neige tombe de plus belle. Cela m'apporte un profond sentiment de paix. De gros flocons glissent doucement sur mon visage. Johannes s'arrête et me prend dans ses bras. Il me fixe avant de me lécher le nez. Je le regarde et me mets à pleurer doucement. Il s'arrête, surpris, puis lèche mes larmes en souriant.

– Viens, ne pleure pas !

Je voudrais lui dire que, à cet instant précis, je suis heureuse, mais je n'ose pas. Près du lac, le café est déjà noir de monde. Les skis et les luges s'amoncellent petit à petit près de la clôture en bois et nous décidons de nous y arrêter pour boire un chocolat chaud.

Quand il revient du comptoir, il porte un plateau avec deux chocolats chauds recouverts de crème chantilly et un verre de cognac. Je le regarde avec surprise avant qu'il ne verse la moitié du verre de cognac dans ma tasse. L'alcool glisse lentement sur la crème et je regarde le liquide ambré disparaître lentement sous la couche blanche, avant d'en lécher la surface. Quand je relève la tête, j'ai le nez blanchi par la crème. Johannes me regarde, sourit, s'approche de mon visage et me lèche le nez. J'éclate de rire et il sourit à nouveau. J'ai l'impression d'avoir un Inuit en face de moi. Il sourit en permanence, parle peu et j'aime cela. Nous buvons notre tasse en nous regardant en silence. Je voudrais arrêter le temps. Là, à cet instant précis, je me sens entière et en paix, parce que rien d'autre n'a d'importance que cette connexion invisible qui nous lie.

Soudain, une ombre semble planer au-dessus de nous. J'ai froid et la magie du moment est troublée par la porte qui s'est ouverte derrière moi. Une famille bruyante s'installe près de notre table ; il est temps de rentrer. Mon homme me serre contre lui et nous marchons silencieusement jusqu'à la maison.

Un jeudi soir, Johannes rentre en m'annonçant qu'il doit monter en Laponie voir son père et qu'il prendra l'avion jusqu'à Kiruna, mais sera de retour sous trois ou quatre jours. Je ne sais pas pourquoi, mais j'ai un vague sentiment de peur et le regarde aller prendre sa douche sans rien dire. Il sort nu et, sans se sécher, se dirige vers la chambre pour prendre son téléphone. Il consulte son répondeur et la voix d'un homme résonne dans la chambre. Je ne comprends pas ce qu'il dit, c'est une langue étrange. Johannes s'habille enfin et me demande en souriant si je veux un café, ce qu'il fait quand il veut m'agacer. Je lui demande aussitôt qui était l'homme au téléphone et il me répond qu'il s'agissait de son père. Incrédule, je lui demande pourquoi il parlait une langue étrangère et il me répond en riant que, en famille, ils parlent le same. Je n'ai aucune idée de ce que c'est.

À table, il semble distant et préoccupé. Nous mangeons en silence et je peine à rester sereine. Je décide de me coucher avec mes cours, sans toutefois réussir à me concentrer. Johannes regarde un film à la télévision, dans le salon, en fumant cigarette sur cigarette. C'est la première fois qu'il reste loin de moi comme cela et je sens monter une inquiétude sourde et tenace. En se couchant, il m'embrasse sur le front et se retourne pour s'endormir aussitôt.

Ma nuit est agitée, je me débats sous la couette et gémis mais, ne voulant pas réveiller mon voisin de couche, je décide d'aller sur le canapé. Le poêle est en train de s'éteindre et je remets une bûche pour réchauffer la pièce. Quand je me retourne, Johannes est sur le pas de la porte et je sursaute de peur. Il a l'air sombre et préoccupé, et me demande ce que je fais debout. Je sens un peu d'agacement dans sa voix et lui réponds que je ne vais pas tarder à aller me recoucher. Il retourne s'allonger et j'allume une cigarette en regardant les flammes danser sur la vitre noircie du poêle.

Depuis que je suis enfant, j'ai toujours l'impression que le bonheur ne peut pas rester longtemps avec moi. Depuis toujours, je rêve d'une petite fille dans un pays lointain, dans une autre vie, un autre monde. Mes rêves ont toujours été peuplés de guerriers étranges qui, épées et lances à la main, galopent à travers champs et forêts en brûlant tout sur leur passage. Depuis toute petite, je rêve d'un garçon qui m'appelle parfois la nuit. Il pleure, mais je ne sais pas pourquoi.

Un jour, j'ai fait un étrange cauchemar. J'ai eu si peur que je me suis recroquevillée en boule dans mon lit en m'entourant de mes draps et de ma couverture pour couvrir mon corps jusqu'au visage. Je suis restée là, à écouter les bruits de la nuit en retenant mon souffle, sans pouvoir me rendormir.

Une nuit, je suis allée chercher mon sac de couchage pour dormir dedans, recouverte de ma couverture. J'avais 8 ans. J'ai dormi comme cela durant des années. Puis je me suis mise à hurler dans mon sommeil. La première fois, mes parents ont accouru, ont allumé la lumière et j'ai enfin repris ma respiration et éclaté en sanglots. Je me souviens de ma mère m'apportant une tisane de verveine, de mon père silencieux et inquiet, et de ma sœur en larmes, effrayée par mes hurlements. Le cauchemar ne m'a plus quittée. Il me hantait, nuit après nuit, au point de pousser mes parents à appeler le médecin de famille en urgence. Celui-ci, impuissant, stéthoscope à la main, l'air revêche et fatigué, en discuta avec mes parents dans la cuisine. Je n'ai jamais su ce qu'il leur avait dit.

Au petit matin, je partais à l'école, silencieuse et épuisée par mes nuits sans sommeil. Tous les soirs, je priais pour ne pas m'endormir et apercevoir l'œil qui m'observait, s'approchant de moi comme une toupie tournant lentement, si lentement que mes mâchoires se crispaient violemment jusqu'à me provoquer des nausées.

Le médecin est revenu plusieurs fois, sans un mot pour moi. Une nuit, il a décrété :

– C'est psychosomatique, juste un peu d'anxiété, ça lui passera !

J'ai passé mes nuits à trembler au fond de mon sac de couchage des années durant. Et puis, un jour, c'est alors que j'étais bel et bien éveillée, dans la voiture de mon père, que l'œil s'est mis à m'observer ; un kaléidoscope sans couleurs, difforme, m'a surprise au beau milieu de la journée alors que nous roulions. Un cri d'effroi m'a échappé et je me suis mordu la langue. Je me suis excusée et suis restée silencieuse le reste du trajet. J'ai prié des nuits et des jours durant, sans jamais comprendre ce qui m'arrivait. Je ne me souviens pas en avoir parlé autour de moi. J'ai toujours gardé le silence. J'ai tenté d'enterrer cela, recroquevillée dans mon sac de couchage. Pas d'image ni de visage, pas un bruit, juste une sorte de toupie qui tournait lentement, très lentement, devant mes yeux. Impossible de décrire ce que je voyais ou ressentais en détail. Juste un sentiment diffus de panique et un œil à l'air féroce qui voulait m'avaler tout entière. Aucun mot n'existe pour décrire ce que je vivais, alors j'ai dû en trouver un pour au moins m'expliquer.

– Une toupie, une toupie qui tourne au milieu de mon visage, mais si lentement que j'en ai la nausée.

Mes parents ne comprenaient pas, cela semblait si absurde. C'est à cette époque-là que j'ai commencé à me taire. Je n'ai plus jamais rien dit à personne.

Je regarde danser les flammes, perdue dans mes souvenirs, et m'endors recroquevillée sur le canapé, emmitouflée jusqu'aux yeux dans ma couverture. Au petit matin, Johannes est assis près de moi et me regarde dormir. Je souris et me couvre la moitié du visage ; il fait froid, le poêle s'est éteint.

– Tu ressembles à un petit Inuit quand tu dors, tu sais ?

Il m'embrasse le nez. Je lui dis de se rapprocher de moi et fais battre mes cils sur sa joue. Il sourit et me fixe, le regard interrogatif.

– Qu'est-ce que c'est ?

– C'est un baiser papillon !

Il sourit à nouveau et se colle à moi :

– Nathalie, il faut que l'on parle.

Mon cœur se met à battre violemment. Depuis que je suis enfant, je sais que le bonheur ne peut pas rester pour toujours, je l'ai toujours su.

– Mon père a besoin de moi, il a des problèmes de santé, je dois rentrer le seconder dans l'élevage de rennes pour quelques mois, le temps qu'il se remette de son opération.

Je reste sans rien dire, j'attends le coup d'épée final. Il me regarde fixement, avec gravité.

– Et tu viens avec moi !

Je m'approche de sa joue et lui fais battre mes cils tout doucement, puis il s'allonge près de moi. Pour la première fois, il me chuchote à l'oreille :

– *Mon ráhkistan du*[1], Nathalie.

Les journées filent à toute vitesse. J'ai décidé d'arrêter les cours, qui m'épuisent, et travaille de plus belle au restaurant, où ma nouvelle promotion n'est pas passée inaperçue. D'un coup, mes amies et anciennes colocataires cherchent sans cesse la dispute et, pour la première fois, je me sens étrangère. Pourtant, je travaille d'arrache-pied et gagne si bien ma vie que je réussis à économiser presque un an de salaire, entre les pourboires et mes revenus. Je balaie ces chamailleries en pensant à mon départ prochain. Mon patron m'a promis que je pourrai à nouveau travailler avec lui à mon retour. Cela me rassure et je me laisse enfin souffler un peu.

Notre départ approche et je sens Johannes fatigué et fébrile. Lui aussi a travaillé dur pour payer l'année de loyer ici et quelques tensions apparaissent parfois entre nous. Nous nous disputons pour des broutilles, mais je sens que, même s'il ne dit rien et se mure dans le silence, il vit mal mon indépendance et mon caractère un peu têtu. Je sens que c'est culturel et que nos différences s'expriment enfin dans un ballet de silence et de mots trop vite lancés. Je le provoque souvent pour rien. Il ne répond pas, ce qui est, pour moi, l'outrage ultime. Nous apprenons à nous connaître et gérons nos caractères diamétralement opposés comme nous le pouvons. En mon for intérieur, je sais qu'il me quittera. Le bonheur n'a jamais été pour moi, je sens le malheur planer.

Une nuit, je le réveille en hurlant à nouveau. L'œil revient me hanter de plus en plus souvent, ces derniers temps. Johannes me prépare

1. « Je t'aime » en same.

un thé et s'assoit patiemment près du lit en me regardant pleurer. J'ai honte de le réveiller ainsi. Pourtant, il ne me lâche plus, il veut comprendre ces cauchemars et me demande ce qui ne va pas. Je lui assure que tout va bien, mais je sens qu'il s'inquiète. Après quelques nuits de répit, je m'apprête à m'endormir quand il me dit :

– Nathalie, tu sais, ma tante pourrait te soigner. C'est une guérisseuse, une *noaidi*, une chamane. J'irai lui parler.

Je ne sais pas ce qu'est une chamane, mais je lui fais confiance et m'endors paisiblement dans ses bras. Nous allons partir au pays du renne et, malgré tout, j'ai confiance en la vie.

Laponie – février 1985

Ce matin, je sens poindre un peu d'effervescence : les enfants courent dans tous les sens et jouent dans la neige avec leurs traîneaux pendant que Máret s'active en cuisine. Madde, ma belle-sœur, me demande si je peux l'aider à sortir d'un placard des vêtements que nous portons jusqu'au salon. Elle pend aussitôt un à un manteaux, capes, bonnets et coiffes, et je découvre ainsi les costumes des enfants. D'un autre placard, elle sort des chaussons et des bottes en peau de renne.

Soudain, elle me demande ce que je compte porter pour le grand marché de Jokkmokk. Je ne me suis même pas posé la question, mais elle insiste pour que j'essaie quelques capes. Je me sens mal à l'aise dans cet habit et lui dis que je porterai mon anorak fourré et mes bottes. En regardant mes cheveux longs, elle décide que je pourrais peut-être les tresser et mettre ma chapka en renard. Elle court chercher des rubans et me demande de choisir. Je n'aime pas les couleurs vives et choisis aussitôt un ruban beige, auquel elle ajoute du ruban bleu, avant de sortir des pelotes de laine en m'expliquant qu'elle me préparera une coiffe pour l'occasion. Johannes doit rentrer ce soir et j'ai hâte de le retrouver. Il reste trois jours avant le marché et je me sens perdue et inutile au milieu de toute cette agitation.

À midi, Máret nous a préparé du *renskav*, de la viande de renne en lamelles cuite avec de la crème, et une purée de pommes de terre qu'elle sert avec de la confiture d'airelles. C'est mon plat préféré.

Biret, la tante de Johannes que je croise rarement, ne me parle jamais. Elle converse avec Máret en same, et c'est heureuse que je me joins à elles près du poêle quand elles m'invitent à prendre un café. Sur la table, Máret a disposé des tasses en bois qu'elle appelle *guksi* et un bol rempli de petits cubes fumés qui me semblent être une sorte de lard. Une vieille cafetière fume sur le poêle et je file en cuisine me préparer du thé noir avec du sucre. Désormais, j'ai pris l'habitude d'esquiver la pause-café en me préparant mon thé moi-même. Je m'assois près de Máret, qui me demande si je veux un morceau de gras de renne dans mon thé. Je regarde leurs tasses en bois, dans lesquelles nagent de petits morceaux qui fondent lentement en créant des larmes d'huile. J'ai le cœur qui tangue à la vue du gras qui flotte et remercie Máret en refusant, un peu gênée. Biret me tend alors un minuscule cube et me dit de le plonger dans ma tasse. Je m'exécute. Elles se remettent à parler et je trempe mes lèvres dans mon thé noir. Au-dessus de moi, je sens une ombre planer. Máret me sort de mes pensées en s'exclamant :

– Alors ? C'est bon ?

Je replonge mes lèvres dans le breuvage et avale gorgée après gorgée, en évitant le morceau qui flotte toujours. C'est très doux, beurré et fumé, et je me surprends à penser que le goût n'est pas si mauvais.

Biret, qui m'a observée du coin de l'œil, m'explique que le gras de renne est très bon pour la santé, qu'il est riche en « bon gras » (j'apprendrai plus tard qu'il est riche en oméga-3), qu'il soigne le cœur et le cerveau et qu'il remplace le lait et le beurre. Je saute sur l'occasion pour tenter d'en savoir plus sur l'élevage des rennes : elles m'expliquent comment ces cervidés migrent naturellement deux fois par an pour se nourrir tour à tour de lichen, de champignons et d'herbes, et comment leur régime leur donne cette viande maigre mais très protéinée qui est l'alimentation de base des Samis depuis des siècles.

– D'un renne, nous tirons tout, m'explique alors Biret. De notre nourriture à nos vêtements, de nos outils à nos bijoux, de notre médecine à notre survie entière. Ils sont sacrés et, comme nos enfants, nous en prenons soin avec amour.

Elle semble empreinte d'une fierté non dissimulée et d'une passion chevillée au corps quand elle parle de ces bêtes. Elle s'ouvre enfin un peu à moi et s'éclaire d'un sourire timide. J'ai enfin ouvert une brèche en elle. Soudain, les chiens se mettent à hurler, les enfants entrent en criant de plus belle et Johannes apparaît sur le pas de la porte. Il retire ses bottes et salue tout le monde, puis serre sa mère dans ses bras. Quand il s'approche de moi, il sourit en voyant le bol sur la table, se tourne vers Biret et lui lance en same :

– Vous lui avez fait boire ça ?

Il me regarde en riant et me demande comment c'était. Tout le monde se met alors à parler en same en même temps. Je le regarde en souriant. Je suis si heureuse d'enfin le retrouver. Máret file lui préparer un café en cuisine et il s'assoit près du poêle en répondant tour à tour aux enfants, à Madde et à sa mère ; tous le pressent de questions. Les rennes sont au cœur de tout. J'ai appris à reconnaître le mot *boazu*, qui veut dire « renne », mais Johannes m'a dit qu'il existait une multitude d'autres termes pour les désigner selon leur âge, leur sexe et le contexte. J'ai abandonné l'idée d'apprendre la langue.

D'un coup, j'ai la tête qui se met à tourner et je me lève pour aller boire un verre d'eau. Johannes est debout devant la porte et je sursaute quand il me demande si tout va bien. Les enfants veulent lui montrer les chiots nés dans la nuit et il s'excuse avant de me laisser seule. Je suis prise d'un élan de tristesse et ne peux m'empêcher de sangloter près de la fenêtre. Je le regarde marcher dans la neige, de nouveau seule avec l'impression que le bonheur n'est pas fait pour moi.

Biret entre avec les bols et s'approche de moi. Je souris vainement entre mes larmes et elle prend mes deux mains. Ses deux petites mains sont potelées comme celles d'un enfant et peu fripées, elles me surprennent par leur douceur. J'ai honte et baisse le regard pour fixer mes pieds.

– Viens chez moi demain, je voudrais te donner quelque chose. Tu viendras avec Máret ?

J'acquiesce et elle s'affaire déjà à rincer les bols.

Johannes décide de passer la soirée à la maison et me demande si je veux bien préparer un gratin dauphinois pendant qu'il grillera des saucisses fumées. Il part se doucher et enfile un pantalon et une vieille chemise en jean élimée. Je le retrouve enfin comme au premier jour. Il est pieds nus dans la cuisine, ses longs cheveux bruns ont encore poussé. Il a ouvert une bouteille de cabernet et nous fumons une cigarette en silence, en nous regardant dans le blanc des yeux. Il a l'air fatigué et je sens qu'il porte un poids terrible sur ses épaules. Il parle peu de sa vie et, en réalité, je me rends compte que je ne sais rien de lui. Je vis avec un Sami près du cercle polaire et j'ai souvent l'impression de rêver ma vie.

D'ailleurs, personne ne sait que je suis là-haut avec lui : je parle peu à mes nouveaux amis de Göteborg et ma famille en France me pense encore dans cette ville. J'ai quitté la France et ma famille très jeune et, depuis, je vis libre comme l'air, sans attaches. J'ai vaguement aimé autrefois, des amours de jeunesse, mais j'ai toujours fui. Un été, alors que je passais mes vacances à Biarritz, j'ai rencontré un garçon sur la plage. Il était plus âgé et, le soir, au bar où nous nous retrouvions entre amis, il m'observait de loin. Un jour, nous nous sommes retrouvés dans un concert et il ne m'a pas quittée du regard. En sortant, il s'est approché de moi et m'a éloignée de mes amis en me demandant mon prénom et d'où je venais. Nous avons fini la soirée sur la plage à parler. Il m'a appris que nous étions originaires de la même ville. Il n'arrêtait pas de répéter qu'il avait l'impression de me connaître depuis toujours mais, vu son âge et son métier, nous n'avions rien en commun. Les jours suivants, il ne m'a plus quittée et n'a pas cessé de repousser son départ. Nous avons passé nos journées à surfer et nos soirées à nous embrasser dans de petits bars. L'attraction était terrible et je me sentais dépassée par ce premier amour. J'ai commencé à le fuir mais, un soir, il est venu m'annoncer qu'il rentrait et me demanda mon nom et mon adresse. En regardant le petit mot que je lui avais tendu, il blêmit.

– C'est ton nom de famille ? Ta famille est du Gers ?

– Oui, pourquoi ?

– Nathalie, nous sommes cousins éloignés. Ma famille ne fréquente pas la tienne, mais mon grand-père était un cousin du tien…

Il décida de rester. Je fuis, mais il revint me chercher et nous parlâmes de nos familles respectives. Il avait dix ans de plus que moi et nous ne nous étions jamais croisés, mais il connaissait le moulin de mon grand-père où, enfant, je passais mes week-ends.

– Tu savais que nos ancêtres étaient des chasseurs d'ours, des Wisigoths installés dans les Pyrénées ?

Je ne savais rien de mes origines, ni de ma famille. Chez nous, on ne parlait pas de cela. D'ailleurs, on ne parlait de rien. J'ai refermé ce chapitre de ma vie à son départ et ne suis pas allée le voir à la rentrée parce que j'allais bientôt m'envoler pour la Californie, mais il avait réveillé chez moi un étrange sentiment de déjà-vu. Je n'avais pas osé lui avouer que, depuis toute petite, je rêvais d'un ours qui me tenait la main, cheminant en silence à mes côtés.

Johannes, lui, a ouvert une immense brèche dans mon cœur sans le savoir. Il a dix ans de plus que moi et nous ne parlons jamais de notre passé – encore moins de l'avenir. Notre relation s'est construite sur un regard et, depuis, nous abordons peu nos sentiments. Il semble toujours proche et distant à la fois, et cela me convient très bien.

Depuis que je suis arrivée en Suède, mon quotidien me semble beaucoup plus serein, je me sens chez moi pour la première fois de ma vie. Pourtant, je sens souvent une ombre planer au-dessus de moi. La nuit, depuis peu, je fais un nouveau rêve étrange : un aigle immense plane et tourne au-dessus de moi tandis que je m'effondre dans la neige en le regardant s'éloigner.

– Nathalie, pourquoi tu ne m'as jamais parlé de Markus ?

Je sursaute et regarde Johannes, prête à m'effondrer en larmes.

– Qui t'a parlé de Markus ?

– Tout le monde en a parlé à Göteborg, je ne savais juste pas que c'était toi qui sortais avec lui à l'époque.

L'année précédant ma rencontre avec Johannes, j'avais rencontré Markus au travail. Il était barman et poursuivait ses études à Chalmers. Durant l'hiver, il était parti skier à Verbier, en Suisse, avec des amis. Je n'avais pas pu le suivre à cause de mon travail. Tous les soirs, il m'appelait pour me raconter ses derniers exploits et me dire que je lui manquais. C'est sa mère qui m'a appelée pour me dire qu'il avait été emporté par une avalanche alors qu'il faisait du hors-piste. Je ne l'ai revu qu'à l'église, dans un cercueil.

C'était une histoire sans lendemain, nous le savions tous les deux, mais notre complicité était grande. Je suis sortie de l'église seule et suis rentrée pleurer, avant de fermer mon cœur pour ne plus souffrir. Nous étions ensuite allés à Verbier avec ses amis, pour déposer une gerbe en son honneur, mais je n'avais plus remué ce souvenir depuis.

– Nathalie, ne pleure pas, viens, je m'excuse, je n'aurais jamais dû te parler de lui.

J'ai enfermé ses photos dans une boîte et n'ai plus jamais reparlé de Markus. Je garde nos clichés comme des reliques d'une autre vie.

À mon arrivée à Göteborg, j'avais immédiatement repris le chemin de l'école pour apprendre la langue et pour passer mon bac ou, tout du moins, l'équivalant pour intégrer l'université. Je parlais alors un suédois plutôt correct et vivais, comme toutes mes amies, une vie insouciante dans un pays qui me désarçonnait parfois, mais qui me semblait pourtant si familier.

Je n'arrive pas à expliquer ce que je ressens, une sorte de déjà-vu permanent où des visages et des lieux inconnus me paraissent sans cesse très familiers. Le jour où j'ai passé la frontière suédoise en arrivant des États-Unis, j'ai pleuré de joie.

Je n'ai que peu de contacts avec la France et avec ma famille depuis. Lorsque je retourne les voir, je me sens étrangère. D'ailleurs, à mon départ, ma sœur s'est aussitôt approprié ma chambre, mes affaires, mes vêtements et mes vieux souvenirs, et je sens en elle une vieille rivalité, une vengeance prête à me dévorer. Bizarrement, ma famille m'est devenue presque étrangère. Après chacun de mes retours en France, quand il est l'heure de rentrer chez moi en Suède, passer le détroit de l'Örensund qui nous mène à Helsingborg fait battre mon cœur de joie. Le Viking Express qui m'emmène de Göteborg à Paris, puis de Paris à Göteborg, est devenu le symbole de mon bonheur. Je pleure de chagrin à chacun de mes départs et de joie à chacun de mes retours. Aucun voyage, aucun pays parcouru auparavant n'a éveillé en moi autant d'émotions et de bonheur.

Johannes me tire de mes pensées et de mon chagrin en me servant un deuxième verre de vin. Il a découpé des morceaux de saucisson fumé en guise d'apéritif et nous nous enlaçons un moment sans parler, avant de passer à table. Je me sens protégée quand il est là. Seule ombre au tableau : je ne lui ai pas encore annoncé que, en septembre, je devais rentrer à Göteborg pour entamer mes études de naturopathie.

Jokkmokk – février 1985

Il est 4 heures du matin. Le camion de Vuolla, le père de Johannes, ronfle déjà bruyamment dans la nuit polaire. Les hommes crient après les chiens qui hurlent en chœur. Je sursaute et m'extrais doucement des bras de Johannes, qui se réveille en souriant. Je file en cuisine lui préparer un café. Dehors, une tempête fait rage. Je regarde le thermomètre à travers la fenêtre : il fait -30 °C. Johannes sort de la douche quand son père frappe à la porte. Ce dernier me salue poliment et dépose des vêtements sur le canapé. Johannes lui sert un café dans sa tasse en bois de bouleau, une vieille *guksi* patinée par le temps.

Hier, Máret m'a apporté les rubans tressés ornés de pompons multicolores que je dois porter sous ma chapka pour la foire. Après une douche chaude, j'enfile des collants en laine, un fuseau de ski et un pull à col roulé noir, puis entame le tressage de mes nattes avec les rubans. Enfin, je visse ma chapka sur ma tête et enfile mes bottes fourrées. Lorsque je sors de la chambre, Johannes et son père me regardent en souriant. J'ai l'impression de m'être déguisée, mais Vuolla s'exclame :

– On dirait une vraie petite Samie !

Il a l'air heureux et fier. Il m'offre une broche qu'il accroche à mon pull. Je n'ose pas l'embrasser, mais le remercie chaleureusement. Johannes sourit en plissant les yeux, comme toujours. Les deux hommes sont coiffés du béret traditionnel doté d'un énorme pompon rouge en laine et portent des chausses en peau de renne recourbées en une pointe qui, dans le temps, servait à accrocher des skis à l'aide de sangles de cuir. Le moment me semble surréaliste : j'ai deux nomades samis en costume en face de moi, dehors, la tempête ne faiblit pas, et je m'apprête à assister à l'un des plus vieux marchés aux rennes au monde.

Depuis quatre cents ans, tous les premiers jeudis de février, ce marché réunit toute la population samie de Norvège, de Suède et de Finlande. C'est un jour de fête pour eux. Et c'est un jour unique pour moi, mais je ne le sais pas encore.

Nous partons à travers la nuit sous une neige dense et je me laisse bercer par le bruit du moteur. Soudain, un élan majestueux nous coupe la route. La voiture a pilé net, mais il a déjà disparu dans la forêt, comme par magie. Chaque fois que j'aperçois un animal sauvage, j'ai l'impression d'assister à une apparition surnaturelle. Il y a beaucoup de magie ici, je la ressens intensément. Elle m'étreint souvent de manière inattendue et elle m'ôte la peur de la nuit.

Lorsque nous arrivons à Jokkmokk, il fait toujours nuit ; le jour se lèvera pour quelques heures seulement. Je me suis très rapidement adaptée à ces rares heures de lumière, à la grande surprise de tous. La vie ici ne m'est pas difficile ; au contraire, elle m'apporte une sorte d'apaisement et un cocon réconfortant. La neige et le froid me plongent dans une sorte de joie permanente. Máret trouve que je ressemble à un petit lutin dans mon habit traditionnel et redresse mes tresses. En sortant de la voiture, elle me tend une ceinture qu'elle me demande de nouer autour de ma taille, ainsi qu'un châle, qu'elle passe sur mes épaules. Elle me demande de l'accrocher à l'aide de la broche offerte par Vuolla. Elle recule de quelques pas pour me jauger, puis sourit en me prenant les mains pour m'entraîner vers Johannes. Celui-ci est déjà en grande discussion avec des amis et m'aperçoit alors que j'avance dans sa direction. Il s'adresse alors à ses amis :

– Je vous présente Nathalie, ma petite amie française.

Máret sourit et file rejoindre ses petits-enfants, qui se chamaillent dans la neige. Johannes m'embrasse et me glisse à l'oreille :

– Tu es très belle.

Je me retrouve soudain un peu perdue au milieu d'un tourbillon de bruits de clochettes, de circulation de traîneaux, de chiens et de petits rennes blancs portant rubans et pompons qui circulent au milieu du marché. Depuis que je suis arrivée, j'ai rarement croisé ces cervidés, sauf de loin, et je dois avouer qu'ils m'effraient un peu. Il neige lourdement et Vuolla a déclaré qu'il s'agissait du jour le plus froid de l'année. Pour lui, c'est un bon présage et, malgré sa fatigue, il semble très heureux. Máret m'appelle pour que je l'aide à décharger le quatre-quatre et nous nous dirigeons vers un tipi immense, une *lávvu*, qui va accueillir amis et famille autour d'un feu qui ne s'éteindra à aucun moment.

La bouilloire à café est déjà sur le feu et Máret m'a préparé un thermos de thé que Biret lui a apporté. Elle me tend une assiette et ce qui semble être une sorte de fromage grillé :

– Goûte, c'est du *kaffeost*.

Elle tient sa tasse en bois de bouleau remplie de café, dans laquelle elle a plongé de petits morceaux de ce fromage. Plus rien ne peut me surprendre désormais ; certains Bretons plongent bien du camembert dans leur café, le matin !

Les hommes parlent et rient devant le *lávvu*. L'un d'eux se met à chanter. Tout le monde se tait, je sors pour observer la scène. Un chant constitué de sonorités étranges s'élève dans le froid glacial. Johannes m'explique qu'il s'agit d'un *joik*. Ce chant ancestral servait à appeler les rennes, mais aussi d'incantation chamanique. Je reste immobile, happée par ces sons hypnotiques et méconnus.

Les enfants courent dans tous les sens, les rennes grattent le sol à la recherche de nourriture, le monde commence à affluer, et certains se retournent pour me regarder. Ni sami, ni suédoise, je me sens pourtant à ma place et étonnamment à l'aise, mais les regards appuyés me ramènent à un sentiment permanent depuis que je voyage : je suis de nulle part et de partout à la fois.

Je décide de déambuler seule à travers le marché. Les étals sont remplis de fourrures, de couteaux et d'objets en bois – de l'artisanat sami que l'on appelle ici *duodji*. Biret tient un stand où elle vend des plantes et des confitures de baies sauvages. Je décide d'aller la voir. Elle sourit en me voyant ; c'est la première fois qu'elle me sourit comme cela. Elle m'offre un bout de saucisson sec du bout de son couteau et me demande si le marché me plaît. Je suis prise d'une émotion étrange, comme une bouffée de bonheur intense, et tout se met à tourner autour de moi. Biret me demande de m'asseoir sur un tabouret en bois et me sert une sorte de tisane. Elle s'assoit près de moi et me secoue doucement les mains. Je n'ose pas la regarder. Pourtant, elle me demande de le faire et me dit :

– Nathalie, tu dois te libérer.

Je ne saisis pas le sens de ses paroles et lui lance, presque agacée :

– Me libérer ? Mais de quoi ? Ça va, c'est juste un peu de fatigue.

Elle me regarde sans rien ajouter. Je ne veux pas l'importuner et lui affirme en souriant que tout va bien et que c'est probablement le froid et le bruit qui m'étourdissent. Elle me tient toujours les mains et me répète :

– Nathalie, libère-toi de ce chagrin, il n'existe plus.

Je me lève et lui dis que je vais aller retrouver Johannes. Je quitte l'allée centrale et me dirige vers un bosquet de bouleaux. Au milieu d'un champ, un troupeau de rennes gratte la neige. Je m'assois un instant sur une pierre pour reprendre mes esprits. Depuis que je suis enfant, j'ai besoin de me retrouver seule pour respirer. Dans mon cœur, encore et depuis toujours, la sensation étrange de ne pas avoir le droit au bonheur m'étreint.

Lorsque je retrouve Máret au *lávvu*, elle me dit que Johannes me cherche depuis mon départ. Elle envoie Stina, l'une des filles de Madde, le chercher, tandis que je m'assois sur une peau près du foyer. Je suis prise d'un sentiment de culpabilité et décide de me rendre utile en nettoyant les tasses sales éparpillées un peu partout. J'utilise un seau rempli de neige fondue et cherche des yeux un peu de liquide vaisselle. Máret s'approche et m'explique que l'on ne lave jamais les *guksi* avec du savon parce que cela porte malheur.

Johannes arrive et m'entraîne aussitôt pour aller voir un défilé de costumes, auquel les filles applaudissent et les hommes parlent entre eux. La neige continue de tomber lourdement. Je regarde Johannes saluer sans cesse amis et membres de sa famille. Il fait si froid que mon nez est gelé. Je ferme les yeux une seconde, et quand je les ouvre, Johannes a disparu. Je décide de le laisser vaquer à ses occupations et retourne parcourir les stands. Une vieille dame vend des chaussons pour enfants en laine feutrée et en peau brodée aux couleurs des costumes traditionnels.

À 17 ans, un gynécologue-obstétricien de Beverly Hills m'a appris que je n'aurais jamais d'enfants. J'ai ravalé mes larmes et ai chassé l'idée d'être mère un jour. J'ai subi en urgence une première conisation pour éradiquer des cellules suspectes au cœur de mon utérus. J'en ai gardé une colère intense, que j'étouffe dès que l'on aborde le sujet de la maternité. Je ne donnerai jamais la vie ; le Distilbène[2] que ma mère a pris lorsqu'elle était enceinte de moi s'est révélé toxique et dangereux. Il empoisonne ma vie.

Je m'apprête à quitter l'étal lorsque la vieille dame me tend une paire de chaussons minuscules et me demande s'ils me plaisent.

2. Le Distilbène est une œstrogène de synthèse qui a été prescrite à 200 000 femmes enceintes en France entre 1948 et 1977 pour prévenir les fausses-couches. Mais chez les filles qu'elles portaient, cette molécule a provoqué des malformations génitales, des problèmes d'infertilité, des grossesses compliquées et des cancers particuliers du col de l'utérus, du vagin et du sein. Source : *L'Express*, « Le scandale du Distilbène ».

Je lui réponds qu'ils sont magnifiques et détourne le regard. Dans mon cœur, un flot de larmes s'apprête à m'engloutir. Je sais que ce bonheur-là n'est pas pour moi. Je quitte brusquement le stand en m'excusant.

Dans l'après-midi, famille et amis se retrouvent pour un repas autour du foyer, où Máret a préparé des *gáhkko* et un monticule de morceaux de renne bouillis disposés sur un plat en bois. Je découvre des têtes tranchées en deux, des os à moelle grillés – que les garçons s'empressent de sucer bruyamment –, de la langue bouillie et des parties inattendues qui troublent quelque peu mon appétit, comme des yeux de rennes, que les convives arrachent au couteau et que les garçons semblent se disputer. Un pot de confiture d'airelles circule, comme toujours. Sur le feu, un bouillon fume doucement. C'est beau, simple ; si étranger à ma culture et pourtant, je me sens intensément heureuse et tout à fait à ma place. La discussion tourne autour des rennes et des scooters des neiges chez les hommes ; les femmes, elles, parlent des enfants, des tissus et des peaux. J'admire ces scènes autour de moi, toujours aussi étonnée d'être assise là, au milieu d'un immense tipi près du cercle polaire. Biret m'observe aussi parfois ; je sens son regard peser sur moi. Je finis par poser ma tête sur les genoux de Johannes. La chaleur et la nourriture ont eu raison de moi et je me laisse doucement glisser dans un sommeil paisible, enroulée dans une peau que Johannes vient de déposer sur moi. Ici, on vit au rythme du cycle des saisons, de la nature.

Ces nomades sont toujours profondément animistes et, malgré l'acharnement des pasteurs læstadiens à vouloir les convertir autrefois, ils continuent à croire en trois mondes : le Monde d'en haut, le Monde du milieu et le Monde d'en bas.

J'entends des chants lointains et le bruit d'un tambour. Je suis allongée dans la neige, mais je n'ai plus froid. Au-dessus de moi tournoie lentement le grand aigle doré. Je voudrais crier pour qu'il m'entende, mais aucun son ne sort de ma bouche ; mes lèvres bleutées sont gelées.

Je le fixe, mais mes yeux sont déjà vides de vie. Je le regarde s'éloigner de moi. Autrefois, j'étais jeune et je courais après les renards blancs dans la forêt. Les lièvres détalaient sur mon passage. Je vivais dans un village, mais des guerres fratricides détruisirent mon pays. J'étais mariée, mais mon mari mourut et moi, j'ai survécu. Je voulais mourir aussi, mais on ne voulait pas de moi, au Monde d'en bas. L'aigle est parti et je suis presque morte. Pourtant, j'entends toujours le tambour.

J'ai dû crier et suffoquer car, lorsque je me redresse brusquement, une dizaine de paires d'yeux sont fixées sur moi. Tout le monde s'est arrêté de parler et je n'entends plus que le feu crépiter et la tempête qui s'est à nouveau levée. Johannes me demande si je vais bien. Je m'excuse en riant, honteuse de mes cris et gémissements.

– Oui, oui, j'ai dû rêver, je suis désolée.

Tout le monde se remet à parler et à rire. Biret me regarde ; je détourne aussitôt le regard, gênée. Nous décidons d'aller boire un verre sous un autre *lávvu*, avec Madde et son mari, Anders, ainsi qu'un groupe d'amis. Madde, qui s'est assise près de moi, me raconte son enfance et celle de Johannes. Je souris en l'imaginant courir après les rennes avec son lasso. Je suis loin de me douter des drames qu'ils ont vécus.

Il fait un froid polaire quand nous rentrons dormir. J'écoute nos pas craquer dans la neige et je me sens flotter en apesanteur, peut-être à cause du froid, de la fatigue, des bières et de l'aquavit. Les nuits sont courtes au bivouac ; au petit matin, je reste emmitouflée un instant dans mes peaux de bêtes. Johannes est déjà parti nourrir les rennes et a pris soin de recharger le foyer en bûches. Les journées se partagent entre courses de rennes, concours de traîneaux et joutes de *joik*, qui me rappellent étrangement les chants des Indiens d'Amérique.

Je décide d'aller acheter quelques souvenirs ; Johannes m'a offert un bracelet, mais je voudrais m'offrir une veste en peau aperçue la veille. La femme qui tient le stand me reconnaît et me salue en same.

Je m'excuse et lui explique en suédois que je suis française. Elle sourit en regardant mes tresses et me dit :

– Une jolie petite Samie française, alors !

Je suis touchée par cette remarque : Johannes souligne souvent le fait que j'ai des yeux en amande aussi noirs que ma peau est blanche et pleine de taches de rousseur, et qu'il trouve que je ressemble à une petite Samie. Je suis frappée par la peau presque laiteuse de la vendeuse. Elle a des yeux d'un bleu magnifique, accentué par sa peau blanche comme la neige. Sa coiffe en poil de renard arctique lui donne des airs de poupée russe. J'essaie la veste en peau et, malgré son prix élevé pour la jeune étudiante que je suis, je décide immédiatement de l'acheter. Il faut avoir vécu là-haut pour comprendre la valeur de ces peaux sacrées. Quand je me vois dans le miroir que la vendeuse me tend, une étrange sensation s'empare de moi, un moment fugace mais puissant. Ici, un animal n'est jamais tué en vain : ce peuple respecte plus ses animaux et la nature que sa propre vie. Je repars avec mon précieux achat, le cœur enjoué.

Lorsque j'arrive au *lávvu*, les femmes commencent déjà à ranger leurs stands et le bivouac. Máret est heureuse de mon coup de cœur et promet de me coudre des bottines. Biret m'observe toujours, me tend des cartons en silence et je m'exécute, heureuse de pouvoir aider. J'ai l'impression de vivre dans une sorte de monde parallèle. Je n'arrive pas à mettre de mots sur mes émotions, mais je n'arrête pas de penser que je suis un peu chez moi ici. Pourtant, je sens que je devrai un jour reprendre mon chemin.

La neige a cessé de tomber et la lumière est magique. Depuis que je suis arrivée, je scrute le ciel dans l'espoir d'apercevoir des aurores boréales, mais rien n'y danse. Nous quittons Jokkmokk pour passer la nuit chez Biret, qui vit dans un hameau non loin de notre maison. Les hommes rentreront demain. Johannes me manque déjà. La route est recouverte d'une neige épaisse et lourde, les arbres ressemblent à des géants frappés par un sort d'immobilité. Je regarde l'asphalte défiler sous mes yeux. À l'arrière, Biret s'est endormie et ressemble au petit chaperon rouge, dans sa coiffe vermeille. Je souris et me laisse happer par le ronronnement de la voiture.

La maison sent la fumée froide. Nous nous précipitons près du poêle, que Biret s'empresse de remettre en route. Nous partageons nos derniers *gáhkko* et allons très vite dans nos chambres respectives. Je n'ai pas pris de douche depuis quatre jours et mes tresses me font mal à la tête. Je retire les rubans et les pompons, puis me mets à dénouer mes cheveux. Sous la couette glacée, je m'endors soulagée, même si Johannes me manque. Ces derniers temps, il a l'air si différent de celui que j'ai rencontré il y a quelques mois. Máret veut que nous rentrions tôt car elle a prévu de cuisiner la viande d'ours pour notre repas en famille. Mon sommeil m'entraîne loin de ce chalet, je respire lourdement. La forêt est immense, j'ai le souffle court et une mèche de mes cheveux a gelé devant mon visage. Je marche seule, portant un baluchon en peau que je serre tout contre moi pour me réchauffer. Une branche craque et une avalanche de neige tombe sous mes yeux. Je voudrais m'endormir pour toujours, mais je dois encore marcher un peu. Soudain, un loup s'avance, les yeux fixés sur moi. Je m'arrête, le cœur battant.

« Il y a longtemps, tu portais une peau de loup sur tes épaules. Tu avais tué ce loup à tes 15 ans et portais fièrement sa peau. Ton père était si fier : tu avais un grand avenir devant toi et je t'aimais secrètement. »

J'observe le loup. Peut-être mon chemin s'arrête-t-il ici ? À quoi bon combattre la neige, la faim et la peur, puisque tu n'es plus là ? Le loup a baissé la tête, je suis prête. Je pose lentement mon baluchon dans la neige et tombe à genoux. Je ferme les yeux, des larmes réchauffent mes joues bleuies par le froid, je suis prête. Soudain, un battement d'ailes, puis un cri strident déchirent le silence de la forêt. Lorsque j'ouvre les yeux, le loup s'est enfui, je suis à terre et un aigle doré tournoie au-dessus de moi. Je voudrais mourir, mais même le loup n'a pas voulu de moi.

Au petit matin, l'odeur du café me sort du sommeil et de ce rêve étrange et récurrent. Je regarde la chambre recouverte de lambris délavé par le temps. Une peau de renne est accrochée au mur en face de moi et, près de la fenêtre, un tableau représente un aigle doré qui me fixe du regard.

Je sors du lit et ouvre la porte doucement. En bas, je rejoins en silence les femmes, qui parlent en same. Je salue Máret et Biret, qui me proposent un thé noir bouillant. Elles me regardent, je leur souris et leur demande si elles ont bien dormi. Biret me tend une assiette de yaourt dans lequel elle a brisé du *tunnbröd*, de fines galettes de pain craquantes. Je mange en silence et en regardant la neige à travers la fenêtre pendant que Máret charge des sacs dans la voiture. Biret s'assoit en face de moi et me demande si j'ai bien dormi. Je lui raconte que j'ai dû rêver à nouveau.

– C'était un bon rêve ?

Je la regarde, gênée, et lui réponds que c'était un drôle de rêve que je fais parfois et surtout depuis que je suis arrivée en Laponie.

– J'espère que c'était un bon rêve.

Elle se lève pour débarrasser la table. Nous quittons la maison : Máret est pressée de rentrer et nous filons en silence vers notre hameau. Nous croisons quelques scooters des neiges et des skieurs de fond. La neige a tout recouvert, on distingue à peine la route. Arrivée à la maison, je me précipite pour allumer le poêle. Johannes ne va pas tarder à rentrer et je sais qu'il sera épuisé. Je me déshabille et jette avec soulagement mes vêtements sales en boule dans la machine. Je n'ai jamais pris de douche plus longue et plus chaude que ce matin. Mes cheveux sentent la fumée et le cuir. Je décide de les lâcher pour les faire sécher à l'air libre et enfile un jogging blanc. J'avais acheté ce survêtement en Californie, avant d'arriver en Suède il y a deux ans. J'ai l'impression que c'était il y a une éternité.

Je suis en train de faire un peu de ménage quand Johannes arrive de son pas lourd. Il frappe ses bottes contre la bûche de bouleau à l'entrée et je me précipite pour lui ouvrir la porte. Il est noir de suie et a une barbe de quelques jours. Il sourit en m'enlaçant.

Demain, nous retrouverons sa famille pour un repas qui m'angoisse déjà mais, pour le moment, je veux profiter de ma soirée avec lui. Il part directement se doucher et je file chez Máret chercher de la viande séchée. À mon arrivée, toute la famille est réunie autour du feu et discute bruyamment. Máret m'entraîne vers la cuisine et me donne un beau morceau de viande séchée à l'air légèrement fumé. C'est celle que je préfère : elle est douce et presque sucrée. Máret me donne également un carton dans lequel se trouve du *tunnbröd* et me tend ensuite un petit pot en plastique qui contient du *löjrom* de Kalix, des œufs d'ablettes considérés comme un mets rare et délicat. Elle me demande si j'ai de la crème aigre et me tend un bouquet d'aneth ainsi que des oignons rouges. J'ai déjà mangé des toasts de *löjrom* dans un restaurant de Göteborg et je n'aurai aucun problème à préparer cette entrée.

– Johannes a reçu les œufs d'un ami, il sera heureux de les manger avec toi !

Je la remercie chaleureusement et elle me glisse un petit bocal de baies polaires ainsi que de la glace à la vanille en me soufflant que Johannes en mange par kilos. Je ne l'ai jamais vu en manger, peut-être la saison ne s'y prêtait-elle pas à Göteborg ? Toujours est-il que je me rends compte que j'en sais toujours très peu le concernant. Je me mets aussitôt en cuisine et prépare mes canapés d'œufs d'ablettes selon la tradition : un morceau de pain craquant, un peu de crème aigre, les œufs généreusement déposés à la cuillère et des oignons rouges finement émincés. Je termine en ajoutant quelques brins d'aneth. Enfin, je découpe finement la viande et prépare une grosse salade de betteraves en bocaux que Biret nous a apportées. Toute la nourriture est locale et mise en conserve durant les mois d'abondance. Cela me fait penser à la cuisine de mon grand-père et il me manque soudain violemment.

Le poêle crépite et Johannes fume une cigarette en buvant un verre de vin. Je m'assois près de lui et nous trinquons en silence. Dehors, la neige s'est remise à tomber. Je me lève pour disposer notre repas sur la table basse, car je n'aime pas manger assise à table. Johannes parle si peu que je n'ose pas lui poser de questions. Tout à coup, il devance mes interrogations en me parlant de son travail avec son père et ses oncles, et évoque surtout les rennes et le bonheur qu'il a à retrouver un peu de sa vie de nomade. Il m'avoue que Göteborg lui manque, mais qu'il s'est résigné à l'idée de rester pour l'année. J'ai un moment de panique en pensant à mes projets, mais refoule toute envie de lui annoncer ma décision de reprendre mes études en septembre. Je veux profiter de nos rares moments à deux.

J'ai rencontré mon futur professeur lors d'un stage d'aromathérapie que mon amie Suzanne m'avait offert pour mon anniversaire et me suis prise de passion pour son programme de macrobiotique et de naturopathie. Je n'ai aucune idée de ce que je veux faire dans la vie ; je fais les choses par passion et non par stratégie. Je ne serai jamais une carriériste, j'en suis convaincue, mais je rêve d'intégrer cette école.

Johannes me propose d'aller au camp avec lui et de m'apprendre à manier le lasso qu'ils utilisent pour attraper les rennes. Je plaisante en lui disant que j'ai déjà du mal à lacer mes bottes, alors utiliser un lasso… Et il sourit, comme toujours. Je n'ai qu'une envie : rester là, à l'écouter parler de lui. Mais déjà, il se lève pour préparer du café et revient avec deux bols de glace et des baies polaires. Il retourne ensuite en cuisine et revient avec deux cognacs.

Tout à coup, je me mords la langue sans crier gare et me mets à pleurer. Johannes me serre dans ses bras, mais j'ai froid jusqu'aux os. Il me tend le verre de cognac, que j'avale d'un trait en continuant de pleurer en silence. Il me regarde pleurer et repousse une mèche de cheveux qui me barre le visage. À ce moment précis, quelque chose me dit de fuir, de ne pas m'attacher davantage à lui. Je me lève pour prendre un verre d'eau. Ma langue me brûle terriblement, j'ai l'impression d'avoir reçu une sorte de châtiment. Johannes débarrasse la table et me lance :

– Habille-toi chaudement, je t'emmène au bord du lac.

J'enfile un énorme pull, ma combinaison de ski, mon anorak, ma chapka et mes gants. Johannes prend un gros sac avec lui et nous partons en scooter au beau milieu de la nuit polaire. Ma langue pulse violemment et un goût de sang envahit ma bouche, mais la soirée est si magique que je me blottis contre lui en laissant la neige balayer mon visage.

Une fois que nous arrivons près du petit lac, le nomade qu'il est dégage et tasse la neige de ses gants en peau afin de monter une sorte de muret. Il part ensuite chercher des branches de sapin, qu'il dépose sur le sol, y ajoute une peau pour que je puisse m'y installer, puis balaie à nouveau la neige devant nous pour faire un feu. À ma grande surprise, il va chercher une bûche coupée en quatre qu'il avait déposée dans le traîneau accroché au scooter. Il démarre le feu avec son vieux Zippo après en avoir aspergé le centre d'essence et ajouté de très fines bûchettes qui s'enflamment aussitôt. Le feu brûle déjà fort et le lac gelé recouvert de neige s'éclaire comme par magie. Johannes s'assoit et me regarde en souriant.

– Nathalie, pourquoi est-ce que je sens que tu n'es pas vraiment heureuse, parfois ?

Mon cœur rate un battement ; pourquoi faut-il qu'il trouble ce moment ?

– Johannes, je suis heureuse, très heureuse d'être ici avec toi. J'ai juste quelques moments de tristesse. Ce n'est rien, mon père m'a toujours dit que je pleurais déjà beaucoup étant enfant, pour rien, et puis, la minute d'après, je riais aux éclats. Ce n'est rien, je suis comme ça.

Il me regarde, l'air grave. Peut-être est-ce la première fois que je le vois aussi sérieux. Je n'ose plus parler et laisse le silence de la nuit nous envelopper.

Le ciel s'éclaire d'un voile violet diffus. Je le scrute, mais il ne s'agit que d'un nuage qui s'éloigne doucement. La Laponie a une aura si puissante ! Ce n'est pas sa beauté, mais son âme qui me fait chavirer le cœur. L'âme de la forêt, le cri muet du silence, de la solitude et du chuchotement de ceux qui, durant des centaines d'années, ont conduit les rennes à travers les bois. Je les entends au fond de mon cœur.

Je n'ai toujours pas vu d'aurore boréale, mais Johannes me dit qu'elles sont capricieuses. Ici, tout est profondément vivant, je n'ai jamais ressenti une telle force de vie, malgré le silence et l'obscurité. Je me colle à lui ; il ne bouge pas et me regarde en silence. C'est ce que j'aime chez lui, son silence. Le lac craque et me fait sursauter. Mon beau nomade se lève et met la bouilloire sur le feu. Il s'apprête à faire du café, mais se ravise et me dit qu'il va faire du thé noir très sucré à la place, pour nous réchauffer. C'est sa façon à lui de me montrer son amour. Il a sorti la bouteille de cognac et nous en verse deux petits verres. Ma langue est anesthésiée par l'alcool et je me recroqueville à nouveau près de lui.

– *Mon ráhkistan du, min lilla fransyska*[3].

Je le regarde et lui réponds en français :

– Moi aussi, je t'aime !

Pourtant, je sais qu'un jour viendra où nous devrons nous quitter.

Il est tard et nous devons rentrer pour dormir un peu. La route est belle ; devant nous, des chevreuils filent en sautillant. Je n'ose pas le lui avouer, par peur de ce monde invisible, mais, près d'un arbre, il m'a semblé apercevoir un aigle roux qui nous observait.

---

3. « Je t'aime, ma petite Française. »

Il est déjà tard quand nous nous réveillons. Johannes veut à tout prix que je tresse mes cheveux et nous nous chamaillons quand Madde arrive avec une robe bleue brodée. Je suis gênée, mais elle m'explique que le repas à venir est en mon honneur et que ça lui fait plaisir de me l'offrir. J'enfile des collants et la robe. Madde semble satisfaite et me demande d'enfiler mes bottes. Elle tourne autour de moi, ajuste la ceinture et recule pour me jauger.

– Nous l'avons achetée pour toi à Jokkmokk. Elle te va parfaitement !

Je marche jusque dans la chambre pour m'observer dans le miroir. J'ai tressé mes cheveux avec les rubans. Madde s'arrête net en voyant mes larmes et me prend dans ses bras :

– *Men lilla gumman, vad är det*[4] ?

Je suis si gênée que je m'essuie le visage et souris.

– Je ne sais pas, ce n'est rien, juste l'émotion, Madde.

Elle me serre dans ses bras et dépose un collier en argent fait de magnifiques breloques sur le lit.

– Enfile-le, je te laisse te préparer.

Johannes est parti rejoindre son père et je m'assois sur le lit, face au miroir. Je prends le collier et l'accroche. Il a l'air si ancien. Mes mains tremblent un peu. En me regardant à nouveau, je suis prise d'une crise de larmes qui semble venir de très loin. Depuis que je suis arrivée en Laponie, je n'arrive pas à expliquer ces larmes abondantes alors que ma vie est si douce. Dans mon reflet, c'est la petite fille en moi qui pleure. Dans le silence de la pièce, elle laisse toutes ses larmes couler doucement.

J'enfile ma chapka et jette un gros châle que j'ai acheté dans un magasin de l'Armée du Salut à Göteborg. La porte d'entrée s'ouvre et les enfants s'arrêtent en me voyant. Lisa, la petite dernière de Madde, me

4. « Mais qu'est-ce qu'il y a, ma petite ? »

regarde en souriant. Je lui prends la main et nous quittons le chalet. Dehors, la neige s'est arrêtée et la lumière est étrange. Nous entrons chez Máret, qui embrasse un à un ses petits-enfants. Lisa s'écrie alors :

– *Áhkku, áhkku*, tu as vu comme elle est belle ?

Máret m'embrasse et sourit derrière ses lunettes. Elle a l'air fière et heureuse, ce qui me réchauffe aussitôt le cœur. Elle m'entraîne dans le salon, où toute la famille est en costume traditionnel. Pourtant, j'ai l'impression que chacun me scrute de la tête aux pieds. Je fixe Johannes pour me rassurer. Ma timidité m'empêche d'avancer et il a dû le sentir parce qu'il s'approche en souriant et retire mon châle :

– Tu es belle. Viens !

J'embrasse mon beau-père qui me dit, en me serrant dans ses bras :

– On dirait une vraie petite Samie ! Sois la bienvenue, Nathalie.

Tout le monde me salue et se remet aussitôt à discuter. Madde s'approche de moi pour rectifier mon collier. Elle a l'air heureuse de le voir sur moi. J'apprendrai plus tard qu'il appartenait à son arrière-grand-mère et qu'elle le garde comme un trésor. Assise près du poêle, Biret ne m'a pas lâché du regard. Elle sourit discrètement et approche une chaise en me demandant de m'asseoir près d'elle.

– Tu veux du jus d'airelles ?

Elle tient une bouteille et me verse aussitôt un verre, que je bois en regardant les enfants qui courent partout et crient à tue-tête. Le jus acidulé m'arrache un cri de douleur : ma langue est toujours endolorie par la morsure de la veille. Au bout d'un petit moment, nous sommes priés de nous asseoir à table. Johannes s'installe près de moi, Biret à ma gauche et Vuolla en face de moi. Ce dernier m'interpelle et me demande sans préambule si j'ai déjà mangé de l'ours.

– Oui, mon ours en peluche quand j'étais enfant !

Il éclate de rire. Je lui réponds nerveusement que, non seulement je n'ai jamais mangé d'ours, mais que je ne savais même pas que la viande de l'ursidé se mangeait. Il sourit et poursuit sa discussion avec Anders. Je tripote nerveusement ma tresse quand Biret me prend la main sous la table et me dit en chuchotant :

– La semaine prochaine, je t'emmène voir les rennes dans la forêt.

Je suis surprise, car je croyais que Johannes les surveillait dans un enclos, mais elle m'apprend que, durant les mois d'hiver, les rennes migrent vers l'ouest, dans les bois où ils paissent librement. Elle ajoute qu'ils se relaient tous pour les surveiller et surtout leur apporter leur nourriture préférée : du lichen.

– Tu viendras avec moi, je t'apprendrai à reconnaître les lichens !

Nous sommes tous en pleine discussion quand Vuolla se lève et secoue une clochette. Tout le monde arrête immédiatement de parler. Il commence par me regarder et saluer ma présence en me remerciant d'être aux côtés de son fils. Je sens l'émotion monter, puis mes joues devenir écarlates. Johannes me regarde et me serre la main tellement fort que je laisse échapper un « aïe » français qui fait rire tout le monde. Les enfants me fixent et Lisa se lève pour se coller à moi. Je la laisse se faufiler, s'installer sur mes genoux et jouer avec mes tresses.

Vuolla prend un verre et tout le monde trinque à ma présence au sein de la famille. Je serre la main de Johannes et souris à Vuolla, qui se met à chanter un *joik* court, saccadé, hypnotique. Anders se lève et se met à chanter à son tour. Puis c'est au tour de Biret, qui enchaîne sur un *joik* étrange fait de cris et de respirations haletantes. Je ferme les yeux, emportée par les pulsations du chant, et me laisse bercer par ces sons ancestraux. C'est si étrange, presque animal et très puissant. Mon cœur bat si fort que j'ai l'impression que tout le monde me regarde haleter. Je sens le regard de Johannes et les petites mains de Lisa sur moi.

Biret s'est rassise. Vuolla se met alors à conter une histoire : celle d'un ours tué par un jeune homme. Cet ours exigea pour pardon que tous les ours se laissant tuer par des hommes soient ensuite célébrés comme des hommes. Après les avoir dépecés, cuisinés, puis mangés, les hommes doivent enterrer leurs restes debout, comme ils le font avec un homme, avec tous les honneurs d'un être humain.

– Depuis, l'ours est sacré et considéré comme humain, termine Vuolla.

Je le regarde en silence ; je me suis perdue dans une forêt, une forêt immaculée. Au loin, un ours gît dans son sang. Il me regarde, je sens son regard triste sur moi. C'est cela, la terre des hommes ? La mort, seul au bout d'un chemin ?

Et un nouveau chant s'élève. La main de Johannes est blottie dans la mienne sous la table. Je frissonne d'émotion. Debout, Vuolla me tend un anneau en laiton, que je prends. Lisa va s'asseoir près de sa mère, tandis que je reste là, avec cet anneau dans la main, sans trop savoir ce qu'il signifie. Soudain, Máret dépose un grand plat sur la table. Biret est allée chercher des airelles et de la purée de pommes de terre. Madde a déposé sur la table des *gáhkko* encore chauds, et je reste plantée là, avec mon anneau. Vuolla explique qu'autrefois, les femmes n'avaient pas le droit de regarder l'ours, sauf au travers d'un anneau de laiton.

– Je t'offre cet anneau. Il appartenait à ma mère, maintenant il est à toi.

Je suis complètement perdue. En septembre, je vais les quitter et, au fond de moi, une petite voix me chuchote que cet anneau ne m'est pas destiné. Johannes va me quitter, je le sais. Je sais qu'au fond de lui, il veut rester ici, et qu'il garde farouchement son secret. J'accepte l'anneau malgré moi et me lève pour embrasser Máret et Vuolla. Je serre fort le petit objet dans ma main et retourne m'asseoir. Dans mon cœur, je viens de me faire une promesse : lorsque je les quitterai, je leur rendrai l'anneau. Il appartient à une autre, je le sais.

Les hommes se servent aussitôt. J'observe les morceaux de viande cuits en sauce dans le grand plat en terre. Chacun dépose un peu de viande sur de la purée, puis ajoute un peu de confiture d'airelles sur le côté de son assiette. Johannes me sert : je le supplie du regard pour qu'il ne m'en mette pas trop. Il me verse un verre de vin et me souhaite un bon appétit.

Je tremble. Je ne sais pas pourquoi, mais je sais que je ne dois pas manger d'ours. Je pique un morceau avec ma fourchette et le mets à ma bouche. À ce moment précis, je sais que je ne pourrai pas l'avaler. Je suis prise d'une nausée irrépressible alors que Vuolla et Máret m'observent en souriant. Je sais aussi que je n'ai pas le droit de les décevoir. J'avale le morceau en entier, sans le mâcher, et leur souris en prenant un peu de purée. J'attrape mon verre de vin et le vide sans reprendre ma respiration. Johannes sait et continue de manger sans me poser de question, mais il me prend la main et la serre contre lui sous la table. J'aime sa façon de deviner les choses en silence. Discrètement, je recouvre mes morceaux de viande sous la confiture d'airelles et avale ma purée. J'ai honte mais, dans mon cœur, je sais que je ne peux pas manger d'ours.

Tout le monde à l'air de se régaler et le repas est animé : les enfants courent autour de la table et je me lève pour remercier Vuolla, qui semble si heureux entouré de son clan. Il me prend les mains et me remercie à son tour. C'est un homme si discret et généreux ; je suis loin d'imaginer ce qu'il a traversé durant son enfance. Le dessert arrive enfin et tout le monde se jette sur l'énorme plat de glace à la vanille que l'on couvre de confiture de baies polaires et de crème fouettée. Je reprends un peu mon souffle et des couleurs. Biret me ressert de la glace.

– Tiens, ça te fera du bien, tu es toute pâle aujourd'hui.

Je sais qu'elle a vu que je n'avais rien mangé. Les hommes partent fumer et boire du café au salon. Je les entends parler de chasse ; ils ont ramené des perdrix que les femmes ont pendues sous la terrasse.

Nous débarrassons la table toutes ensemble et les enfants sont déjà dehors à jouer avec les chiens. Lorsque la cuisine est en ordre, nous décidons de marcher jusqu'au lac avec les bambins. Les hommes restent près du poêle ; Johannes m'embrasse et me demande si tout va bien. En guise de réponse, je l'embrasse et file courir avec les plus jeunes. Dehors, le grand air me fait un bien fou. Máret discute avec Biret, Madde court comme une enfant avec Lisa et sa grande sœur, Stina. Cette dernière me rejoint et me demande en riant si je vais me marier avec Johannes. Je lui réponds que non. L'air surpris, elle me demande pourquoi et je réplique que je suis trop jeune et que l'on ne se connaît pas depuis très longtemps.

– Plus tard, alors ?

– Plus tard, oui, peut-être.

– Tu veux combien d'enfants ?

– Aucun, je ne veux pas d'enfants.

Elle a l'air si déçue que je me reprends et lui dis :

– Un enfant, un seul !

Elle semble peu convaincue par ma réponse, mais les garçons qui courent devant nous l'appellent et elle file retrouver ses cousins.

La nuit tombe déjà, la lumière est magnifique. Derrière moi, les femmes parlent probablement de rennes et de tissus. Je marche seule dans la neige et je me sens sereine. C'est étrange, mais la petite Toulousaine que je suis se sent ici chez elle. Pourtant, dans son cœur gronde une tempête. Tout à coup, tout le monde se met à crier en chœur :

– Nathalie, Nathalie ! Regarde, regarde !

Je me suis arrêtée net : devant nous, dans le ciel, dansent des ombres fluorescentes. Je m'approche de Biret.

– Comme c'est beau, Biret, comme c'est beau et étrange !

La femme se met alors à me raconter qu'enfants, ils avaient si peur des aurores boréales qu'ils se cachaient sous leurs peaux pour ne pas les voir. Nous marchons en silence, même les enfants sont redevenus sages. Et puis le ciel redevient sombre et sans nuages, et les aurores s'évaporent comme par magie. Je repense aux lucioles et aux feux follets, l'été en Dordogne durant mon enfance ; ces petits elfes surnaturels dont j'imaginais les formes dans l'obscurité m'effrayaient également.

Quand je rentre, Johannes est assoupi devant le poêle, sur le canapé. Je mets une machine à laver le linge en marche, prépare une soupe à base de panais et de lait et découpe quelques tranches de viande séchée. Je m'assois toujours près de lui pour l'écouter dormir. Il respire doucement et paisiblement, avec un sifflement léger qui m'attendrit. Depuis toujours, j'aime écouter les gens qui dorment. Je ne sais pas pourquoi, mais cela me rassure.

Bientôt, le printemps arrivera. Ici, on dit qu'il n'y a pas quatre saisons, mais huit. Chaque changement, même quasiment imperceptible, est célébré et attendu avec ferveur. Bien que désormais sédentarisés, les Samis vivent toujours au rythme de la nature et, sous la neige, je sens qu'un monde invisible bruisse de mille murmures et promesses.

Johannes m'a un peu raconté l'histoire de son peuple nomade et de ses ancêtres, mais je sens que c'est douloureux. Quand les pasteurs suédois ont tenté de les évangéliser, ils ont été traités comme des sauvages et leur langue a été interdite. Leurs traditions ont bien failli disparaître, mais la force de ce peuple courageux prend justement sa source dans ses traditions. Toujours discriminés aujourd'hui, les Samis semblent toutefois regagner un peu de leur fierté. Les mines d'or et de fer de Laponie sont évidemment la véritable raison de cette chasse aux sorcières que beaucoup d'autres peuples autochtones ont connue et vécue autour du monde. Il a bien fallu évincer les élevages de rennes occupant ce territoire si riche pour construire des fortunes, j'imagine. Johannes n'aime pas en parler et je ne pose aucune question, mais j'admire en silence la force de leurs croyances et de leurs traditions ; la beauté et la richesse incroyable de leurs costumes est la preuve d'une grande finesse à mes yeux. Leur respect pour cette terre et leurs animaux éveille en moi beaucoup d'émotion. J'y retrouve beaucoup de mes propres convictions et je me sens en symbiose avec eux.

– Johannes, réveille-toi, j'ai vu les aurores danser dans le ciel !

Il ouvre les yeux et sourit.

– Alors, maintenant, tu peux mourir en paix.

Ce sourire.

Vårvintern (*gidádálvve*) – avril 1985

Le printemps semble encore loin. Pourtant, un matin, son léger murmure me parvient tandis que je fume une cigarette sur la terrasse du chalet.

Je retrouve Biret de plus en plus souvent désormais. L'autre jour, elle m'a expliqué comment elle préparait les peaux : elle les fait tremper dans la rivière pour les nettoyer, puis les frotte au sel avant de les immerger dans une solution de plantes riches en tanins pour les assouplir. Ensuite, elle les fait sécher au fumoir, puis à l'air libre, cloutées aux parois extérieures de la hutte pour qu'elles ne se rétractent pas. Un processus long et minutieux qu'elle m'explique en détail. Elle coud et brode moins bien que Máret et lui passe donc le relais pour transformer les peaux en vestes ou chaussons.

Nous discutons toujours du temps qu'il fait et de petits riens. Je passe également de plus en plus de temps chez elle. À midi, elle m'a préparé des pancakes au sang de renne, qu'elle m'a servis avec des airelles. Pour ce faire, elle a mélangé, dans une bassine, du sang frais avec de la farine de seigle. J'ai failli tourner de l'œil, ce qui a eu l'air de la faire rire. Cela m'a fait penser au boudin frais de mon grand-père, qu'il nous servait grillé avec des oignons. Je raconte à Biret combien mon grand-père paternel me manque et combien il est important pour moi. Elle me regarde picorer du bout de ma fourchette, je le sens.

– Alors c'est un de tes guides, Nathalie. Il t'aiguillera toujours, tout au long de ta vie et au-delà de la sienne, sois-en sûre.

Je plonge mon regard dans mon assiette pour ne pas lui montrer que je pleure. Le seul attachement que je ressens dans la vie est pour lui. Le quitter m'a brisé le cœur et je m'en suis terriblement voulu. Quand je l'ai retrouvé en rentrant de Californie, il tremblait et ne semblait plus avoir toute sa tête. À l'intérieur, j'ai frémi, et j'ai pleuré toute la nuit. J'aime ma famille, même si je ne l'ai jamais montré, mais j'ai un attachement viscéral à mon grand-père, je ne sais pas pourquoi.

Quand Biret se lève pour débarrasser, j'en profite pour essuyer mes larmes. Elle revient avec du thé noir et une pipe en me disant de la suivre à l'extérieur. Nous nous asseyons sur deux fauteuils en bois recouverts de peaux et elle allume sa pipe. Elle ressemble à un vieux pêcheur comme cela. J'aime l'odeur de ce tabac. J'allume une cigarette et bois mon thé en silence, en regardant la neige qui semble fondre légèrement.

– Nathalie, pourquoi as-tu quitté la France ?

Je sursaute un peu à cette question que, finalement, peu de gens m'ont posée.

– Je voulais voyager, voir le monde, et je suis partie en Californie. J'avais un amoureux, un surfeur américain.

– Quel âge avais-tu ? D'ailleurs, quel âge as-tu ?

– J'avais 17 ans. J'en ai 21.

– 17 ans, c'est jeune pour quitter sa famille. Tu es si jeune.

Je tire nerveusement sur ma cigarette, elle regarde droit devant elle.

– Pourquoi es-tu partie si jeune de chez toi ?

Je revois mon père sur le pas de la porte. Je sais que je dois partir, même si je lui fais du mal. Je sais depuis toujours que ma vie m'attend ailleurs.

– Parce que, depuis que je suis enfant, je sens des choses, je vis des choses que je ne sais pas expliquer, mais j'ai toujours su qu'il fallait que je parte.

Elle tire toujours sur sa pipe.

– Johannes m'a dit que tu faisais des cauchemars. Il est venu m'en parler quand vous êtes arrivés. Ne lui en veux pas, il s'inquiète pour toi. Tu sais, ici, nous pensons que, lorsqu'un cauchemar revient sans cesse, il s'agit d'un esprit qui vient nous hanter.

Ma vision se trouble, l'émotion me submerge d'un coup, me coupe la respiration et mes jambes se mettent à trembler. J'ai froid. Je m'excuse et quitte la terrasse brusquement. Je marche droit devant moi sans me retourner. Le chemin qui mène au bosquet est mouillé, je patauge dans la neige délavée et me mets à courir en pleurant. Mon cœur bat de plus en plus fort. Je ne vois plus rien, mes cheveux sont trempés.

Soudain, une perdrix des neiges me coupe la route. Je ralentis ma course et m'appuie contre un arbre pour reprendre mon souffle. Comment pourrais-je expliquer à la tante de Johannes que, depuis l'enfance, je me sens comme détachée de ce monde, de ma famille ? Que je ressens un vide en moi ? Que, depuis toujours, je sais que je n'aurai jamais d'enfants ? Comment lui expliquer, sans passer pour une folle, que je fais toujours les mêmes cauchemars de batailles ensanglantées, d'incendies, de lances acérées et de morts ? Comment lui expliquer que j'ai un besoin d'être en mouvement en permanence et que j'aime cheminer seule, que je ne veux appartenir à aucune famille, ni à aucun clan, à personne sauf à « lui », qui m'appelle dans mes rêves depuis l'enfance ? Que je rêve d'un pays lointain, d'une langue étrangère et d'un ailleurs qui m'appelle violemment, au point de me faire pleurer ? Que j'aime la neige et le froid ? Que le monde et le bruit me troublent l'esprit et me font fuir ? Comment lui expliquer qu'un jour, enfant, j'ai dit à ma grand-mère que je partirais faire le tour du monde, que je vivrais ici, en Suède, et que je me marierais avec un guerrier viking ? Qu'un cauchemar grotesque me hante et m'étouffe depuis si longtemps et que je sens une « ombre » planer au-dessus de moi en permanence ? Que je sens parfois la présence d'un ours à mes côtés, qu'il me suit en silence et veille sur moi dans mes rêves ? Comment lui expliquer que toutes mes peurs et mes pires cauchemars se réalisent un à un ? Qu'au fond de moi je sais que Johannes me quittera, même si je sais que je le quitterai avant, par peur ?

Je reprends mon souffle et marche jusqu'au lac. Je m'assois sur les branches de sapin désormais tassées et brunies de l'autre soir. Je contemple la bûche brûlée, consumée jusqu'en son cœur, et je sais que je dois partir, que je dois le quitter avant qu'il ne me quitte. Il est tard et la nuit tombe déjà. Je me remets en route, le cœur lourd : je ne veux pas que Biret s'inquiète. J'ai honte d'être partie ainsi et décide d'aller la retrouver.

Je frappe anxieusement à sa porte. Elle m'ouvre et me fait entrer. Elle met une tisane en route, un mélange d'écorces et de feuilles que je bois en silence. Elle s'assoit sur son fauteuil. Un tambour décoré de signes rouges est posé près d'elle. Elle attend que je finisse ma tisane et me demande de m'allonger sur le canapé. Elle s'assoit près de moi et pose ses mains sur mon front. Je ferme les yeux : j'ai horreur que l'on me touche, mais je n'ose plus dire un mot. Elle respire calmement, prend mes mains et les pose sur mon ventre. Je reste tétanisée.

– N'aie pas peur et respire calmement, je vais regarder ce qui ne va pas, d'accord ?

Elle prend son tambour et commence à le faire résonner doucement, lentement. Je sens qu'elle est au-dessus de moi, je ne bouge pas. J'essaie de respirer calmement et me laisse porter par le son. Biret frappe l'instrument de plus en plus violemment, tout vibre autour de moi.

D'un coup, elle se met à chanter au rythme du tambour ; un chant guttural, grave, sans phrases. Elle répète un seul mot sans cesse. Je n'en comprends pas la signification. J'essaie de m'y agripper, mais elle s'arrête brusquement. Elle passe ses mains au-dessus de mon visage et répète ledit mot, qui semble n'être composé que de syllabes indistinctes. Ses mains chauffent et descendent vers mon buste. Bientôt, elle s'arrête, semble jeter quelque chose vers le sol et souffle dessus. Les yeux entrouverts, je l'épie.

– Tu peux t'asseoir, c'est fini.

Je m'exécute, complètement épuisée. Elle me ressert un thé et part dans la cuisine, où elle marmonne quelque chose avant de revenir et de me tendre un petit os orné de cuir. Je regarde l'objet et elle me demande de dormir avec dès ce soir.

– Mets-le sous ton oreiller ce soir, d'accord ?

J'acquiesce d'un hochement de tête.

– C'est un os de quoi, Biret ?

– C'est un os d'aigle doré, il va t'accompagner cette nuit dans ton sommeil. Je viendrai te voir demain matin. Ça va aller ?

Complètement assommée de fatigue, je me lève et serre l'os dans la poche de mon anorak. Biret me raccompagne à la porte. Je la sens préoccupée. Je la remercie et me dirige vers la voiture, les jambes flageolantes de fatigue. J'ai peu de route à faire mais, ici, dans la neige, je n'aime pas rouler seule la nuit. Je mets le chauffage et la radio, puis démarre le moteur. La vieille Volvo de Johannes fume dans l'obscurité, la radio déverse de vieux tangos finnois, la lumière de la lune éclaire la route et j'ai l'impression de voir surgir une foule de fantômes de toutes parts. J'accélère et prie pour ne pas croiser un animal.

Arrivée au chalet, je file immédiatement prendre une douche chaude. Je me sens complètement sonnée, mais calme. Je décide de m'installer sur le canapé, devant le poêle. Lorsque Johannes n'est pas à la maison, c'est ici que je dors : le ronronnement du poêle me rassure et je m'enroule dans la couette.

J'ai dû m'endormir rapidement, car un craquement violent me tire de mon sommeil en sursaut. Je me lève pour en chercher la source. J'écoute le silence, lorsqu'un bruit sourd venant du haut de la maison me tire un cri d'effroi. J'allume la cuisine : un énorme bloc de neige vient de s'écrouler du toit devant la fenêtre. Je ris toute seule de ma frayeur et retourne dans le salon. J'allume la télévision et une cigarette. Je me rappelle alors que j'ai laissé l'os dans la poche de mon anorak. Je vais le récupérer et retourne sur le canapé. Je le serre dans ma main gauche et éteins la télé. Je regarde danser les flammes. Johannes me manque. L'autre soir, nous nous sommes accrochés, je l'ai provoqué et il n'a rien dit, mais j'ai vu de l'incompréhension dans ses yeux.

Au petit matin, le poêle s'est éteint, l'os gît au sol, j'ai mal dormi et j'ai rêvé que je marchais toute seule dans une forêt. J'étais épuisée, mais je savais que je n'avais pas le droit d'arrêter de marcher.

Je décide de faire un peu de ménage et de déjeuner sur la table du salon. Je traîne en lisant de vieux journaux quand on frappe à la porte. Máret est sur le seuil, souriante.

– Je te dérange ?

– Non, non, du tout, entrez !

J'ai les cheveux en bataille et suis en jogging ; je m'excuse de la recevoir ainsi. Je lui propose un café qu'elle refuse et elle s'assoit près de moi.

– Biret m'a demandé de t'apporter ça, elle doit passer te voir plus tard.

Elle dépose un sachet de plantes sur la table basse et m'annonce que, demain, nous allons voir les garçons. Je lui demande ce que nous ferons et elle m'explique qu'ils commencent le déplacement des bêtes à l'approche du printemps, que c'est toujours très compliqué, que nous les aiderons donc à transporter du matériel vers un autre camp et d'autres pâturages, et que nous mangerons tous ensemble.

– Repose-toi, aujourd'hui, Biret passera en début d'après-midi. Si tu as besoin de quoique ce soit, appelle-moi.

Elle m'embrasse et repart aussitôt. C'est quelque chose qu'elle fait rarement : les Samis sont peu démonstratifs, mais très chaleureux quand ils aiment. Étrangement, je retrouve beaucoup de moi en eux. Je suis très heureuse à l'idée d'aller voir Johannes, même si je sais qu'il aura peu de temps à m'accorder. Je décide de lui préparer un sac de vêtements propres et enfile un fuseau de ski et un gros pull. Mes bottes sont prêtes et je décide que j'inaugurerai ma veste en fourrure pour l'occasion.

Je passe le temps en écrivant quelques notes dans mon cahier de voyage. J'écris depuis toujours. À neuf ans, j'ai même écrit un petit texte qui relatait l'histoire d'une jeune femme mariée et mère de famille vivant en Provence, dans un petit mas, où elle élevait poules et canards et faisait pousser des fleurs dans son jardin. Elle y vivait heureuse, une vie à la Pagnol, entourée de sa famille. Petite saga enfantine prémonitoire, je ne me doutais pas un instant que ma vie me conduirait à ce destin un jour. Mon père m'avait dit que j'avais toujours eu beaucoup d'imagination. Je n'ai jamais su si c'était un compliment ou une remarque ironique.

À treize heures, Biret arrive enfin. Elle porte un sac en peau de renne. Je lui sers un café dans sa *guksi* et lui demande ce que je dois faire des plantes. Elle me suit dans la cuisine et remplit une casserole d'eau, qu'elle pose sur la cuisinière. Quand l'eau boue, elle jette une poignée du mélange et la laisse bouillir un petit moment avant d'arrêter le feu et de couvrir la casserole. Elle se met alors à réciter une sorte d'incantation en same.

Je la regarde, un peu gênée : ces rituels auxquels je ne suis pas habituée me déroutent toujours un peu. Elle me demande si je suis croyante. Je lui réponds que je suis baptisée par l'Église catholique et que je crois profondément en Dieu. Elle me demande alors de demander la protection de « mon dieu » et de lui offrir un petit verre de ce thé.

On ne fait pas d'offrandes à Dieu chez moi, mais je m'exécute sans broncher. Je pense à ma grand-mère, qui vénère Marie et qui allume souvent une bougie en son honneur. Alors, je m'exécute en priant et en déposant un verre sur le rebord de la fenêtre de la cuisine.

La tante de Johannes me sert un peu de thé et me demande de le boire tout au long de la soirée. Quand je lui demande ce qui le compose, elle ne répond pas et file au salon se resservir un peu de café.

– Comment as-tu dormi cette nuit, Nathalie ?

Je lui raconte ma nuit et mon rêve. Elle me demande si j'ai mis l'os sous mon oreiller, je lui explique qu'il m'a échappé des mains et que je l'ai retrouvé au sol à mon réveil.

– Ce soir, pose-le sous ton oreiller, pas dans ta main, d'accord ?

Je lui promets de le faire.

– Nathalie, Johannes t'a-t-il expliqué comment je soigne ?

– Pas vraiment. Enfin, il m'a dit que tu étais chamane et que tu soignais les rennes et les gens malades, mais je ne sais pas ce qu'est une chamane, je suis désolée de mon ignorance.

– Ne t'excuse pas. Les docteurs soignent la mécanique, moi, je commence souvent par soigner l'esprit, avant de soigner le corps.

Je reste un peu gênée. « Soigner l'esprit », pour moi, c'est soigner les fous.

– Biret, je ne suis pas folle. Je peux paraître un peu étrange parfois, mais je t'assure je ne suis pas folle !

Peut-être suis-je folle, après tout ? Je respire mal tout à coup et j'ai envie de fuir. La chamane a dû le sentir, parce qu'elle se met à me parler calmement en prenant mes mains dans les siennes.

– Tu n'es pas folle du tout, je pense même que tu es très à l'écoute de l'autre monde et très éveillée. C'est une richesse, mais tu mènes aussi un combat contre toi-même et ceux qui t'aiment. Tu dois laisser les gens qui t'aiment t'aimer, tu comprends ?

Je déglutis avec difficulté et n'ai qu'une envie : fuir. Je reste assise malgré tout et reprends ma respiration.

– Nathalie, tu ne dois plus te punir ni punir les autres, tu dois accepter d'être aimée et de t'aimer aussi. La seule personne capable de te guérir, c'est toi…

Soudain, je sens la colère sourde et le chagrin abyssal qui grondent en moi depuis toujours monter, prêts à soulever un tsunami de larmes et de rage. Je veux partir, je veux rentrer chez moi, je ravale mes larmes. Biret ne bouge pas, mais ses mains ont relâché leur pression pour laisser place à une douce chaleur qui me calme peu à peu.

– Viens, assieds-toi dans le fauteuil.

Je m'y installe calmement tandis qu'elle tire à elle un tabouret et s'assoit près de moi. Elle est minuscule, mais je ressens une force étrange émanant d'elle.

– Nathalie, tu n'auras pas d'enfants, pas de la façon dont tu l'aurais espéré, en tout cas…

Je m'effondre, je m'écroule, je plonge mon visage entre mes mains et un torrent de larmes arrache tout sur son passage : mon cœur, mon ventre. J'ai envie de hurler, mais je ne sais plus que balbutier un pitoyable « pardon » inaudible en reniflant bruyamment. La tante de Johannes se lève pour aller chercher des mouchoirs, qu'elle me tend feuille par feuille. Je me mouche et replonge mon visage entre mes mains. Le tsunami se retire lentement. Biret prend mes mains dans les siennes ; elle a le don d'apaiser et de chasser mon chagrin.

– Biret, il y a quatre ans, un médecin en Californie m'a appris que j'avais été empoisonnée par un médicament dans le ventre de ma mère et que je n'aurai jamais d'enfants. Depuis, je hais ma mère. Je suis maudite, je le sens. Je ne sais pas pourquoi, mais je le sens.

– Tu ne peux pas haïr ta mère : en la haïssant, c'est toi-même que tu maudis, toi et toutes les femmes de ta lignée. Ta mère n'y est pour rien et toi non plus. Tu dois lui pardonner et te pardonner. Si tu vis dans la haine, tu n'attireras que la haine. En naissant, tu as fait un pacte. Je ne sais pas lequel, toi seule le sais, mais tu as accepté de venir dans le Monde du milieu en faisant un accord avec le Monde d'en bas. Tu as choisi cette mère en fonction de ce pacte. Tu devrais la remercier de t'avoir accueillie dans le Monde du milieu.

Je voudrais lui dire une myriade de choses, mais mon esprit se brouille et je ne sais pas de quoi elle parle. Le « Monde du milieu » et le « Monde d'en bas » n'ont aucun sens pour moi en suédois, et je ne suis pas sûre d'avoir saisi tous ses mots. Biret me demande de boire un verre de thé pendant qu'elle déballe des objets de son sac. Elle me demande ensuite de me rallonger sur le canapé. Je m'exécute. Elle soulève mon tee-shirt, me demande de légèrement baisser mon pantalon et m'explique qu'elle va me masser le ventre avec un onguent. Elle applique alors une sorte de pâte graisseuse sur mon bas-ventre et murmure quelques paroles, avant de s'emparer d'une aile d'aigle doré et d'éventer mon ventre en chassant l'air vers le bas. Elle répète le geste à plusieurs reprises, puis remet mes vêtements en place.

– Repose-toi un instant.

Elle range son sac et allume une sorte de bougie faite de gras de renne qu'elle a apportée avec elle et qu'elle a déposée sur la table basse avant d'aller dans la cuisine. Je l'entends chantonner à voix basse et je ferme les yeux. Quand elle revient, elle me sert un verre de tisane. J'ai une subite envie de vomir. Je me précipite vers les toilettes et me mets à rendre. Je suffoque entre deux sanglots durant d'interminables secondes, agenouillée à même le sol glacé, agrippée à la cuvette. Je reste un moment recroquevillée, à trembler de froid sans pouvoir me relever. Finalement, je me redresse péniblement, malgré mes jambes qui tremblent. Je ne veux plus jamais vomir. Je me lave le visage avant de retourner m'allonger en m'excusant piteusement auprès de Biret.

Cette dernière sourit et recharge le poêle, qui s'embrase rapidement. Dehors, il fait nuit.

– Nathalie, essaie de dormir. Cette nuit, tu vas beaucoup saigner. Máret va t'apporter une bouillotte chaude : pose-la sur ton ventre et dors.

– Mais je viens d'avoir mes règles, pourquoi est-ce que je saignerais ?

– Beaucoup d'enfants viendront bientôt à toi. Ce sont des enfants du Monde d'en bas, ils doivent y retourner. J'ai demandé à ce qu'ils le fassent en paix. Ce soir, un enfant va retourner dans le Monde d'en bas. Il était accroché à toi, mais je lui ai montré le chemin. Ne pleure pas, embrasse-le et souhaite-lui bon retour.

Je sens des larmes glisser sur mes joues. Biret m'embrasse sur le front et quitte la pièce sans un bruit. J'écoute le poêle ronronner, regarde les ombres danser sur sa paroi en verre et m'endors en pleurant. Il est quatre heures du matin quand je me réveille en gémissant. Máret a posé une bouillotte en peau de renne sur ma couverture, mais je n'ai rien entendu ni senti. Je mets mes mains sur mon ventre et me tords de douleur.

Un flot de sang soudain m'arrache un cri de douleur et je me précipite sous la douche pour me laver. Je ne sais pas combien de temps je reste là, sans bouger, mais j'ai l'impression de sombrer dans un puits sans fond. L'eau glisse sur mes cheveux et mon corps, le sang s'écoule en un filet rouge, telle une veine me reliant à la bonde de la douche. Je m'effondre à nouveau en larmes, en position fœtale, avant de me relever péniblement pour m'essuyer et me couvrir. Je tremble de froid et de fatigue, et retourne me coucher en pleurant.

Dans la nuit, je m'entends chuchoter : « Maman, maman… » C'est un mot presque maudit pour moi. J'ai envie de hurler de chagrin, mais rien ne sort plus de moi, je suis vide de tout. Biret avait raison : cet enfant est un enfant du Monde d'en bas et non un enfant de Johannes. Je viens de saigner durant une semaine, je ne suis pas enceinte, c'est une certitude. Cependant, en réalité, je ne suis plus certaine de tout comprendre. J'ai la sensation de flotter dans une autre dimension, que tout m'échappe depuis que je suis arrivée ici, et pourtant, je sais que c'est ici que tout devait recommencer.

Dans ma main, je serre très fort l'os d'aigle que Biret m'a donné. Je le pose sous mon oreiller avant de sombrer dans un sommeil agité. Johannes n'y est pour rien, il n'est là que pour me guider un temps. Ensuite, je devrai repartir.

J'entends des clochettes et des cris d'enfants. On frappe à la porte. Mon corps me fait mal, j'ai des courbatures partout et je tremble de fatigue, mais c'est aujourd'hui que nous partons rejoindre les hommes et que je vais enfin retrouver Johannes. Máret passe la tête à travers la porte du salon :

– *Hallo*, Nathalie, tu as bien dormi ?

Elle dépose un thermos sur la table et des *gáhkko* frais.

– Je n'ai pas faim du tout, mais merci pour le thé.

Je me sers une tasse. L'infusion a un goût étrange. Je demande à la mère de Johannes si elle sait de quoi le thé est composé :

– Biret t'a préparé ce mélange, ça va te faire du bien !

Je n'arrive pas à reconnaître les plantes utilisées, alors j'insiste :

– Tu sais ce qu'il y a comme plantes dedans ?

– Un peu d'écorce de bouleau, des feuilles de baies sauvages. Ça va te soulager, bois !

Elle me donne rendez-vous dans une demi-heure. Je file sous la douche. Mon pantalon de jogging est au sol, taché de sang. J'ai l'impression que je dois m'en débarrasser : je le jette dans le poêle. Il brûle lentement en grésillant, puis une flamme l'avale d'un coup. J'ai la sensation que je viens de brûler un pan de ma vie d'avant, et cela me soulage.

Une fois habillée, je me sens à nouveau reposée et je n'ai plus mal nulle part. J'enfile mes bottes et ma veste : j'ai l'impression de revivre. Je tresse mes cheveux et enfile un bonnet blanc acheté au marché de Jokkmokk. Lisa accourt en criant que nous allons partir. Je prends mon sac et rejoins Máret. Les enfants, tout excités, sont déjà dans la voiture et partent en tête avec Madde au volant. Je monte avec Máret, qui me complimente sur mon manteau, et la voiture démarre.

Lorsque nous arrivons dans la forêt, il souffle un vent terrible, la neige et le froid ont gelé le sol, et les hommes ont l'air épuisés. Johannes m'embrasse ; son sourire a disparu et il ne s'est pas rasé depuis la dernière fois que je l'ai vu. Nous nous retrouvons tous pour boire du café et nous réchauffer. Je n'arrive pas à avaler quoi que ce soit, je les regarde tristement. Vuolla et Anders nous apprennent que le froid repousse leur déplacement et que les bêtes resteront dans la forêt encore un bon mois et demi. L'hiver est rude, cette année.

J'ai un moment de déception, vite évanoui quand Johannes m'entraîne à l'extérieur. Il me serre très fort contre lui, je ressens sa fatigue. Il a le visage sale et sent la fumée, et je l'aime, je sais que je l'aime vraiment, alors je le lui dis au creux de l'oreille, en me haussant sur la pointe des pieds. Je lui dis que je l'aime et que je ne veux pas le perdre, en français. Il me regarde dans les yeux et je sens qu'il m'aime vraiment aussi.

– Viens, je t'emmène voir les rennes.

Nous partons en scooter. La neige s'est remise à tomber et je me blottis contre lui. Il a mis son manteau en peau de renne et je pose mon visage dessus pour en respirer l'odeur. Quand il s'arrête au bord d'un chemin au beau milieu du bosquet, des rennes fouillent le sol de leurs sabots. Ils s'éloignent en nous voyant. Nous descendons de la moto, marchons doucement et arrivons au milieu d'un troupeau. J'ai peur des cervidés et recule un peu : je n'en ai jamais vu autant de ma vie. Johannes me raconte qu'hier, dans la nuit, deux femelles ont été attaquées, et qu'ils ont dû les abattre ce matin. Je me demande si c'est un ours qui a fait cela, mais il m'entraîne déjà vers le scooter pour ne pas déranger le troupeau.

Quand nous arrivons au camp, Biret est accroupie, en train de dépecer une desdites femelles. Nous allons certainement manger de la viande fraîchement découpée. La tante de Johannes gratte la peau dans la neige grâce à son couteau et va la rincer dans le ruisseau à moitié gelé. Elle lève les yeux vers nous, l'air triste. Máret est en train de préparer des pancakes au sang et je décide de refaire du café pour les hommes. La maison dans laquelle nous sommes appartenait à la famille de Máret, même si elle m'avoue qu'ils vivaient plus souvent dehors, dans le *lávvu*. Je lui demande alors comment était sa vie d'enfant. Elle me répond brutalement :

– Dure, très dure. Personne ne parle de ce que nous avons vécu, nous, les Samis, mais tu sais, je n'en veux pas à Johannes d'avoir abandonné l'élevage, il sera bien plus heureux en ville !

Je reste perplexe et lui demande pourquoi.

– Tu sais, nous sommes considérés comme des sauvages, des demeurés, des êtres violents, une sous-race, des profiteurs, des gens sales et méchants. *Lapp jävlar*, c'est comme ça qu'on nous appelle, Nathalie : « sales Lapons » !

Je reste silencieuse, sans comprendre.

– Peu à peu, les pasteurs et le gouvernement nous ont retiré nos droits, interdit de pratiquer notre langue, puis nos traditions, pour enfin nous retirer petit à petit nos terres. Mes parents ont beaucoup souffert. Vuolla et moi avons eu plus de chance parce que nous avons pu récupérer des terres, que notre cheptel s'est agrandi et que nous vivons très bien, mais tant d'autres ont souffert.

Je garde le silence, triste, cette fois. Biret, qui vient d'arriver avec un seau de viande fraîche, me demande si je vais bien. Je m'approche d'elle et lui réponds que je vais mieux, si ce n'est un peu de fatigue.

– Tu as beaucoup saigné ?

Je sursaute, de peur que Máret nous entende, mais celle-ci n'a pas l'air surprise. Elle s'approche même de nous, me prend les mains et me regarde droit dans les yeux.

– Tu es très courageuse, Nathalie, tu me rappelles beaucoup ma mère : elle avait dû sortir garder les rennes après avoir accouché de mon frère mort-né et ne s'en est jamais plainte.

Je les supplie de ne rien dire à Johannes. Biret me regarde et me dit alors :

– Il est au courant. Cette nuit, les bêtes qui se sont fait attaquer étaient pleines. Il a vu ça comme un présage et il vient d'aller enterrer les fœtus selon notre tradition. Il sait pour toi, il l'a senti au fond de lui.

Je détourne le regard pour ne pas pleurer. Il est déjà tard et les enfants rentrent affamés. Nous décidons de faire cuire les pancakes au sang accompagnés de confiture d'airelles et mangeons avec eux. Étrangement, j'ai bon appétit. Biret me regarde, réconfortée :

– Mange, cela te fera du bien, tu dois manquer de fer !

Les hommes devaient rentrer mais, en fin d'après-midi, ils ne sont toujours pas de retour. La neige s'est remise à tomber et le froid polaire qui nous saisit soudain efface tout espoir de printemps. Je me repose près du poêle quand Máret me demande de la suivre avec mes affaires. Elle m'annonce que Johannes et moi dormirons dans la hutte que j'ai aperçue en arrivant et m'accompagne jusqu'à la *kåta* traditionnelle en bois de bouleau recouvert de tourbe et de mousse. Elle me raconte que c'est le père de Vuolla qui l'a construite, il y a longtemps.

– Johannes veut rester là avec toi, ça te va ?

Quand nous entrons, un feu chauffe déjà au centre de l'unique pièce. Je lève les yeux et aperçois la fumée s'échapper par une ouverture directe sur l'extérieur. Cependant, je n'ai pas froid. Une bouilloire et un seau de neige fondue nous attendent près d'une plaque en fonte déposée sur le foyer. Máret appelle cette hutte une *goahti* ; comme à mon habitude, j'ajoute ce mot le soir même dans un carnet. C'est très primitif, bien que très propre à l'intérieur. Des peaux de rennes sont disposées partout autour du feu et j'aperçois ce qui sera notre lit : sur une épaisse couche de foin, Máret a étalé de magnifiques peaux blanches et deux sacs de couchage, à leur tour recouverts de peaux plus sombres. Les oreillers sont des peaux pliées en carrés. Je trépigne d'impatience à l'idée de retrouver Johannes. Néanmoins, il n'est toujours pas arrivé. Máret me quitte en me disant que Biret nous apportera de quoi manger. Je me prépare un thé noir très sucré et installe deux *guksi* sur une planche en bois à même le sol. Depuis toujours, j'aime vivre au sol. Être accroupie m'est si naturel que même Máret sourit en me voyant faire.

La nuit est tombée quand Biret arrive avec un chaudron de soupe, qu'elle installe aussitôt au-dessus des braises. Ces dernières réchauffent la soupe tandis que quelques bûches chauffent la hutte. La tante de Johannes s'installe près de moi sur les peaux et je suis surprise de la chaleur qui règne tout à coup. Certes, nous sommes habillées chaudement, mais je ne ressens pas le moindre frisson. L'unique porte est en bois et recouverte de peaux à l'intérieur de la hutte.

J'allume une cigarette en buvant mon thé et Biret allume sa pipe. Je pense à mon père et me dis qu'il serait bien inquiet si je lui décrivais comment je vis désormais, mais je me promets de ne jamais le lui raconter. À quoi bon ? Je souris en regardant autour de moi et en me disant que je vis un rêve d'enfant. Je repense à nos jeux d'antan, chez mon grand-père, lorsque mes cousins et moi jouions aux Indiens sous un tipi de fortune, et une angoisse sourde me reprend. J'avais huit ans lorsque le cauchemar a commencé à me hanter, mais, très jeune déjà, je me sentais différente. Ma vie ne serait jamais à l'image de celle de mes parents ou de mes frères et sœurs, j'en étais convaincue.

Biret a sorti des *gáhkko* et un bloc de fromage. Elle me demande comment je me sens.

– Merci pour hier, Biret. C'est un peu gênant pour moi, de parler de tout ça, tu sais ?

– *Lilla gumman*, tu n'as parlé de rien, c'est moi qui ai un peu forcé les choses, mais il fallait que tu te sépares de cet esprit.

Elle fume toujours sa pipe. Derrière ses lunettes, j'aperçois un voile de tristesse.

– Pourquoi les hommes ne rentrent-ils pas ? demandé-je.

– Ils vont se relayer pour surveiller les rennes cette nuit : les femelles ont été tuées par des voyous armés qui reviennent parfois nous harceler.

Je la regarde. Je ne suis pas sûre d'avoir compris ce qu'elle vient de me dire, mais l'inquiétude que je ressens chez elle m'étreint le cœur. Il est vrai que j'ai également senti Johannes préoccupé et que son sourire a disparu. Biret continue :

– Nous, les Samis, sommes souvent victimes de racisme et de violence. Tous les nomades de la Terre connaissent ça. Ne t'inquiète pas, il va rentrer. Tu veux un peu plus de thé ?

Je la laisse me resservir une tasse, qu'elle me regarde boire.

– Nathalie, raconte-moi ton cauchemar. Tu as rêvé, cette nuit ?

– Je ne sais plus. Enfin, non, je ne crois pas. Enfin, je me suis entendue chuchoter « Maman » et puis, je ne me souviens plus… Tu sais, je n'ai pas tellement connu ma mère, j'ai été élevée par une autre femme que j'appelle « Maman ». Je n'arrive pas à aimer ma mère biologique, je lui en veux trop de m'avoir empoisonnée.

– Ta mère a souffert aussi, ce n'est pas de sa faute, et c'est toi qui l'as choisie pour être ta mère. Tu sais que les âmes choisissent leurs parents pour apprendre et leur apprendre aussi à cheminer ici-bas. Tu dois pardonner. Cette rancœur que tu lui portes est ton véritable poison.

Je sens monter en moi une rage monstrueuse, inhumaine, bestiale, et refrène une attaque de larmes.

– Nathalie, quand tu es venue au monde, tu portais déjà cette colère en toi, mais elle n'appartient pas à ton histoire d'ici et maintenant. Tu dois vider ce sac que tu traînes avec toi, si tu veux grandir et vivre en paix.

Je me lève, prétextant le besoin d'aller chercher un pull, mais je sais qu'elle sait que je pleure dans son dos. Elle me dit qu'elle va rejoindre Máret et Madeleine, mais que je suis la bienvenue si je veux l'accompagner. Avant de partir, elle me demande si j'ai l'os d'aigle. Je fouille dans ma poche : il est là, au chaud près de moi. Elle me répète de bien le déposer sous mon oreiller et je m'exécute aussitôt avant d'oublier.

Je me suis assoupie près du feu, enroulée dans une peau, quand je sens une main dans mes cheveux. Johannes est assis près de moi, le visage noir de poussière. Je suis si heureuse de le retrouver que je me colle à lui sans parler. Je n'ai pas envie de savoir ce qui le tracasse, non pas par égoïsme, mais pour ne pas briser la magie de cet instant. Il a dû comprendre mon silence car il continue de me caresser les cheveux.

– Tu veux un thé ? demande-t-il en allumant une cigarette.

Je m'extrais doucement de lui, le corps endolori par le sol en terre battue, et me lève, un peu sonnée par la fatigue. Il a remis des bûches et posé la bouilloire sur le feu.

– Quelle heure est-il ? J'ai dû m'endormir après que Biret est partie.

– Tu as bien fait de dormir, il est tard.

Dehors, le vent s'est levé : la fumée du foyer se dresse vers le sommet de la hutte et s'échappe en tourbillonnant.

– On va s'allonger un peu. Tu veux du lait dans ton thé ?

– Johannes, que se passe-t-il ?

Il boit son café d'un air épuisé et ne répond pas.

– Tu as raison, allons dormir.

Il se déshabille et enfile un jogging et des chaussettes en laine que je lui ai apportés. Je décide d'en faire autant et nous nous allongeons dans le lit, qui s'avère plus confortable qu'il ne le paraît. Je me suis habituée à l'odeur des peaux et du feu. Je me colle à Johannes en buvant mon thé bouillant.

– Nathalie, je m'en veux de t'avoir entraînée dans cet endroit, tu mérites mieux que cette hutte au milieu de nulle part !

– Si tu savais comme je suis heureuse d'être ici avec toi.

Il m'embrasse sur le front ; sa façon à lui de me dire qu'il est heureux. Je le connais de mieux en mieux.

– Tu n'as plus mal au ventre ?

Je sursaute en pensant à l'os et soulève mon oreiller. Il est là.

– Biret m'a dit que je devais dormir avec.

Il sourit et me serre dans ses bras.

– Je suis désolé que tu aies souffert, Nathalie, j'aurais dû être avec toi. Je m'en suis beaucoup voulu, tu sais ?

– Je ne t'en veux pas, ça n'a rien à voir avec toi. Ta mère et Biret ont été là pour moi et je vais mieux, mais je n'aurai jamais d'enfants, Johannes. Tu en veux, toi ?

Il observe le feu en fumant sa cigarette.

– Non.

J'ai froid et ai juste envie de dormir à présent. Il me colle à lui et je sens des larmes glisser sur mes joues. En arrivant ici, je ne savais pas que j'allais réveiller le Monde d'en bas. Je serre l'os d'aigle de toutes mes forces et le repose sous mon oreiller.

– Johannes, elles sont mortes de quoi, les bêtes ?

Il dort déjà et respire tranquillement. Je me lève pour remettre une bûche sur le feu, puis me recouche doucement pour ne pas le réveiller.

Ce matin, j'ai vu une nouvelle lumière poindre au loin ; l'air est vif, mais je sens que le printemps fait du coude à coude avec l'hiver. Les semaines passent et j'apprends peu à peu à m'accommoder des absences de Johannes. Je dors avec mon os collé à l'oreille et passe mes journées à lire et à me promener dans la nature. Je n'ai pas revu les aurores danser. J'ai découvert des cornes dans la forêt, mais je n'ai pas osé les prendre avec moi : elles étaient mêlées à de la terre, des branches pourries et du lichen, comme figées par le temps, et je suis restée les contempler longtemps. La mousse commence à pousser par endroits. J'entends des oiseaux partout, la neige fond doucement et le lac apparaît peu à peu, plus vaste que ce que j'avais imaginé.

Un matin, je suis allée m'asseoir près de la rive et j'ai vu un aigle tournoyer au-dessus de l'eau.

En rentrant, Máret m'a dit que les hommes avaient déplacé les bêtes et que Johannes allait rentrer. J'ai couru jusqu'au chalet pour me préparer et ranger un peu la maison.

À la mi-avril, les jours sont lumineux et les nuits raccourcissent. La chaleur du soleil fait dégeler la surface de la neige pendant la journée. La nuit, pourtant, il gèle à nouveau et la terre est dure. C'est le moment où les rennes quittent la forêt et se dirigent vers la toundra. Johannes m'a dit que ses cousins le remplaceront et qu'il pourra rester un moment avec moi avant que les femelles ne mettent bas, en mai.

J'ai décidé de lâcher mes cheveux et de me maquiller un peu, puis de m'habiller et d'enfiler les bottines en cuir que Máret m'a fabriquées. Elle a cousu du ruban bleu, jaune et rouge avec deux pompons, que je lace autour de mes chaussons avant d'aller préparer du café et nos tasses en cuisine. J'ai rallumé le poêle et ai préparé un *bidos*, un ragoût de viande de renne aux légumes que Máret m'a appris à faire, et des *gáhkko* dont je suis très fière. Et puis, j'ai eu envie d'un énorme flan dégoulinant de caramel comme le faisait mon grand-père.

L'après-midi tire à sa fin et Johannes n'est toujours pas arrivé. Il est déjà tard lorsque Máret frappe à ma porte.

– Tu as mangé ? me demande-t-elle.

– Non, j'attends Johannes, pourquoi ?

– Il ne rentrera pas ce soir, à mon avis. Ils ont dû avoir du retard.

Je sens la déception m'engloutir.

– Tu veux venir prendre un thé avec moi ?

– Non, je vais lire et me coucher tôt, ce n'est pas grave.

Elle regarde mes bottines et sourit, puis ajoute :

– C'est ça, la vie d'une femme d'éleveur de rennes, tu sais. Ne t'inquiète pas, il sera rentré demain. Si tu as besoin de moi, je suis là…

Je retourne en cuisine et pose un couvercle sur mon ragoût. Je débarrasse la table du salon, souffle une à une les bougies et sens monter en moi une tristesse infinie et ce sentiment étrange, inexplicable, que le bonheur ne m'aime pas. Je me démaquille et me déshabille avant de m'effondrer en larmes dans le lit.

À l'aube, j'entends la porte s'ouvrir et quelqu'un se diriger vers la cuisine. Je retiens mon souffle. On remue des casseroles bruyamment et l'odeur du café flotte soudain dans l'air. Je suis tellement en colère que je ne bouge pas lorsque Johannes passe la tête par la porte. Je reste sous ma couette et fais semblant de dormir.

– *Hej*, debout là-dedans !

Je n'ai plus envie de parler. Je reste terrée sous ma couette et attends que ma colère passe. Johannes s'approche, tire la couette et me regarde me recroqueviller dans le lit en riant.

– Tu es en colère ? Qu'est-ce qu'il y a ?

Il va s'asseoir sur le canapé. Je l'observe de loin, il regarde la table et se frotte le visage. Je sais qu'il a bu, lui qui ne boit pourtant jamais, ou si peu.

– Nathalie, je suis désolé, je suis resté avec mes cousins pour boire un verre et je n'ai pas pu t'appeler : nous n'avons pas de téléphone, là-bas ! Tu sais, c'est une période difficile pour nous et pour les bêtes : nous devons les surveiller durant la migration et nous avons parfois besoin de relâcher la pression. Ne m'en veux pas, s'il te plaît…

Je pleure de fatigue, de déception, de rage. Qu'est-ce que je fiche ici ? Pourquoi dois-je toujours me sacrifier pour les autres ? Je reste terrée dans mon lit, même si je sais que c'est une réaction enfantine. Au fond de moi, je sais que ma colère n'est pas justifiée. Je me lève, claque la porte et me recouche aussitôt. Il n'a pas bougé.

Demain, c'est décidé, je rentre chez moi. Mais chez moi, c'est aussi chez lui. Je reste sous la couette à pleurer de rage. Puis, d'un seul bond, je me lève, laisse éclater ma colère et me rue dans le salon. Johannes me regarde sans comprendre tandis que je sors ma valise et me mets à y jeter vêtements et chaussures pêle-mêle. Je cours, hurle ; il ne bouge pas.

– Je veux rentrer à Göteborg, Johannes, c'est fini !

Il me regarde sans rien dire, je hurle de plus belle :

– De toute façon, je reprends mes études en septembre, je n'ai plus rien à faire ici, je veux rentrer !

– C'est pour ça que tu t'énerves comme ça ?

Je le regarde dans les yeux et lui envoie une bottine à la figure avant de claquer la porte d'entrée et de partir vers le lac en pleurant de rage. Dans mon cœur, je sais que je n'aurais jamais dû tomber amoureuse et qu'il ne mérite pas ma colère. Depuis que je l'ai rencontré, je sens que je dois grandir vite. Or, je n'ai plus envie de grandir. Grandir, je l'ai fait bien trop précocement quand mon père s'est retrouvé, un jour de septembre, au service des grands brûlés, et que j'ai commencé à devoir m'occuper de lui le week-end en rentrant de pension.

Grandir, je l'ai fait de force, bien trop tôt, quand *elle* s'est suicidée un soir de novembre de la même année. Un matin, la mère prieure du couvent où j'étais élève et pensionnaire m'avait demandé de la suivre jusqu'à son bureau. À midi, j'étais assise dans un poste de police de Toulouse, accompagnée de la mère prieure et de son adjointe, à répondre à un commissaire qui n'avait pas l'air de comprendre que je n'avais que 15 ans. Sur son bureau, des photos qu'il essayait en vain de me cacher, mais que je n'allais pas tarder à lui arracher des mains pour comprendre ce qu'il essayait de m'expliquer. Je n'aurais jamais dû le faire. Elle s'était tiré une balle dans la tête, la veille à 17 heures, la tête enroulée dans mon tee-shirt. J'avais reconnu mon tee-shirt immédiatement : elle me l'avait emprunté avant que je ne prenne le train le dimanche soir. Je me souviens d'elle sur le quai, avec mon père. De la fenêtre, je l'ai vue me saluer de la main, longtemps, trop longtemps, avant de disparaître. J'avais trouvé cela étrange, qu'elle reste seule sur le quai.

« Elle », c'était ma meilleure amie, ma sœur de cœur. Quand je l'ai vue pour la toute première fois, un matin de septembre devant les grilles du collège, j'ai été immédiatement happée par son regard étrange. Ces yeux bleus qui me hanteront encore longtemps… Nous nous sommes retrouvées côte à côte en classe et notre amitié est très vite devenue réciproque. En réalité, elle et moi ressentions une profonde connexion, comme si un lien nous avait déjà unies dans le passé. Elle était si brillante que je l'admirais en secret. Et en secret, elle m'admirait. Pour la première fois de ma vie, je ressentais enfin un attachement, un lien presque gémellaire. Nous passions tout notre temps libre ensemble.

À la maison, nous vivions drame après drame depuis que mes parents avaient décidé de divorcer. Quand mon père avait fait construire cette immense maison, je l'avais tout de suite détestée et j'avais dit à ma mère que je ne voulais pas y vivre. Je sentais que l'œil était tout près, comme si cette demeure était frappée d'une malédiction. Ma mère avait fait venir le prêtre pour la bénir ; peut-être qu'elle aussi avait senti « la chose ». Je n'avais jamais pu m'y faire, cette bâtisse était malfaisante, j'en étais sûre. Des années plus tard, alors qu'elle aura été vendue et revendue maintes fois depuis notre départ, j'entendrai des rumeurs étranges à son sujet.

Le suicide d'Alexia avait brisé quelque chose en moi et ma vie avait été violemment bouleversée. En une seconde, j'avais perdu ma part d'innocence et senti que l'œil m'avait attrapée. J'avais compris que l'enfance s'était enfuie à jamais et que quelque chose se tramait.

Lorsque j'étais enfant, une amie de ma grand-mère, un peu voyante et très croyante, avait décrété, en me regardant droit dans les yeux, que ma vie sortirait de l'ordinaire. Elle avait également dit qu'elle me voyait voyager autour du monde, mais que j'avais « l'œil ». L'œil sur moi... Je l'avais regardée du haut de mes six ans et étais partie jouer dans ma chambre en pensant que je voyagerai, c'était sûr. Quant à l'œil, je ne savais pas de quoi elle parlait.

J'ai froid. Je ne sais plus pourquoi je me suis emportée, mais je sais que je viens de déchirer un chapitre de notre vie. Quand je décide de rentrer au chalet, Johannes est sur la terrasse, assis face au chemin, en train de fumer une cigarette. Il me fixe de son regard triste. Je passe devant lui sans rien dire. Il m'attrape par le bras et me demande de m'asseoir.

– Nathalie, si tu veux rentrer, je comprendrai, mais sache que je ne veux pas que tu partes.

Je me mets à pleurer et souris derrière mes larmes. Il ajoute :

– Viens, rentre, il fait froid et j'ai fait à manger : un délicieux *bidos* et un truc plein de caramel.

Il me fixe en souriant, sa cigarette collée à la bouche. Je rétorque :

– Imbécile, va !

Derrière moi, je l'entends répéter : « imbécile, imbécile » en français. Je ris intérieurement de son accent.

Il a rangé mes affaires, dressé la table, allumé les bougies et ouvert une bouteille de vin. Je capitule en reniflant mes dernières larmes. Je grignote sans faim. Lui me sert un verre de vin et dévore avec appétit. Je dois lui dire que je vais rentrer reprendre mes études, il faut absolument que je lui explique.

– Demain, on part faire du traîneau avec les chiens, ça va te faire du bien, tu verras.

Depuis que je suis arrivée, je ne rêve que de cela. Du coup, je reprends une part de dessert. Il me regarde en souriant et m'embrasse sur la joue. Quand il fait ça, je sais qu'il est heureux.

– Johannes, tu crois que Biret m'emmènera ramasser les plantes avec elle, cet été ?

– Je lui demanderai. Elle est un peu secrète quand il s'agit de ses cueillettes, mais je suis sûr qu'elle n'y verra pas d'inconvénient. Et puis, elle a l'air de bien t'aimer !

Il me tarde que le printemps arrive enfin.

Au petit matin, les chiens hurlent en chœur et aboient comme des forcenés. Je sursaute et soulève mon oreiller : l'os est là. Le lit, par contre, est vide, et la maison sent le café et le pain grillé. Je me précipite sous la douche, encore un peu endormie. J'ai juste le temps de tresser mes cheveux, d'enfiler un pull, une combinaison et mes bottes, d'avaler un thé bouillant et de grignoter une tartine avant de partir. Johannes doit m'attendre dehors. Soudain, il rentre et me dit :

– Regarde !

Je sors sur le patio : la neige tombe en gros flocons. L'hiver n'a pas dit son dernier mot. Je n'ai jamais fait de traîneau, et encore moins avec un attelage de chiens, mais je m'assois sur les peaux qui recouvrent la luge et me laisse glisser, les yeux fermés sous la neige qui virevolte au vent. Derrière moi, Johannes mène l'attelage et, ce jour-là, je me sens vraiment vivre. Ce matin, je découvre la liberté, et c'est sans appréhension que je prends les rênes sous la direction de Johannes, qui rit de mes cris quand les chiens s'emballent et renversent le traîneau.

La neige s'est enfin calmée et nous décidons de traverser la taïga enneigée. Johannes a repris l'attelage en main et je me laisse happer par la beauté du paysage. Je voudrais que ces instants durent toujours. Je serre mon os dans ma poche et prie pour que ce moment ne s'arrête jamais. Nous glissons sous les aboiements des chiens et les cris de Johannes, et arrivons au nouveau campement, où les hommes sont assis autour d'un feu. Je sais que mon Sami ne peut pas rester longtemps loin d'eux. Vuolla et Anders se lèvent pour l'aider avec l'attelage et me saluer. Très vite, les chiens se calment et s'allongent, et Vuolla me demande comment s'est passée notre route.

– Vuolla, je crois que je veux devenir « chef de traîneau ».

Il sourit et se montre ravi de savoir que je me suis découvert une nouvelle passion. Johannes, toujours si discret devant sa famille, ne me quitte pas d'un pouce ; je sens qu'il a compris que ma vie ici n'a pas été si facile malgré tout.

Vuolla me propose alors de préparer une purée « à la française » et me sort un gros sac de pommes de terre et un couteau. Je lui dis qu'il va me falloir du lait et du beurre, et il revient avec les ingrédients en me demandant comment on dit *potatismos* en français.

– « Purée de pommes de terre » !

Johannes nous observe en buvant un café. Pendant que les pommes de terre cuisent sur le feu, Vuolla pose une énorme poêle en fonte et commence à détailler un gros morceau de viande qui a été salée quelques jours avant d'être fumée. C'est donc en pleine taïga, assise dehors sur des peaux de rennes, que je découvre le *suovas*, une spécialité samie, accompagné de ma purée et de confiture d'airelles. Anders distribue des *gáhkko* brûlants et je dévore mon repas sous les yeux d'un Johannes détendu et heureux.

La discussion tourne immanquablement autour des rennes et je rêve éveillée en regardant un troupeau gratter la neige au loin. L'heure tourne et il nous faut repartir rapidement. La lumière est si étrange malgré la nuit polaire ; je scrute sans cesse le ciel dans l'espoir d'y apercevoir des aurores.

Les chiens se remettent à japper d'impatience et à hurler en chœur en nous voyant reprendre le traîneau. Je me laisse porter par le vent qui balaye mon visage et nous rentrons, épuisés mais heureux de notre journée.

Dans la nuit, Johannes me réveille en me disant de me calmer. J'ai dû crier fort, parce qu'il a allumé la lumière et me regarde d'un air inquiet. Je me colle à lui, la main agrippée à l'os d'aigle. Il me serre contre lui et je me rendors aussitôt.

Miessemánnu – début mai 1985

Ce matin, Máret m'a dit que, dans son dialecte, le mois de mai s'appelle *miessemánnu*, et que cela signifie « le mois des faons ». En effet, en octobre, les rennes se sont accouplés et les femelles mettent bas sept mois plus tard, soit en mai. Le temps s'est tellement réchauffé que la neige a fondu, même si on peut encore l'apercevoir sur les montagnes. Tout le monde est occupé et nous allons bientôt partir rejoindre le camp d'été, où les premiers petits faons naîtront et feront leurs premiers pas tremblants dans la taïga.

Si Johannes a passé un peu de temps avec moi pendant que ses cousins le remplaçaient, il est désormais reparti plus longuement. J'ai abandonné l'idée de l'avoir près de moi. Parfois, je pense à Madde, qui élève ses enfants et s'occupe de tout, seule, sans jamais se plaindre, et je me dis que je ne suis pas prête. Je veux faire mes études, courir et découvrir le monde, et je ne suis plus sûre de vouloir de cette vie-ci.

La nuit, l'œil me regarde. Je respire, je serre l'os d'aigle très fort entre mes mains et me rendors. Quand j'ai à nouveau saigné l'autre jour, j'ai eu si mal que j'ai rampé jusqu'à la douche et me suis effondrée en larmes, seule dans ce chalet au beau milieu de la Laponie. Biret m'a dit de boire sa tisane et je me suis doucement assoupie. Mes douleurs sont si violentes qu'elles m'empêchent parfois de me lever. Pourtant, cette tisane d'herbes et d'écorces me fait du bien. Je crois tellement au savoir de Biret que je la regarde avec respect et ne cesse de penser à mes prochaines études de naturopathie. J'ai d'ailleurs signé pour plusieurs modules et renvoyé mon dossier d'adhésion accompagné d'un chèque. Johannes ne m'a plus posé de questions à ce sujet. Je suis néanmoins tiraillée entre mon amour pour lui et mon désir d'être en mouvement. Je vis un véritable déchirement et ai la sensation de ne pas avoir le droit d'aimer.

L'autre soir, Biret est venue me rendre visite et je lui ai dit que je voulais étudier les plantes avec elle. Elle n'a rien dit, mais m'a promis qu'elle me montrerait comment préparer la tisane. J'ai eu envie de lui demander pourquoi elle n'était pas mariée et n'avait pas d'enfants, mais la pudeur m'en a empêchée. La Samie m'a également dit que Johannes passait ses jours à surveiller les nouveau-nés et qu'un aigle avait déjà emporté un petit dans ses griffes. À chaque fois que cela arrive, c'est un drame pour le clan. J'ai du chagrin pour Johannes, j'aimerais être avec lui, mais je sais que je le dérangerais plus qu'autre chose.

Durant la nuit, j'ai rêvé de l'aigle : il tournoyait au-dessus de moi et j'étais au sol, recroquevillée en position fœtale. Je me souviens avoir agrippé la terre si fort que mes mains se sont doucement mises à saigner. Quand je me suis réveillée, je tenais l'os dans ma main droite, qui était tout endolorie. J'ai même eu du mal à ouvrir les mains tant j'avais dû les serrer dans mon sommeil.

Mes rêves sont de plus en plus récurrents. Mais quand l'aigle vient me chercher dans mon sommeil, l'œil, lui, n'est pas là…

Geassemánnu – mai-juin 1985

La neige a disparu en grande partie, mais il fait toujours froid : la nuit, j'allume toujours le poêle et je lis. Je n'ai pas vu Johannes depuis quatorze jours. Le soir, je serre les dents : je sens que tout commence à me dépasser. Si j'aime profondément l'endroit, les gens et Johannes, je sais que ma vie n'est pas ici pour le moment. Je sens que je dois encore parcourir le monde.

À l'extérieur et pour tout le monde, je suis toujours la petite Française ingénue, facétieuse, qui rit sans cesse. À l'intérieur, je ressens un vide abyssal, un manque incompréhensible et une mélancolie inexplicable. J'ai commencé à ressentir ce vide très tôt : dès mes premières années, j'ai senti qu'il me manquait quelque chose ou quelqu'un. Enfant, j'étais toujours très solitaire et très sauvage, et je rêvais d'avoir un grand frère. Un jour, j'ai dit à Johannes que j'avais parfois l'impression d'avoir perdu quelqu'un bien avant de naître. Il a souri et m'a dit qu'il me croyait, mais que personne ne pourrait combler ce vide. Il avait raison : rien ni personne n'arrive à combler ce vide.

Ce matin, il faisait 5 °C et Máret m'a dit qu'un voisin lui avait apporté du poisson. Elle m'a invitée à déjeuner et on a mangé ces truites de lac grillées avec du beurre fondu ; c'était délicieux. Les enfants sont arrivés avec Madeleine et nous avons passé la journée tous ensemble. Je n'ai pas osé demander des nouvelles de Johannes, j'ai juste compris que tous les hommes surveillaient les naissances, restauraient les huttes et étaient occupés en prévision du marquage des bêtes. Les plus grands enfants ont d'ailleurs reçu leurs premiers couteaux de marquage. Les plus petits n'ont pas cessé de dire qu'eux aussi voulaient être grands. J'ai souvent pensé comme eux autrefois.

Les journées n'en finissent plus ; le soleil commence à traîner et nous nous préparons pour *Midsommar*. J'ai vécu mon premier *Midsommar* en Suède, sur l'île de Rörö, entre beuveries de pêcheurs et harengs marinés au menu. J'ai parfois cru défaillir à la vue de ces derniers, avant de me rabattre sur de merveilleuses fraises de plein champ à la crème fouettée. J'ai couru voir le feu de la Saint-Jean, coiffée d'une couronne de fleurs comme toutes les filles de l'île, et suis allée me coucher avant que les premiers pêcheurs ne tombent ivres morts sur la plage. Máret m'explique que sa famille perpétue la vieille tradition samie et me jure, en riant de mes souvenirs, qu'il n'y aura point de harengs ni de snaps ce jour-là…

Encore quelques jours et nous partirons tous rejoindre les hommes au campement d'été, enfin. Je prépare mon sac pour le bivouac ainsi que quelques affaires de rechange pour Johannes, et nettoie un peu la maison avant d'aller me promener seule près du lac.

Alors que j'arrive près d'un bosquet, un aigle est posé sur une très haute branche. Je retiens mon souffle et m'assois pour l'observer en silence. Il me fixe une seconde avant de s'envoler doucement et de tournoyer dans les airs. Soudain, il pique vers le sol et un cri retentit. Je frémis et m'aperçois qu'il tient une pauvre petite chose désarticulée dans son bec. Il s'envole au-dessus du lac et mon cœur bat à tout rompre. Je décide de rentrer raconter la scène à Máret. Biret est assise dans la cuisine à broyer de fines écorces qui semblent avoir été fumées. Elle me salue et Máret m'offre un verre de jus d'airelles.

– Máret, Máret, l'aigle a pris quelque chose dans son bec !

– C'était certainement un lapereau : la nature s'éveille, les petits sont des proies faciles.

Je reste pétrifiée et pensive un instant, avant de rejoindre Biret pour lui demander ce qu'elle fait.

– Je broie de l'écorce pour en faire de la farine.

– Qu'est-ce que tu en fais ensuite ?

– Nous la mélangeons à de la farine commune pour en faire du pain ou pour épaissir une soupe ou des pancakes au sang. Nos ancêtres se nourrissaient d'écorces d'arbres autrefois ; je perpétue la tradition pour que nos petits-enfants ne l'oublient pas.

Je reste silencieuse et me dis que les Samis vivent décidément en harmonie totale avec la nature.

– Tu en goûteras au camp : j'apporte de la viande séchée et de la farine. N'oublie pas ton os d'aigle.

– Biret, cette nuit, j'ai rêvé de l'aigle.

– *Lilla gumman*, l'aigle va te suivre toute ta vie. Si tu apprends à communiquer avec lui, il t'aidera…

– Mais comment puis-je apprendre à lui parler ?

Elle garde le silence et je n'ose pas insister. Máret est en train de préparer des cartons de nourriture et de café. Je m'excuse et retourne au chalet pour finir de préparer mes affaires.

Bientôt, nous arrivons au camp d'été et je m'empresse de retrouver Johannes pour aller voir les faons. Malgré mon envie de les approcher, il m'a expliqué que les femelles ne devaient pas être dérangées, au risque qu'elles abandonnent leur petit à cause du stress.

À mon arrivée, il m'a serrée si fort dans ses bras que j'ai senti mes os craquer. Il a trouvé que j'avais encore maigri. Je n'ai pas osé lui raconter que l'œil était revenu me hanter et que j'avais peu dormi.

Nous sommes désormais non loin d'une rivière, au milieu de la taïga, face aux montagnes. Les *lávvu* sont enfin installés et nous avons déchargé une bonne partie du matériel et de la nourriture. Nous nous installons tous pour manger un peu de viande séchée et boire du café. Je sens les hommes heureux de nous retrouver : durant quelques jours, ils vont enfin pouvoir souffler, tout en surveillant les bêtes à tour de rôle, les prédateurs étant à l'affût et les faons vulnérables.

Le soir, Johannes et moi décidons de nous promener vers la rivière, mais la nuit est fraîche et le ciel couvert ; nous rebroussons chemin pour aller nous coucher. Máret nous a allumé un feu et apporté du thé. Je m'endors rapidement, agrippée à Johannes.

Au petit matin, il est toujours assoupi près de moi et je suis surprise d'avoir dormi aussi paisiblement. Il fait froid et la pluie s'est mise à tomber, ce qui m'attriste pour *Midsommar*. Dehors, tout le monde est déjà debout et les enfants chahutent avec les chiens. Johannes se réveille doucement et affiche son éternel sourire. Il a peu parlé hier soir.

– Tu as dormi comme un bébé cette nuit. Tu sais que tu parles quand tu dors ?

Je le regarde, gênée.

– J'ai parlé en français ?

– Oui, je pense, parce que je n'ai pas compris ce que tu disais. Dis-moi, c'est quoi, ces études dont tu m'as parlé l'autre jour ?

– Johannes, tu crois au mauvais œil ?

– C'est quoi, cette question ?

Il me regarde avec insistance et me demande de répéter ce que je viens de dire. Je ne suis pas sûre du mot en suédois, alors je lui répète en anglais et en suédois :

– *Do you believe in curses? Tror du i det onda ögat ?*

– Non, sauf si on touche à ma famille ou à l'une de nos bêtes. Pourquoi me poses-tu cette question ?

– Si on touchait à ta famille et aux bêtes, tu ferais quoi ?

– Nathalie, qu'est-ce qu'il se passe ? Tu veux un thé ?

Je le regarde se diriger vers le foyer et y déposer des bûches. C'est *Midsommar* et il pleut… Je me lève et l'embrasse sur l'œil droit.

– Tu m'as jeté un sort, c'est ça ? sourit-il.

Je m'assois près de lui et nous buvons notre thé en silence. La pluie s'écrase lourdement sur la toile du *lávvu.*

– Johannes, en septembre, je rentre à Göteborg. Je me suis inscrite dans une école de naturopathie l'année dernière et j'ai finalement été admise. Je pourrais toujours monter te voir aux vacances de Noël ?

Il boit son thé, allume une cigarette et regarde les volutes bleues flotter dans l'air sans rien dire.

– Johannes, tu m'écoutes ?

Il se lève, enfile ses bottes et sort du *lávvu* sans rien ajouter. Je décide de me laver rapidement avec le seau d'eau chauffée par le feu et un gant. Peu importe si je suis au milieu de la taïga ; je vais tresser mes cheveux, m'habiller d'un jean et d'un sweat-shirt, et enfiler mon ciré jaune et mes bottes. Je décide de mettre du rouge à lèvres. En sortant, je croise Máret, qui porte des bûches vers le feu de camp. Elle m'embrasse et s'enquiert de mon sommeil.

Biret et Madde ont préparé du café et du porridge pour tout le monde, comme le veut la tradition de *Midsommar* pour ces nomades. Je prends un bol sans lait et m'assois avec les enfants. La pluie s'est arrêtée, il fait froid et gris et la brume enveloppe les sommets enneigés des montagnes lointaines. Lisa regarde mes lèvres maquillées de rouge et sourit. Je regarde le troupeau au loin qui se met à courir en cercle sans raison, les hommes se lèvent d'un coup et sifflent pour rassembler les bêtes. Johannes n'est pas parmi eux, je commence à m'inquiéter et demande à Lisa si elle l'a vu.

– *Morbror*[5] est parti vers la rivière. Tu veux que j'aille le chercher ?

– Non, reste là, je vais lui apporter du café.

Je vais dans le *lávvu* chercher mon thermos, que je remplis de café, et une *guski*, puis descends vers la rivière. Johannes est assis, une cigarette accrochée à ses lèvres. Je m'assois près de lui et lui tends la tasse pleine.

– Johannes, j'ai 21 ans, je dois faire des études et penser à mon avenir, tu comprends, n'est-ce pas ?

Il fume en regardant la montagne, je sais qu'il ne m'en veut pas.

– Pourquoi m'as-tu demandé si je croyais au mauvais œil ? demande-t-il.

– Ces cauchemars que je fais sans cesse… ne sont pas des cauchemars, tu sais ? C'est autre chose.

Il me regarde et me serre dans ses bras avant de repousser une mèche de mes cheveux.

– Nathalie, j'ai parlé à Biret. Elle pense que tu as fait un pacte, autrefois. Tu dois arrêter de fuir, trouver la source de ce pacte et te réconcilier avec toi-même. Pour ma part, je respecte ton choix et ta décision de partir, même si tu vas beaucoup me manquer.

La pluie s'est remise à tomber ; il ne s'est pas aperçu que je pleurais…

Nous avons mangé autour du feu dans le *lávvu*. *Midsommar* s'est étiré jusque tard, sans festivités particulières, et cela ne m'a pas vraiment dérangée. Je suis restée collée à Johannes toute la journée et il ne m'a pas quittée d'une semelle. D'ici quelques jours, le marquage débutera et la vie ici ne s'arrête pas à une histoire de mauvais œil.

---

5. « Tonton ».

Suoidnemánnu – juillet 1985

C'est l'été en Laponie, et même les sommets des montagnes sont enfin presque verts. Néanmoins, je garde le foyer allumé dans le *lávvu* afin de chasser les moustiques, qui pullulent et me dévorent les mains et le visage.

La lumière du soleil de minuit m'empêche parfois de m'endormir. La nuit ne tombe plus depuis quelques semaines. Je cherche des yeux les étoiles, la lune, la nuit. Je m'effondre de fatigue mais, au-dessus de moi, la lumière m'appelle comme un chant de sirène.

Les hommes et les enfants ont commencé le marquage. Invitée par Vuolla à inciser l'oreille d'un petit faon avec son couteau, je m'exécute mais manque de tourner de l'œil. Je ne peux pas, je ne peux vraiment pas. Il me montre la « signature » qu'ils incisent dans l'oreille des petits rennes pour les retrouver s'ils s'égarent et surtout pour les différencier entre éleveurs, mais je ne peux pas. Il sourit et n'insiste pas. Johannes me regarde aussi du coin de l'œil et s'approche pour m'embrasser sur le front, comme pour me rassurer.

Les enfants courent comme des fous et jettent leurs lassos pour attraper les bêtes, qu'ils plaquent au sol avant d'en « signer » les oreilles. Ce qui m'a impressionnée, c'est la manière dont les plus jeunes sont très vite assimilés au travail des adultes et respectés pour leur indépendance et leur agilité. Chacun a sa place et, quand il s'agit des rennes, femmes, enfants et hommes partagent leur travail dans une symbiose totale. De mon côté, je prépare les bûches et le feu, et cuisine ou lave le linge sans m'ennuyer une seconde. Johannes me rejoint le soir et nous nous baladons au bord de la rivière. L'autre nuit, nous nous sommes baignés nus et j'ai cru m'évanouir en plongeant dans l'eau glacée.

Il me répète sans cesse qu'il m'aime, mais qu'il sait que je dois partir. Nous ne parlons jamais de l'avenir. À quoi bon ? Je pense que nos âmes le savent déjà. C'est étrange parce qu'il m'a dit que, le soir où il m'a vue pour la première fois, il n'est pas « tombé amoureux » de moi, il m'a juste « reconnue ». Moi aussi, je « reconnais » les gens depuis toujours. J'aime ses silences et sa façon d'être là sans envahir mon espace. Il va me manquer.

J'essaie également d'accompagner Biret, qui part dans les tourbières au petit matin. Elle y ramasse des tas de fleurs et de plantes qui éveillent ma curiosité, mais elle ne semble pas vouloir m'inviter à la suivre et à partager son savoir. Un matin, pourtant, elle m'appelle enfin pour la suivre au bord d'un ruisseau afin de ramasser de l'angélique. Elle parle peu, mais me montre comment couper les feuilles pour en faire une infusion.

– Johannes m'a dit que tu avais du mal à dormir ; prépare-toi une infusion d'angélique avant d'aller te coucher, cela t'aidera.

Parfois, elle croque une racine qu'elle rince dans la rivière et m'en tend un bout. Sans un mot, je m'exécute. Le soir, je note tout dans mon cahier et espère qu'elle viendra me chercher à nouveau au petit matin.

C'est l'été en Laponie et j'essaie de vivre au jour le jour sans trop me poser de questions. Bizarrement, je ne rêve plus ; je m'endors collée à Johannes et ne pense plus à rien. Le matin, je me lève pour rejoindre Biret et elle m'invite à la suivre sans émettre aucun son. Depuis une semaine, je la suis désormais en silence des heures durant à travers marais et tourbières, armée de paniers et de couteaux. Elle me montre chaque plante, chaque racine et chaque baie en me les désignant en same. Le soir, je demande à Johannes de me traduire chaque terme, mais même lui ne connaît pas leur traduction. Le lendemain, nous cueillons tour à tour airelles, plaquebières, myrtilles et framboises arctiques, dont elle prélève aussi les feuilles pour préparer un thé contre le rhume et les refroidissements. Je cours comme une gamine dans la toundra arctique et elle me regarde parfois en souriant. Elle tente vainement de m'apprendre le same, mais le soir, j'ai déjà tout oublié.

Máret me fait goûter du lait de renne qu'elle a transporté dans un vieux contenant appelé *náphi*. Biret a fait lentement chauffer puis coaguler ce précieux lait avec une herbe qu'elle a ramassée hier, l'oxyrie à deux stigmates, une sorte d'oseille des montagnes. Elle m'explique qu'autrefois, on servait aussi ce lait coagulé mêlé à de l'angélique pour les propriétés de cette plante riche en vitamine C. Je n'arrête plus de gribouiller sur mes petits carnets, que je traîne partout.

Le lendemain, Biret me demande de la suivre car nous allons ramasser de l'achillée millefeuilles, dont elle se sert pour les fièvres et les douleurs menstruelles des femmes. Elle me raconte qu'elle a accouché toutes les femmes de son village et que, pour les soulager, elle n'utilise que les plantes qu'elle ramasse durant l'été.

Les pluies sont fréquentes et nous profitons des belles journées pour cueillir et faire sécher nos récoltes près du foyer. Un matin, nous partons ramasser la reine-des-prés, qui soigne tout, m'explique-t-elle :

– C'est notre aspirine à nous ! Ça, et l'écorce de bouleau !

Je comprends alors que toutes les tisanes qu'elle m'a fait boire étaient tirées de ces plantes séchées durant les mois d'été.

Sur le chemin du retour, nous croisons les enfants, qui ont pêché toute la journée près de la rivière. Le soir arrivé, Máret grille leurs petits poissons à la braise, sur des branches de sapin, et nous profitons d'une longue soirée à la lumière des nuits d'été polaires pour nous réunir un peu. Les hommes fument en silence et partagent quelques bières.

Cette nuit, Johannes, malgré la fatigue, doit veiller sur les bêtes. Je lui propose de l'accompagner, mais il me met en garde contre les moustiques. L'idée de passer une nuit à la belle étoile avec lui prévaut sur la peur de ces horribles insectes. Je lui dis que je prendrai le sac de couchage et l'onguent que Biret m'a préparé pour lutter contre les nuisibles. Hier, Biret m'a en effet montré comment préparer un répulsif avec de la graisse de renne qu'elle a fait fondre au bain-marie et des feuilles de reine-des-prés écrasées. Je m'en suis tartiné le visage aussitôt et ai précieusement gardé le pot. Johannes sourit et me dit d'aller me préparer.

Je prends de quoi m'habiller chaudement, les sacs de couchage et des peaux, avant de le rejoindre, tandis qu'il a pris soin de remplir son sac de café et de thé. Les nuits recommencent déjà à être fraîches. Nous partons en direction d'un petit sous-bois où nous allons veiller toute la nuit. En marchant près de lui, je réalise que la lumière a baissé en intensité. Nous sommes au début du mois d'août et je prends conscience que mes jours avec lui sont désormais comptés. Je me colle à lui et l'embrasse, sur la pointe des pieds.

– Tu vas me manquer.

– Toi aussi…

Nous savons tous les deux que les rencontres sont parfois écrites et qu'il sera toujours près de moi en pensée. Je n'ai pas envie de gâcher une seule minute de nos moments ici et me mets à chanter à tue-tête en français et à sautiller comme une gamine. Il marche en souriant et ne dit rien.

Tout à coup, les rennes sont là. Ils ont pris du poids, certains frottent leur bois contre des arbres. Johannes m'explique que c'est ainsi qu'ils retirent le poil de leurs cornes. Je les regarde toujours avec respect et appréhension. Après tout, ils détiennent en partie le cœur de celui que j'aime.

Nous nous installons près du feu et l'un des cousins de Johannes nous rejoint. Cependant, il ne s'attarde pas et rentre dormir au camp. Je suis soulagée : nos moments en tête-à-tête sont de plus en plus précieux. La nuit est fraîche et Johannes charge le brasier de bûches. Bientôt, le café chauffe, ainsi que mon thé. Mon tendre nomade installe les peaux à même le sol, les sacs de couchage par-dessus et me dit de m'installer au chaud. La nuit est étrange. Depuis que nous sommes arrivés, un cri strident déchire fréquemment le silence.

– C'est l'aigle, Johannes ?

– Oui, c'est lui. Allonge-toi.

Je scrute le ciel ; la lumière a changé. L'automne se fait déjà sentir et un moment de tristesse m'envahit soudain.

– Johannes, je voudrais tellement rester ici avec toi, mais je sais que je dois partir. Et je sais que tu m'aimes, mais je sens que quelque chose te retient ici… Dis-moi ce qu'il y a.

Il s'allonge près de moi et me prend la main. J'ai froid, je sens mon cœur battre violemment.

– Je dois rester ici car mon père n'est plus capable de garder les bêtes tout seul. Je le lui ai promis. Mais je ne veux pas que tu passes cette vie ici. Tu mérites de voir le monde, d'étudier, de te marier et de vivre ce qui t'est destiné. Je m'en voudrais de te rendre malheureuse.

Je regarde le ciel : ma vie est partout et nulle part à la fois, au milieu de cette immensité. Je me sens déchirée et j'ai envie de pleurer de peine et de lassitude.

– Je pars à la fin de l'été, tu vas beaucoup me manquer, ajouté-je.

La nuit s'étire, aussi triste et mélancolique que la fin d'un été en Laponie. En rentrant au camp, je sens les prémices de l'automne arriver. Les nuits sont de plus en plus froides. Biret me prépare des tisanes car je tousse depuis peu, puis elle m'emmène ramasser des baies sauvages. Nous cueillons des myrtilles des marais pour en faire du vin, qu'elle fait macérer à la lueur du dernier soleil. Dans les bois, elle arrache du lichen pour en faire des pansements afin de soigner les plaies que les enfants se font en jouant dans la forêt. Je regarde autour de moi et rêve d'un jour détenir ses connaissances.

Cette nuit, je l'ai entendue jouer du tambour et chanter ou chuchoter des incantations. J'ai rêvé d'un ours qui marchait lentement le long de la rivière et ai gémi toute la nuit. Biret me demande de la suivre jusqu'à la rivière ; je la suis, fatiguée et fébrile. Une fois que nous sommes arrivées sur la plage de galets, elle nous installe des peaux et prépare un feu. Je ne sais pas vraiment si je dois l'aider, mais lorsqu'elle me demande de m'asseoir, je n'ose plus bouger. Elle allume sa pipe, m'offre un thé noir et s'installe en face de moi :

– Lorsque tu es arrivée ici, Johannes m'a raconté tes cauchemars et j'ai demandé aux esprits de me guider pour toi.

J'essaie de saisir le sens de ses paroles : « esprit » est un terme suédois qui n'a que peu de sens pour moi à cette époque. Je l'écoute avec attention, sans l'interrompre.

– Les esprits m'ont dit que tu devais partir loin et te faire aider par une chamane qui guérit l'âme des gens. Je ne pourrai pas t'aider plus que je ne l'ai déjà fait. Johannes t'aime suffisamment pour te laisser partir et tu as une autre vie à vivre aussi. Tu seras toujours la bienvenue ici, comme une de nos filles.

Je suis perdue, mais je sais qu'elle me veut du bien. Je sens dans ses paroles une grande sagesse remplie d'affection, mais mon cœur vacille et tremble.

– Mais où dois-je aller pour me faire aider, Biret ? Et puis, qu'est-ce qu'il m'arrive, je suis malade ?

– Non, tu n'es pas malade, tu es bien chanceuse d'avoir cette énergie formidable qui est la tienne, mais ton âme est perdue entre deux mondes. Où que tu ailles, tu seras toujours perdue ; qui que tu rencontres, tu ne pourras jamais t'attacher. Je sais que tu aimes Johannes et je sais que vous avez un lien très fort tous les deux, mais tu dois te libérer pour enfin vivre la vie qui t'a été confiée ici, sur Terre.

– Mais pourquoi moi ? Pourquoi est-ce que ma vie est si compliquée et différente de celle de mes amies ou de ma famille ?

Elle me regarde en fumant sa pipe. Cette petite femme déjà âgée me fait parfois penser à une petite fille. J'ai l'impression qu'elle aussi a eu une vie étrange…

– Biret, ton âme est-elle différente aussi ? Est-ce pour cela que tu n'as pas d'enfants ?

– Oui, Nathalie, ma vie est également différente de celle à laquelle on m'avait préparée, mais mon âme est en paix avec mon cœur. Désormais, l'important pour toi est d'aller à la rencontre de l'esprit qui guidera ton âme à ton cœur. La fille d'une vieille amie samie de Russie vit à Moscou. Elle accompagne parfois des gens là-bas, elle prendra soin de toi.

– « Là-bas » ? En Russie ? Mais je ne veux pas aller en Russie ! Mon père est marié à une Ukrainienne, il m'a raconté que la milice est partout à Leningrad et que c'est un pays fermé et pauvre. Je ne veux surtout pas aller en Russie, jamais de la vie !

La tante de Johannes sourit tout en fumant sa pipe. J'enchaîne :

– Je rentre bientôt à Göteborg pour faire des études. Je dois travailler dur et je ne veux pas quitter Johannes, mais je rêve de ces études depuis longtemps et j'ai toujours aimé les plantes…

Elle me ressert un thé bouillant.

– Nathalie, tu n'es pas obligée de partir en Russie et tu n'es pas obligée de m'écouter. Cette nuit, j'ai demandé conseil aux esprits et ils ne se trompent jamais, mais tu as le choix de suivre ce qui te semble juste pour toi. Allons, rentrons, tu as besoin de dormir.

– Biret… C'est grave, ce que j'ai ?

– Quand je t'ai vue, l'autre jour dans la tourbière, en train de ramasser les baies sauvages, j'ai eu la vision d'une jeune femme un peu plus jeune que toi, belle, très belle ; elle avait le don de guérir, mais son âme était scindée en deux, comme deux demi-lunes, et elle courait en hurlant.

– Qu'est-ce qu'elle criait ?

– Elle hurlait le prénom d'un garçon dans la brume…

En rentrant dans le *lávvu*, je me suis recroquevillée dans mon sac de couchage et ai pleuré toute la nuit. Johannes n'est pas rentré. Je sens qu'il faut que je parte, que je rentre et que je reprenne ma vie là-bas, chez moi, à Göteborg.

Je n'ai pas fermé l'œil de la nuit. Au petit matin, un étau monstrueux m'enserre la tête et je tremble de froid. Je me traîne jusqu'au foyer pour y jeter des bûches et me faire un thé bouillant. Je ne comprends plus vraiment ce qui m'arrive. Johannes m'aime, je l'aime, j'aime la vie ici et, en réalité, je suis heureuse mais, au fond de moi, quelque chose m'appelle ailleurs sans cesse. Ce matin, il est temps de rentrer au village. Johannes a décidé qu'il m'accompagnerait et resterait avec moi jusqu'à mon départ. Je dois réserver mon billet d'avion, faire mes valises et je tiens absolument à passer mes derniers jours avec lui. Mes adieux auprès des hommes sont un déchirement que je cache sous une mine enjouée. Vuolla ne sait rien. Il m'embrasse en me souhaitant bonne route et ajoute qu'il m'attend pour l'abattage des rennes en me faisant un clin d'œil. Je le serre dans mes bras en me demandant si je le reverrai un jour. Je chasse mes larmes et souris en lui promettant de revenir avec un bon couteau.

Les enfants sont déjà partis avec Madeleine, et Máret a pris la route avec Biret, qui rentre avec une cargaison de trésors. Johannes conduit en silence en fumant cigarette sur cigarette. En arrivant au chalet, il allume aussitôt le poêle et nous nous allongeons sur le canapé, collés l'un à l'autre. Depuis que je suis enfant, chaque « au revoir », chaque départ est un monstrueux déchirement pour moi, au point d'être souvent partie sans prévenir.

– Tu veux manger ? Boire un verre de vin ?

Il part en cuisine, je l'entends déboucher une bouteille. Quand il revient, il a tranché de la viande séchée et ouvert une bouteille de vin rouge.

– Johannes, tu as parlé avec Biret ?

– *Skål*, Nathalie ! À toi, à nous, à tes études et à la vie !

– Johannes, réponds-moi : qu'est-ce qu'elle a t'a dit ?

Il allume une cigarette, me la tend et s'en allume une également. Nous trinquons et il m'embrasse longuement sur le front. Soudain, je me sens foudroyée par un déjà-vu violent, si intense que je me lève d'un coup et m'effondre en larmes.

– Johannes, je ne veux pas te quitter, je n'ai plus la force de fuir. J'ai l'impression que ça fait mille ans que je m'échappe…

Il me regarde, surpris, et se lève pour m'enlacer. Il me serre dans ses bras et je comprends qu'il souffre aussi. Quand je m'arrache de son étreinte, je m'aperçois qu'il pleure. C'est la première fois que je le vois ainsi et je comprends qu'il refoule ses larmes et sa tristesse depuis plus longtemps que je ne l'ai imaginé. Il montre si peu ses émotions que je me suis habituée à le voir sourire même quand il avait mal.

– Biret veut que tu ailles à la rencontre d'une chamane qui vit dans la région du Touva, en Sibérie. C'est une des dernières vraies chamanes qui guérissent les âmes, l'une des plus puissantes pour chasser les esprits et les âmes qui troublent parfois la vie des humains. Ma tante a une amie samie en Russie qui a emmené son fils là-bas autrefois et elle a demandé la permission à ses guides de te conduire jusqu'à elle. Les guides lui ont aussi dit que tu ne vivais pas ta vie ici et maintenant, mais que tu portais en toi une âme brisée en deux, qui te hante et t'empêche de vivre ta vie pleinement. Elle m'a expliqué qu'elle ne pouvait pas t'aider parce que tu dois faire le voyage toi-même. C'est toi qui dois décider ou pas de te libérer. Elle m'a aussi confié que tu avais le don de guérir, de voir et de communiquer avec le Monde d'en bas, mais que tu refusais de le voir. Elle m'a dit que tu avais le don des plantes et des animaux, et c'est pour cela que je veux que tu rentres étudier. Je n'ai pas le droit de t'en empêcher.

Je reste tétanisée par la peur et me sens glisser dans un monde obscur et effrayant, sans frontières et sans matière, mais que j'entends pourtant murmurer au fond de moi depuis longtemps. Je ne veux pas de ce voyage, je ne veux plus voir l'œil, je veux juste avoir 20 ans, rire et aimer, tout simplement.

– Nathalie, nous vivons comme ça ici, entre deux mondes, et j'ai entièrement confiance en Biret. *Min lilla fransyska*, viens…

Il me serre à nouveau dans ses bras et je sens brusquement que je dois partir en Russie, qu'il est là pour me guider.

– Je vais rentrer et prendre un appartement. Tu pourras te libérer de la maison et j'irai voir cette chamane. Je ne sais pas comment je ferai, mais je te promets que j'irai là-bas…

Septembre 1985

Nous sommes des somnambules.
Des lunes à la dérive.

Tomas Tranströmer, Baltiques

Mon départ a été si déchirant que j'ai demandé à Johannes de ne pas me suivre jusqu'à Kiruna. Biret, elle, ne m'a pas lâchée et m'a accompagnée à l'aéroport. Elle m'a préparé des tas de sachets de plantes et de la viande séchée. J'ai laissé mes bottes fourrées et quelques affaires au chalet et, avant de quitter Biret, je lui ai confié l'anneau en laiton. Elle m'a serrée contre elle et m'a dit :

– Vole, vole, petite Française, tu as une longue route devant toi. À bientôt !

– Biret, j'ai si peur… J'ai peur de perdre Johannes et de le regretter.

– Il sera dans ton cœur toute ta vie…

J'ai quitté Johannes au petit matin, sans me retourner. Lui a détourné le regard en allumant une cigarette. Nous avions passé la nuit à nous regarder dans les yeux et à parler, collés l'un à l'autre. Il ne faisait que sourire, parce que c'est ce que je voulais emporter de lui avec moi : son sourire. Les mots n'ont plus aucune importance entre nous.

Máret m'a serrée très fort dans ses bras et m'a tendu un sachet de viande :

– Prends-la avec toi en Russie, tu en auras besoin.

Madde m'a promis de prendre soin de Johannes et je l'ai serrée fort dans mes bras, ainsi que les enfants, qui m'ont tous accompagnée jusqu'au bout du chemin. Biret m'a laissé le nom, l'adresse et le numéro de téléphone de Yelena, la fille de sa vieille amie samie russe, qui doit m'aider à préparer mon voyage et m'accompagner jusqu'au fin fond du Touva.

Quand j'atterris à Göteborg, il pleut. En rentrant dans la maison vide et froide, je m'effondre en larmes et m'endors encore habillée sur le canapé, près du poêle. Je n'ai pas eu la force d'appeler Johannes pour lui dire que j'étais bien arrivée et c'est le téléphone qui me réveille au petit matin. Mon cœur est ravagé, en miettes, et je me sens perdue. Entendre l'écho de sa voix me plonge dans un chagrin terrible. Nous nous promettons de nous appeler tous les jours.

Retrouver mes amis ne m'a apporté aucun réconfort, je ne leur ai rien dit si ce n'est que je reprenais du service et mes études. La vie s'est remise sur des rails familiers, mais j'ai le cœur étrangement glacé. Seul réconfort : mon professeur m'a accueillie pour un trimestre d'aromathérapie qui me passionne déjà.

J'ai si peu de temps libre entre mon travail et mes études que mon déménagement au mois d'octobre me semble presque être une parenthèse agréable. Quitter la maison ne m'a pas forcément attristée : sans Johannes, elle me semble de toute façon vide et sans âme. J'ai trouvé un joli appartement dans le centre-ville et, quand je ne travaille pas, je peins des heures durant en écoutant de la musique.

Je suis très vite allée au consulat russe, auquel j'ai confié mes papiers et déposé une demande de visa « pour étudier le russe ». J'attends que Yelena me recontacte. Je suis effrayée et remplie de doutes, mais j'écoute cette petite voix intérieure qui me guide désormais vers l'inconnu. Personne, ici ou dans ma famille, n'est au courant de mes projets. Comment leur expliquer ce voyage ?

J'ai rencontré un prêtre catholique, rare dans ce pays protestant, et me suis confiée à lui. Il m'a écoutée, mais n'a pas semblé convaincu du tout. De plus, cette histoire d'âme perdue ou maudite est pour lui des sornettes. Il m'a conseillé de prier. Et je prie, je prie sans cesse.

Johannes est reparti au camp pour l'abattage des bêtes. Nos appels se sont espacés naturellement, sans violence. J'ai décidé de travailler pour les fêtes de fin d'année, afin de ne pas les passer seule. Johannes a eu la gorge nouée quand je lui ai dit que je partais en février : mon visa est arrivé et j'ai enfin acheté mes billets pour ce long voyage qui me fait si peur que je n'ose même pas y penser.

Je dois partir de Stockholm pour Helsinki, puis direction Moscou, où Yelena m'attendra. De là, c'est en train que nous continuerons jusqu'au fin fond de la Sibérie, presque à la frontière de la Mongolie. Je ne dors plus et ne mange plus, je pèse à peine 45 kg et mes cauchemars me réveillent de plus en plus fréquemment. J'ai l'impression qu'ils m'entraînent vers un tunnel dont je ne pourrai plus sortir. Yelena me rassure au téléphone. Elle parle un très beau français en roulant les « r ».

J'ai parlé à mon professeur ; il est plein de sagesse, mais s'inquiète plus de mon anorexie, qui reprend le contrôle de mon corps, que de mon voyage. Je souffre de cette pathologie depuis l'enfance, mais le cache également depuis toujours. Biret m'a dit que c'était l'esprit de « l'autre » qui reprenait le pouvoir, a insisté sur le fait de ne pas m'inquiéter et qu'elle était confiante. Je ne sais pas qui est « l'autre ». Je me laisse guider : étrangement, j'ai confiance.

Avec mes amies, je sors et je ris sans cesse. Je suis la petite Française un peu folle qui ne se laisse approcher par aucun homme. Johannes habite toujours mon cœur et je souffre en silence. Lui se mure dans le silence et le travail.

Février 1986

J'attends l'avion pour Moscou à l'aéroport d'Helsinki et regarde la neige tourbillonner sur le tarmac. J'ai une sainte horreur de l'avion et la peur me tétanise. Je déteste tout ce qui m'arrache à la terre. Et si Yelena n'était pas à Moscou ?

Biret m'a appelée toute la semaine pour me rassurer en me disant que je serai entre de bonnes mains et de ne pas m'inquiéter. Elle m'a demandé si j'avais bien l'os d'aigle avec moi. Il ne me quitte plus. Johannes m'a appelée hier soir. Curieusement, il m'a semblé en paix. Nous avons décidé qu'à mon retour, je remonterai le voir. Je lui ai dit que je prendrai l'avion de Stockholm jusqu'à Kiruna et nous avons raccroché sereinement.

À Moscou, c'est une pétillante brune de 35 ans passionnée d'art et de littérature française qui m'attend. Elle porte une chapka noire et un panneau sur lequel elle a écrit : « Nathalie ». La première chose qu'elle fait est de m'embrasser en me serrant dans ses bras. J'ai l'impression de retrouver une vieille amie. Je suis épuisée par le vol et l'anxiété, mais elle me redonne immédiatement le sourire. Nous attendons ma valise et j'observe les militaires armés. J'ai déjà voyagé dans des pays en guerre, mais la Russie me donne des frissons.

Yelena chantonne « Nathalie », de Gilbert Bécaud, et je souris.

– Tu sais, Yelena, je crois que je m'appelle Nathalie à cause de cette chanson. Lorsque ma mère est arrivée en France, elle a entendu ce morceau, et me voilà !

– C'est un prénom merveilleux, Nathalie, tu as beaucoup de chance ! Et tu pourrais être russe, avec tes yeux en amande !

Je l'observe en souriant. Elle a des yeux très bleus, en amande elle aussi, et une peau blanche presque nacrée.

– Tu es samie, Yelena ?

– Oui, samie russe, née dans un *tchoum*, dans un camp non loin de Lovozero.

– C'est quoi, un *tchoum* ?

– Un tipi traditionnel, notre maison à nous, les nomades.

– Oh, un *lávvu* ! Tu sais, ces derniers mois, j'ai vécu dans un *lávvu* !

Elle sourit et me demande de la suivre. Mes papiers vérifiés, questionnée et mon laisser-passer tamponné, je commence enfin à respirer.

– Notre train part à 18 heures, alors ne perdons pas de temps. J'ai parlé avec le guichetier : nos billets seront prêts.

Dehors, un taxi nous attend et nous filons vers le centre-ville en silence. Le chauffeur ne desserre pas les mâchoires et n'a même pas un regard pour moi, sauf lorsque Yelena lui tend une enveloppe de dollars que je lui ai confiée. À partir de là, je laisse Yelena gérer la logistique de mon voyage et me sens rassurée. C'est une jeune femme douce en apparence, mais qui semble avoir un sacré caractère. Arrivée au guichet, elle tend des roubles à l'employé et me rend mon enveloppe, que je mets en sécurité dans mon sac. L'os est là, lui aussi, tout au fond. Je me sens protégée.

Yelena m'a prise sous son aile en une seconde ; je n'ai plus peur et c'est ainsi que nous embarquons dans le Baïkal, ce mythique transsibérien qui doit nous mener jusqu'à Irkoutsk. Cinq mille kilomètres à travers les forêts de bouleaux enneigées et, fort heureusement, une cabine pour deux que j'ai décidé de réserver grâce à mes pourboires économisés au centime près. Deux couchettes côte à côte qui nous rapprocheront au fil du périple. Une fois que nous sommes installées, Yelena nous prépare deux thés brûlants. Le samovar devient notre meilleur ami.

Au petit matin, je fais la douloureuse expérience de la « brûlure au samovar ». Yelena sourit et m'annonce que je suis enfin baptisée. L'eau sort bouillante, mon thé est noir et amer, et il accompagne tous nos repas achetés au wagon-restaurant. Je suspecte Yelena d'avoir soudoyé tout le train parce que la vieille *provodnitsa* est plutôt souriante avec nous et les autres contrôleurs nous fichent une paix royale. La contrôleuse a eu l'air surprise de voir une petite Française voyager seule ainsi, mais Yelena lui a dit que je venais pour apprendre le russe. Quand elle a demandé comment je m'appelais, j'ai eu droit à la sempiternelle chanson de Bécaud…

Je regarde le paysage gris et triste défiler sous mes yeux, puis l'Oural, qui n'est qu'une succession de forêts et de poussière. Yelena respecte mes silences et parfois mes larmes. La plupart du temps, nous parlons de tout et de rien ; elle est surtout curieuse de ma vie en France, elle qui rêve de se marier avec un Français. Je crois que, comme beaucoup de Russes, elle a idéalisé mon pays d'origine. Dans le couloir, je croise quelques Américains, un Allemand, et un couple de Hollandais qui voyage en direction de la Mongolie. Nous parlons un peu, mais je passe surtout mon temps à gribouiller dans mes carnets.

Un soir, Yelena me parle enfin de la vieille chamane que nous allons voir. Sa mère, Olga, un peu guérisseuse, elle aussi, et amie de Biret, a rencontré la vieille chamane après un long voyage pour amener l'un de ses fils, malade, là-bas, au fin fond de cette région du Touva. Le jeune frère de Yelena, atteint d'un mal incurable et étrange, ne semblait plus vouloir exister. D'un coup, il s'est mis à refuser de vivre. Olga a dû vendre des bêtes pour pouvoir voyager mais, à son retour, son fils était guéri. Pour elle, la chamane a des pouvoirs surnaturels. Quasiment aveugle, la vieille chamane a pris le fils d'Olga dans sa yourte durant plusieurs jours, puis l'a amené dans la forêt. À leur retour, il était méconnaissable.

Je me dis que c'est peut-être une légende et que tout ceci ne me mènera à rien. Je fais confiance à Yelena, mais ne peux m'empêcher de me demander si je ne fais pas fausse route. Après tout, j'ai suivi les conseils de Biret, mais je ne sais pas vraiment ce que cette chamane peut faire pour moi.

– Yelena, que fait-elle au juste, cette chamane ?

– Oh, si tu savais ! Je l'ai rencontrée plusieurs fois en accompagnant d'autres personnes, et ils sont tous revenus guéris !

– Oui, mais que fait-elle précisément ?

– Nathalie, une chamane communique avec les esprits, parle avec le monde invisible, guide les âmes vers la lumière. Elle ne négocie pas avec le mal, elle le chasse. Elle répare les âmes brisées, dispersées, perdues. Une chamane voit ce qu'aucun docteur ne peut voir.

Je la regarde sans vraiment comprendre et me dis que le frère de Yelena n'était sûrement « que » sous l'emprise de la dépression.

– Yelena, ton frère a fait une dépression. Chez nous, on soigne ça avec des médicaments.

Elle me regarde avec un air grave :

– Oui, en Russie aussi on soigne ce mal avec des médicaments, mais nous, nomades, croyons que la seule personne capable de communiquer avec les esprits et de guérir un malade est un chaman.

– Mais, une dépression, ça n'a rien à voir avec les esprits !

– Nathalie, nous pensons que quelqu'un qui perd le goût de vivre a été attrapé par un esprit. Nous considérons aussi que nous sommes tous égaux sur Terre. Homme, animal, pierre, montagne, forêt, rivière ; chacun possède son propre esprit capable d'interférer et d'interagir avec les autres. Mon frère, qui gardait des rennes, était peut-être envoûté par l'esprit de l'une de ses bêtes… Seul un chaman est capable de communiquer avec les esprits. Les médecins ne voient rien, ils étouffent les symptômes avec des médicaments, mais ils ne cherchent pas toujours la cause d'une maladie.

– Est-ce qu'il existe des chamans hommes ?

– Hommes ou femmes, oui, mais celle que nous allons voir est l'une des dernières vraies chamanes du Touva.

– Pourquoi « dernière » chamane ? Elles n'existent plus ?

– En URSS, pendant la période stalinienne, les chamans ont été pourchassés, internés, jetés au goulag et exécutés. Beaucoup ont disparu et ont été remplacés par des médecins et la médecine modernes.

Le train grince et craque, et je me laisse ballotter en rêvant d'une bonne douche ; je me suis lavée comme un chat depuis mon arrivée en Russie. Je dors mal la nuit et la fatigue me gagne rapidement. Ce train mythique me laisse de marbre et m'éloigne de Johannes. Cette distance me plonge dans un chaos intérieur. Tous les jours, en me réveillant, je me demande pourquoi je ne suis pas restée vivre auprès de lui, en oubliant mes rêves de naturopathie et ce cauchemar absurde. J'ai l'impression d'être entraînée malgré moi dans une fuite permanente, inexorable et incontrôlable.

Quand nous arrivons enfin à Irkoutsk, Igor, un vieil homme bourru et silencieux, nous attend en fumant de vieilles cigarettes. Il est chargé de nous conduire au village où vit la vieille chamane. À cette époque, Mikhaïl Gorbatchev est président et nous sommes toujours en pleine guerre froide. Des militaires armés de kalachnikovs font les cent pas dans la gare. Je regarde autour de moi : de vieilles babouchkas en foulards colorés vendent de la nourriture et des boissons aux voyageurs. Tout me paraît triste, la neige est sale et je voudrais tellement rentrer déjà, retrouver Johannes, notre maison, oublier ce cauchemar et reprendre ma vie de jeune femme insouciante.

Yelena est en pleine discussion avec Igor et lui tend une enveloppe. Nous embarquons dans un vieux véhicule militaire sans âge et je ne sais même pas où nous allons… L'odeur de la fumée froide me donne la nausée et la route me paraît interminable. La nuit dernière, j'ai crié dans mon sommeil ; je me suis levée en hurlant dans l'obscurité et en tâtonnant pour trouver la sortie du compartiment. Yelena s'est levée, m'a raccompagnée doucement jusqu'à ma couchette et m'a préparé un thé. J'ai allumé une cigarette et me suis à nouveau mise à pleurer en silence.

– Nathalie, ça va ?

– Oui, pardonne-moi, j'ai dû rêver.

Elle me regarde boire mon thé avant de prendre ma tasse.

– Nathalie, durant ces quelques jours passés avec toi, je t'ai entendue rêver et crier toutes les nuits. Ce n'est pas un cauchemar que tu fais, tu revis quelque chose. Je t'ai regardée : tu pleures dans ton sommeil.

– Je sais, je sens bien que ce n'est pas juste un simple cauchemar.

– La chamane va t'aider, j'en suis convaincue. Rendors-toi.

La route va être longue et Igor fume ses cigarettes sans dire un mot. Je me suis assise devant, à la droite du conducteur, et Yelena est derrière moi, accrochée à mon siège.

– Yelena, où allons-nous exactement ?

– En direction des monts Saïan.

Elle m'explique que le Touva est désormais un sujet fédéral de la Russie mais qu'autrefois, c'était un état indépendant. Je ne connais rien à la Russie si ce n'est le peu que j'ai appris dans les livres d'histoire.

– La région est entourée de Krasnoïarsk au nord, de la Mongolie au sud, d'Irkoutsk et de la Bouriatie à l'est, et de Khakassie à l'ouest. Malheureusement pour toi, Natacha, nous n'avons pas le temps de visiter le lac Baïkal, mais je t'y amènerai au retour, promis… Tu vas voir, le Touva est une terre de lacs, de rivières et de forêts. La nature y est la chose la plus importante et même son hymne national en est inspiré.

Elle s'est subitement mise à m'appeler Natacha et je souris intérieurement quant à la géographie du lieu où je me rends. C'est un mystère que je laisse aux bons soins d'Igor.

– On sera près de la Mongolie ? J'ai toujours rêvé d'y aller.

– Non, la Mongolie est bien éloignée d'où nous allons. Il y a beaucoup de chamanes bouriates près du Baïkal, mais les gens pensent qu'*elle* est tofalar ou tozhu. En tout cas, elle est nomade, comme toi et moi.

– Yelena, je ne suis pas nomade, je suis française, voyons !

– Natacha, tu es une nomade, mais tu ne le sais pas encore, et non, nous n'irons pas en Mongolie.

La route est monotone et je m'endors rapidement. Le froid me gagne et je me recroqueville sous une couverture en peau de mouton que Yelena m'a tendue. Ma guide a beau être éduquée et désormais moscovite, elle a gardé son âme de nomade, je le sens. Elle ne souffre pas du voyage et semble même prendre du plaisir à être dans ce vieux camion militaire en route vers le bout du monde.

Igor ne prononce qu'un mot lorsque c'est nécessaire et fume autant que son véhicule. Le premier arrêt en Bouriatie, dans la ville d'Orlik, me laisse de marbre. Je suis si fatiguée de ces heures de route que j'avale un thé bouillant sans même sortir du véhicule. Et puis, je reste sur mes gardes : mon visa ne me permet pas forcément de voyager librement sur ces terres et je n'ai aucune envie de me faire contrôler inutilement.

Nous avons repris la route depuis des heures quand Igor s'éclaire d'un sourire et nous annonce :

– *Tuva*, *Tuva* !

Même en russe, j'ai compris que nous venions de traverser une frontière symbolique. Je me replie sous ma couverture et colle mon visage contre la vitre gelée. La seule chose qui me relie à Johannes désormais est cette neige omniprésente. Pourtant, la beauté du paysage et la paix du lieu me laissent sans voix, et c'est en silence que je regarde défiler les forêts enneigées de bouleaux et de mélèzes. La route est parfois si rude que je me dis que le camion va exploser. Il n'y a plus d'asphalte, juste des pistes invisibles qu'Igor semble connaître comme la paume de sa main. Yelena ne dit mot et je regarde les aigles tournoyer dans le ciel blanc. J'aimerais que Johannes soit là pour me tenir la main. Mon cœur se serre quand je pense à lui. Je replonge dans un demi-sommeil agité pour oublier le temps, la distance qui nous sépare et ce pour quoi je suis partie.

Nos arrêts sont rares, mais Yelena a pris soin d'acheter de quoi nous restaurer. Nous grignotons en buvant des thermos de thé sucré. Je ne sais même pas comment Igor fait pour rouler : la neige recouvre tout, je ne vois plus que du blanc à perte de vue. Au bout de ce qui me semble être une éternité, notre chauffeur nous annonce que nous allons enfin bientôt arriver. Je me redresse et tresse mes cheveux. Ma chapka me donne des airs russes et je me sens rassurée. Je n'arrive pas encore à réaliser que je suis au fin fond de la Sibérie. J'ai 21 ans et je suis sur les terres de Gengis Khan. Je regarde un lac au loin et des forêts noyées sous la neige ; je me demande comment ma vie a pu prendre un tel tournant.

Fin février 1986

Nous sommes installés depuis quelques jours dans une vieille maison en bois, dans un petit campement aux contreforts d'une forêt. Le lac que j'ai aperçu en arrivant n'est pas loin. Il fait si froid que je n'arrive plus à me réchauffer : on approche des -40 °C, je vis et dors avec mes vêtements les plus chauds. Igor nous apporte des bûches pour le poêle, qui fait également office de cuisinière, puis disparaît sans dire un mot.

Pas d'électricité ni de douche ici, nous nous lavons avec de la neige que nous faisons fondre sur le feu et que nous versons ensuite dans une grande bassine en fer qu'Igor nous a également apportée. Yelena me lave les cheveux et me les tresse. Je vois bien qu'elle refait ces gestes de l'enfance avec plaisir.

Tous les matins, notre chauffeur revient avec du lait, du millet grillé et des beignets frits dans de la graisse de mouton appelés *boorzak*. Nous avons acheté du thé, de la farine, de l'huile, du sel, du sucre et quelques conserves à Orlik mais, chaque jour, Yelena revient avec de la nourriture qu'une habitante du village nous prépare. Je découvre une simplicité qui me va bien ; je mange peu, de toute façon. En arrivant, on nous a servi du thé au lait salé. Je n'ai pas pu m'empêcher de recracher mon verre aussitôt.

Hormis quelques huttes en bois et quelques vieilles yourtes, il n'y a rien. Les gens du village sont tous des nomades. Je pense qu'ils n'ont jamais vu une Française de leur vie ; ils m'observent du coin de l'œil quand j'ose m'aventurer à l'extérieur.

Depuis que nous sommes arrivés, Yelena lit toute la journée ou écoute une vieille radio qui grésille affreusement. Nous passons les premiers jours à nous reposer et à traîner près du poêle, la neige nous empêchant de sortir trop longuement. Je piaffe d'impatience tout en étant terriblement anxieuse à l'idée de rencontrer la vieille chamane. Yelena m'a juste dit qu'Igor était allé la voir pour l'avertir de notre arrivée. Je m'imagine une vieille babouchka en fichu mais, au vu des villageois, je commence à m'interroger. Ils n'ont pas le côté « russe » auquel je m'attendais.

Je ne pose plus de questions à Yelena. Je ne sais même pas où je suis en réalité. Aucune carte, aucun téléphone, pas de routes, je suis seule, perdue au fond de la Sibérie, et personne ne sait où je suis hormis Johannes et sa famille.

Ce matin, je me suis levée tôt et suis sortie marcher dans la neige après avoir dit à Yelena que j'avais besoin de solitude ; elle a souri et replongé son nez dans son livre. Ici, le silence ne me trouble pas. J'écoute le bruit de mes pas dans la neige et repense à Johannes. Je sens qu'il n'a pas croisé ma route par hasard. Pourtant, je suis perdue. Au loin, une vieille yourte dont s'échappe de la fumée attire mon regard. Je m'en approche doucement.

Une vieille femme ramasse de la neige avec un vieux seau en fer. Elle ne semble pas m'avoir vue. Pourtant, elle se retourne brusquement et se met à crier en en me priant de partir d'un geste de la main. Elle a un regard étrange et vide. Je prends peur et rebrousse chemin en accélérant le pas.

Igor est plongé dans le moteur de son camion quand je passe près de lui pour le saluer. Il me chasse de la main en jurant en russe. Galina, sa femme, me salue avec un sourire et rentre dans sa maison. Je me mets à courir et rentre en larmes auprès de Yelena. Elle lève les yeux et me demande de m'asseoir.

– Qu'est-ce qu'il se passe ?

– Je marchais vers le bois quand une vieille femme m'a chassée en criant et Igor m'a crié quelque chose en russe. Je ne sais pas pourquoi, mais il avait l'air en colère.

– Nathalie, ce n'est rien, ils ont dû être surpris de te voir, c'est tout. Ne sors plus sans moi, d'accord ?

Je m'allonge sur mon lit et pleure dans mon oreiller qui sent la fumée, je ne sais pas ce que je suis venue faire ici, j'ai l'impression que tout m'échappe depuis quelque temps.

– La chamane a dit qu'elle te verrait à la nouvelle lune, nous devons attendre. Ne pleure pas.

– C'est quand, cette lune ?

– D'ici trois jours. Sois patiente, demain, on ira manger chez Galina et Igor. Repose-toi…

Au beau milieu de la nuit, je me réveille en gémissant. Je me tords de douleur en silence et n'ose pas réveiller Yelena. Je me tourne et me retourne sans pouvoir trouver le sommeil. Ma guide vient s'asseoir près de moi :

– Qu'est-ce que tu as, ça va ?

– Je crois que je vais avoir mes règles. Ce n'est rien, je souffre depuis toujours, ça va passer.

– Tu veux un thé chaud ? Ne bouge pas, je vais te faire chauffer une serviette.

Elle s'affaire en remettant une bûche dans le poêle et en me préparant un thé, qu'elle finit par me tendre, accompagné d'une serviette pliée. Je m'assois difficilement, bois mon thé en gémissant et colle la serviette, dans laquelle elle a enroulé une sorte de brique chaude, sur mon ventre, ce qui me soulage aussitôt. Elle me regarde avec inquiétude ; je m'en veux de l'avoir réveillée.

– Nathalie, essaie de te reposer un peu, je reste près de toi…

Je m'endors presque aussitôt d'épuisement. Cependant, j'ai tout à coup l'impression de sentir un souffle au-dessus de moi. Je n'ose pas ouvrir les yeux mais agrippe l'os d'aigle qui ne me quitte plus.

Igor vient nous chercher alors que je me traîne encore pitoyablement du lit au canapé. En rentrant dans leur yourte, Yelena me guide immédiatement vers la gauche, où je dépose de menus cadeaux que j'ai achetés avant de partir. Galina nous offre immédiatement un thé au lait salé ; je dois me convaincre mentalement que c'est une sorte de potage pour ne pas vomir à la première gorgée. Galina a préparé une soupe de mouton et a disposé des bols remplis d'une sorte de yaourt, de fromage sec et de viande sur un grand plat, au milieu duquel trône une tête de mouton. J'ai beau avoir mal au cœur, la soupe me réconforte aussitôt.

Igor nous sert de petits verres d'alcool de lait, l'*araka*, qu'il prépare lui-même. J'en bois un verre, qui me réchauffe et me soulage aussitôt. Mes douleurs n'ont pas faibli, mais j'essaie de faire bonne figure par politesse. Galina semble si impressionnée d'avoir une Française à sa table qu'elle me gâte constamment en me proposant de goûter à tous ses plats et en remplissant mon bol inlassablement. Yelena traduit patiemment pour moi et nous passons une merveilleuse journée au cœur de cette yourte.

À un moment, des hommes entrent sans frapper et s'assoient avec Igor. Ils me fixent tout en vidant des verres d'*araka* cul sec et sans discontinuer.

Galina me complimente pour mes cheveux, qu'elle n'arrête pas de toucher. Yelena m'explique qu'elle trouve que j'ai les cheveux longs et noirs des nomades de chez elle, et qu'elle tient à me les tresser avec des rubans en coton. Elle me pose mille questions sur ma vie et surtout sur ma famille. Je lui raconte que mon père vit avec Irina, une Ukrainienne, et elle a l'air surprise de savoir qu'il y a des Russes en France. Quand elle apprend que je ne suis pas mariée, elle propose aussitôt que je rencontre son neveu. Yelena lui explique en riant que je vis avec un nomade éleveur de rennes et Galina prend un air satisfait.

Les hommes commencent à parler fort, ils ont les joues rouges et les yeux vitreux ; je sens qu'il est temps de partir. Yelena a compris mon malaise et nous nous levons pour nous habiller. Je tremble de fatigue et nous quittons la yourte en saluant les hommes complètement ivres. Je me couche épuisée et sombre immédiatement dans un sommeil profond et silencieux. Pas un mot sur la chamane n'a été prononcé, je me demande même si elle existe.

Je passe les deux jours suivants allongée, à souffrir et à grelotter. Galina et une femme du village m'ont apporté un bol de *kama*, une mixture de céréales moulues et toastées, sucrées et noyées dans du beurre clarifié, pour reprendre des forces, ainsi qu'une tisane de plantes que je bois à petites gorgées tout au long de la journée. Pendant la nuit, il me semble entendre une chouette hululer et ne peux m'empêcher de penser que c'est un mauvais présage. J'ai peur de la chouette. Je ne sais pas pourquoi, mais j'ai toujours eu peur de ce rapace.

Igor arrive avec du *kurut* et du yaourt : la chamane a exigé que je ne mange que des plats blancs avant notre visite de demain. Je me demande bien pourquoi. Yelena ne cesse de me rassurer, mais je commence à m'impatienter.

Au petit matin, je décide de sortir chercher de la neige propre pour me laver. J'emporte donc deux seaux en direction d'un petit ruisseau gelé. En me relevant après avoir rempli mes seaux de neige immaculée, j'aperçois au loin la vieille femme, qui semble m'observer. Elle a encore son regard vitreux, étrange et presque vide de vie. Je prends peur et m'enfuis en courant.

Yelena m'attend avec du thé noir et une casserole de lait bouillant. Elle verse l'infusion dans la casserole et remue le tout avec une louche plusieurs fois en le faisant mousser. Je la regarde faire et lui demande pourquoi elle a versé le thé dans le lait.

– Igor m'a dit que tu devais boire ce thé ainsi. Allez, tu dois te préparer.

J'avale mon lait au thé sans grand plaisir et procède à ma toilette.

– Yelena, où habite la chamane ?

– Au bout du village. Dépêche-toi, je vais te sécher les cheveux, tu vas mourir de froid comme ça…

J'enfile mon anorak et ma chapka, puis me précipite vers mon lit pour récupérer mon os d'aigle. Je le serre très fort dans ma poche avec une pensée pour Biret. Il y a un an, j'étais là-haut, au milieu de la Laponie, et loin de m'imaginer la tournure que prendrait ma vie…

Yelena me prend par le bras et me dit de ne pas m'inquiéter. Nous marchons en silence et elle m'entraîne vers la yourte de la chamane. En remontant le chemin, je m'arrête net et lui explique que c'est la maison de la vieille femme qui m'a chassée à plusieurs reprises. J'ai un moment d'hésitation, mais elle sourit en me tirant par la manche. Je comprends alors que c'est là que vit la chamane. De la fumée s'échappe du haut de son tipi et les chiens se mettent à hurler. J'ai le cœur qui bat et n'ose plus faire un seul pas.

– Nathalie, viens, nous allons mourir de froid.

Elle s'avance et entre sans frapper. Je lui emboîte le pas, terrifiée. Yelena parle à la vieille femme en russe, comme pour lui annoncer notre arrivée. La chamane ne bouge pas, elle est assise sur un tabouret près du feu. Elle répond quelque chose à Yelena, qui lui répond aussitôt en russe.

Je reste sans dire un mot. Soudain, la chamane me fixe de son regard vide et se met à vociférer en russe en me chassant de la main. Je ne sais plus ce que je dois faire et recule d'un pas. Yelena dépose un sac au sol et m'entraîne à l'extérieur.

– Viens, n'aie pas peur. Elle ne peut pas te voir aujourd'hui. Je vais te ramener à la maison et retournerai lui parler.

Je suis Yelena jusqu'à notre yourte et lui demande ce qu'il se passe.

– Pourquoi m'a-t-elle m'a chassée l'autre jour ? Pourquoi a-t-elle des yeux étranges, comme ça ? Elle est aveugle ?

– Nathalie, laisse-moi aller lui parler, je t'expliquerai en rentrant. Repose-toi.

Elle repart aussitôt et je m'assois sur le lit en empoignant mon os. Je m'allume une cigarette et me sers du thé pour me réchauffer. J'ai l'impression de devenir folle et de ne plus vraiment savoir pourquoi j'ai fait ce voyage. Le prêtre avait peut-être raison… Et si ce n'étaient que des sornettes ? Peut-être n'est-ce qu'un cauchemar, après tout ? Je me sens presque honteuse d'être ici et d'avoir naïvement cru qu'une « chamane » pourrait chasser mes cauchemars. Je suis perdue dans mes pensées quand Yelena revient. Je saute du lit et l'interroge tandis qu'elle retire son manteau :

– Yelena, que se passe-t-il ? Ça fait une semaine que cette vieille Baba Yaga me chasse en jurant et en me crachant dessus. Qu'est-ce que j'ai fait ?

– Ne blasphème pas comme ça, ce n'est pas une sorcière, mais l'une des chamanes les plus puissantes que je connaisse. Elle est à nos yeux l'une des dernières vraies chamanes de l'ancienne tradition de l'esprit de l'ours. Je ne sais pas ce qu'elle a ; elle m'a dit qu'elle ne voulait pas que tu entres dans sa yourte.

– Mais pourquoi ? Dis-moi, est-elle aveugle ?

– Elle m'a dit qu'elle allait demander conseil aux esprits. Non, elle n'est pas aveugle, mais la nuit où les esprits l'ont appelée, elle a vu du feu brûler toute la nuit dans ses visions. Au petit matin, elle avait les yeux « brûlés ». Elle ne voit qu'à moitié, mais elle n'a de toute façon pas besoin de ses yeux pour voir.

Je reste muette et me demande dans quel pétrin je me suis mise. Ce voyage me coûte cher en temps et en argent, et je suis en colère. En colère contre moi, contre cette chamane, contre le monde entier.

– Nathalie, celui qui fait le grand voyage en son for intérieur passe forcément par le doute et la peur. Sois confiante, tu es jeune, mais très courageuse. Biret ne t'aurait jamais confiée à moi si elle avait eu le moindre doute sur ce périple. Repose-toi, nous irons nous promener un peu plus tard !

Je regarde par la fenêtre : la pluie s'est invitée et je capitule face à mon impuissance. Je voudrais retrouver ma vie insouciante et oublier la raison de ma venue ici.

Un des soirs suivants, Igor frappe brusquement à notre porte et entre sans un regard pour moi. Il se met à discuter en russe avec Yelena et tous deux me regardent en parlant. Je me dis que je vais enfin rentrer chez moi quand Yelena se tourne vers moi et m'annonce :

– Nathalie, habille-toi, nous allons chez la chamane !

Je me lève, un peu bousculée, mais n'ose plus dire un mot. La peur me tenaille l'estomac et je m'accroche à mon os d'aigle. Yelena a pris une bouteille de vodka et un sachet de bonbons, et nous nous dirigeons vers la yourte. Igor nous a quittées et je m'agrippe à ma guide, prise de panique.

– Yelena, j'ai peur. Je ne sais pas ce que j'ai, j'ai mal au cœur.

– Nathalie, voyons, ce n'est pas une intervention chirurgicale, tu n'as rien à craindre. Allez, viens…

Elle rit et m'entraîne par le bras. Nous arrivons devant la yourte et entrons sans frapper. Le feu du foyer éclaire à peine l'unique espace et une fumée âcre me donne la nausée ; une branche de genévrier brûle quelque part.

Assise sur un vieux tabouret, la chamane est vêtue d'un étrange manteau épais fait de breloques, de pièces de tissus et de peau. Elle porte une coiffe de plumes d'aigle et de perles qui recouvre son visage. Je sens la panique monter en moi, mais Yelena ne me lâche pas. Elle dépose la bouteille et les confiseries aux pieds de la chamane et me demande d'ôter mon manteau et ma chapka. La chamane me montre un tabouret face à elle et je m'assois en tremblant. Elle tient une petite bourse de cuir dans sa main et un énorme tambour gît au sol à ses pieds. Je repense à Biret et me calme un peu. Yelena s'est assise sur un vieux canapé près de moi. Je respire avec peine.

Soudain, la chamane jette un petit verre de lait au sol et se met à marmonner quelque chose. Je ne sais plus qui regarder ni quoi faire, je reste immobile, le cœur battant à nouveau violemment. La vieille femme ouvre son petit sachet et jette des pierres au sol, se baisse jusqu'à toucher les pierres de son front tout en récitant des incantations, elle se relève et les divise en trois petits tas, avec ce qui me semble être un os ou un bout de bois elle repousse certaines pierres et fixe le sol. Yelena me rassure du regard sans parler.

– *Malyshka*, les esprits t'ont pris un enfant récemment. Ton ventre est vide, pourtant il saigne. À chaque lune, il saignera, mais tu seras un ventre vide ici, sur Terre. Chaque enfant qui viendra à toi devra repartir, ils ne t'appartiendront pas !

Yelena traduit mot après mot. J'ai envie de hurler que je n'avais pas besoin de venir jusqu'en Sibérie pour apprendre cela, mais je ravale ma rage et mes larmes. La chamane s'empare d'un sac en peau et jette des os de mouton par terre, tel un jeu d'osselets, marmonne des paroles comme une litanie, et crache le contenu d'un petit verre de vodka que Yelena lui a servi. Je sursaute au crachat, mais reste assise et retiens ma respiration. Elle retire un os, réorganise les autres en tas et les observe en silence.

Soudain, elle se lève en marmonnant, puis en sifflant comme un oiseau, et tourne autour de moi en secouant une sorte de houssoir en plumes d'aigle. Elle prend un deuxième petit verre de vodka que Yelena lui a préparé et le crache presque à mes pieds. Elle s'assoit en face de moi et me demande de m'approcher. Je m'exécute, accroupie, tétanisée. Elle a soulevé sa coiffe et repris un verre de vodka dans sa bouche. Tout à coup, elle crachote sa vodka en soufflant autour de ma tête, qu'elle maintient baissée vers le sol. Elle souffle, siffle et crache, et je tremble de la tête aux pieds. Elle se rassoit, recouvre son visage et dit à Yelena que je peux également retourner m'asseoir. Je sens la vodka et tremble sans pouvoir contrôler mes pieds. Je regarde mes mains trembler et n'ose plus bouger. Yelena me demande de venir m'asseoir sur le canapé-lit à la gauche de la chamane et me serre la main.

La chamane se met à parler à Yelena, qui ne me traduit plus rien mais me serre la main. Ma guide se lève et embrasse la chamane, qui s'est également levée et a retiré sa coiffe. Elle me regarde de ses yeux, qui m'apparaissent soudain d'un vert piqué d'or, et me parle en russe. Yelena traduit doucement :

– *Malyshka*, tu vas revenir d'ici sept jours, tu apporteras à boire et à manger pour les esprits. Ils sont en colère et ne veulent pas de toi ici, mais je vais m'occuper d'eux.

Yelena remercie la chamane et je me rhabille en silence. Nous quittons la yourte et nous enfonçons dans la nuit et la neige. Nous rentrons et je n'arrive pas à me défaire du froid, j'ai la sensation étrange que mon corps entier est pris dans un bloc de glace. Je me couche et tremble sans pouvoir me contrôler. Je finis tout de même par sombrer dans le sommeil, mais me mets brusquement à hurler.

– Je vais mourir, Yelena, je vais mourir de froid !

Ma douce guide se lève et tente de me calmer ; elle remet une bûche dans le poêle pour réchauffer la pièce, fait bouillir de l'eau et me prépare un thé bouillant. Je suis paralysée par un froid qui ne semble s'être abattu que sur moi, tandis que la pièce est chauffée par la cuisinière qui ronronne bruyamment. Yelena me serre la main et me regarde boire mon thé en tremblant.

– Yelena, que t'a dit la chamane ? Qu'est-ce que j'ai ?

– Ne t'inquiète pas, Nathalie, elle veut que tu restes parce que les esprits sont en colère et refusent ce que tu es venue faire ici. Ils ne veulent pas que tu te libères d'eux.

– Je ne sais vraiment plus pourquoi je suis ici, pourquoi j'ai décidé de faire ce voyage. Je voudrais juste être chez moi…

– Essaie de te rendormir. Ici, tu es protégée : la chamane m'a dit que l'esprit d'une femme aigle te défendait farouchement, tu n'as rien à craindre.

J'essaie de ne plus penser aux jours à venir et m'endors, épuisée. Je ne comprends rien à cette histoire d'esprits. Pour la première fois depuis longtemps, je dors douze heures d'affilée. À mon réveil, Yelena n'est pas là, la cuisinière ronronne, elle a fait bouillir de l'eau. Je me sers un thé noir. J'ai encore maigri, je ne pèse presque plus rien, mes vêtements flottent sur moi mais, étrangement, cela me rassure. Je ne mange que très peu depuis des années, je picore comme un moineau. En réalité, à cette époque, l'anorexie dont je souffre depuis longtemps est mon pouvoir sur la vie : personne ne peut avoir de contrôle dessus.

Je décide de sortir marcher. Sur la rive du lac, au loin, un aigle tournoie, des rennes s'enfuient en me voyant et je respire enfin. Les jours qui passent se suivent et se ressemblent. Yelena me force à boire du *suttug shai*, du thé vert au lait salé bouilli longuement ; je vomis presque à chaque gorgée, elle éclate de rire et me ressert un petit verre. La chamane lui a donné l'ordre de ne me faire manger que de la nourriture blanche et notamment de l'*aarzhy*, une sorte de yaourt égoutté, séché, puis écrasé, que j'avale avec du thé noir bouillant. Curieusement, je me remets de mon refroidissement et de ma fatigue rapidement. Galina m'apporte de la soupe de mouton tous les jours ; j'ai l'impression d'être dans un hôpital de campagne en 1950 !

Un matin, Igor frappe à notre porte, nous demande d'être prêtes pour le soir et dépose des bols remplis de nourriture sur la table de la cuisine. Yelena m'assoit sur le lit pendant qu'elle prépare un panier dans lequel elle dépose vodka, viande séchée et sucreries. Je la regarde s'affairer et allume une cigarette. J'ai stocké des paquets dans ma valise, mais crains de devoir fumer ces horribles vieilles cigarettes russes que fume Igor si je ne me modère pas plus. D'un coup, Yelena prend mon paquet et le jette dans le panier. Je la regarde, surprise.

– Pourquoi prends-tu mes cigarettes ?

– Ce sont des offrandes pour la chamane et les esprits. Va te laver, t'habiller, ne mets pas de parfum et tresse-toi les cheveux.

– Qu'est-ce que nous allons faire ce soir ?

– La chamane va appeler les esprits avec son tambour, puis elle va leur demander de la guider vers ceux qui t'empêchent de dormir la nuit.

Tout cela est au-delà de ma compréhension. Je me prépare en espérant rentrer chez moi très vite. Cela fait trois semaines que j'attends ce jour et je compte bien rentrer enfin sereine et délivrée.

La nuit est tombée depuis peu quand nous nous dirigeons vers la yourte. Curieusement, je me sens calme et détendue, et c'est sans appréhension que je marche auprès de Yelena. La fumée s'échappe de l'habitation dans le ciel étoilé et la chamane se tient debout devant sa porte, habillée d'un caftan en peau et d'une simple coiffe en fourrure de loup. Ses longs cheveux gris sont tressés. Je la découvre sous un nouveau jour. Je frissonne. Yelena embrasse la chamane. Celle-ci me regarde et me sourit enfin en me prenant par le bras :

– Entre, *malyshka*.

Yelena me pousse vers la gauche, la partie droite étant réservée aux habitants de la yourte. Au milieu, à même le sol, le poêle brûle et réchauffe le logis recouvert de peaux. Du genièvre brûle et enfume la pièce.

La chamane nous prépare un thé au lait qu'elle agite avec une louche en bois. Elle en jette un premier verre au sol, puis nous en tend un petit bol chacune. Yelena lui offre le panier garni et s'assoit pendant que la chamane me demande de retirer mon manteau et ma chapka et de m'installer à nouveau sur le tabouret en bois face à elle. Entre nous, à même le sol, se trouve un petit foyer fait de pierres de rivière, qu'elle allume aussitôt en se penchant, les mains jointes en signe de respect pour l'esprit du feu.

Yelena ne cesse de tout traduire et de m'expliquer chaque geste. Je l'écoute attentivement, tout en fixant la chamane. Cette dernière se retourne et enfile sa *regalia*, ce manteau fait de breloques, de peaux de rennes, d'os et de bouts de cuirs tannés. Elle retire sa coiffe et en enfile une nouvelle faite d'une tête d'aigle dont le bec pend sur le front et d'immenses plumes. Un rideau de minuscules perles rouge corail lui couvre le visage. Je la scrute, hypnotisée par les chants qu'elle murmure déjà.

Elle s'approche et tourne autour de moi en brandissant et agitant un fagot de branches de genièvre et en récitant des incantations. Je ne sais pas quelle heure il est, ni quel jour nous sommes ; j'ai perdu les notions de temps et d'espace depuis que je suis arrivée dans cette région mystique du Touva, près des montagnes du Saïan. La chamane diffuse sa fumigation autour de la pièce et marmonne toujours pendant que je ferme peu à peu les yeux. Elle finit par s'asseoir et jeter du lait en direction du foyer, avant de parler à Yelena, qui m'explique qu'elle va entrer en connexion avec les esprits qui la guident à l'aide de son tambour. La chamane s'empare alors d'une harpe de bouche et la fait vibrer un instant pour appeler les esprits.

– Nathalie, je suis près de toi, ne bouge plus. Relaxe-toi et laisse-toi faire. N'aie pas peur, jamais, même quand la chamane entrera en transe, ne bouge pas, ne dis rien, je suis là…

Je regarde la chamane qui, agenouillée au sol, s'empare de son tambour et commence à le faire vibrer doucement en chantant. Je me sens troublée par le souvenir encore proche de Biret et de son tambour. Je ferme les yeux et tente de ne plus bouger, malgré le tabouret en bois inconfortable et dur comme de la pierre. Le bruit résonne violemment dans ma tête. La chamane, cette minuscule femme âgée, frappe son tambour de plus en plus violemment et le porte à bout de bras, tel un bouclier. Elle marmonne, chante, appelle les esprits, et une vague de frissons me parcourt le corps. Elle se lève et commence sa transe sous mes yeux : elle se mue en une sorte d'animal, mimant cris et sifflements aigus.

Tout à coup, Yelena se lève et la retient par l'arrière de son caftan pendant qu'elle ondule et frappe son tambour de plus en plus fort. Vacillant sur elle-même, à peine retenue par une Yelena stoïque et concentrée, elle s'arrête net et s'agenouille près du foyer en soulevant un bol de lait qu'elle offre au sol. Elle marmonne à nouveau et se redresse violemment en agitant son tambour dans les airs comme pour chasser un ennemi invisible. Je tremble de tout mon être et me retiens de m'enfuir.

La transe dure depuis une éternité, le temps semble suspendu à ce tambour immense et à une minuscule vieillarde qui s'est muée en une sorte de guerrière. En refermant les yeux, j'entrevois les flammes du foyer qui me font hurler de frayeur malgré moi. Yelena me prend la main, lâchant la chamane un court instant, me rassure et essuie mes joues larmoyantes du revers de sa main. Je suis moite et mon visage brûle. Mon rythme cardiaque semble s'être calé sur le son du tambour et s'emballe à chaque coup qui résonne dans la yourte. Je me sens partir et flotter dans les airs. J'agrippe mon tabouret de toutes mes forces et tente de garder mon calme. La chamane s'assoit brusquement et agite une sorte de crécelle en hurlant des voyelles. Elle semble interpeller un esprit et se battre avec lui.

D'un coup, le silence, plus violent encore que le bruit. La chamane tombe à genoux, Yelena la rattrape et l'aide à se rasseoir en la soutenant par les épaules. La tête de la sage dodeline et elle se dandine un moment avant de s'approcher de mon visage en aspirant un flux d'air rauque près de ma bouche. Elle crache, puis recommence. Je sens son haleine fétide qui me retourne aussitôt l'estomac. Je me détourne pour vomir et tremble de manière incontrôlée. Yelena me donne un verre d'eau que je recrache au sol immédiatement. La chamane a repris son tambour et le frappe à nouveau autour de moi. Je n'en peux plus, je me sens défaillir et glisse au sol avant d'être retenue par Yelena, qui m'aide à me réinstaller sur mon siège.

J'ai 21 ans, je veux vivre libre, heureuse, me marier, avoir des enfants, travailler et rentrer chez moi. Je veux retrouver Johannes, lui dire que je l'aime, que je ne partirai plus. Je veux une maison, une famille, et mon monde vient de s'écrouler.

– *Malyshka*, les esprits sont en colère parce qu'ils ne veulent pas que tu te libères de cette malédiction. Ils veulent être les maîtres du jeu, te soumettre à leur volonté et toi, tu les as accueillis dans ton cœur, dans ton ventre et dans ton âme. Ton âme est prisonnière de cette malédiction, *malyshka*. Regarde, tu as une marque au genou. C'est une brûlure qui reviendra sans cesse te dévorer la peau.

Je touche mon genou presque par réflexe : je n'ai aucune brûlure, je ne comprends rien. Yelena traduit toujours, mais son regard est devenu triste. Elle regarde la chamane et ne lâche plus ma main. D'ailleurs, nos mains sont trempées, gluantes, et je ressens une vive douleur au ventre et dans les reins. La chamane se lève et me force à boire du lait dans un bol qu'elle porte à ma bouche. Elle essuie mon visage et mes larmes de sa main rugueuse, puis se rassoit, épuisée.

– Il y a longtemps, très longtemps, *malyshka*, tu as trahi ta famille. Ton clan a péri sous les flammes et les lances. Le sang a coulé dans ton village, beaucoup coulé. Tu as trahi ton père et ta mère. Tu as trahi ton mari, son village, sa famille. Tu es maudite, Nathalie, tu as été maudite par ta caste. Un sorcier, un vieil homme de ton clan, t'a jeté une malédiction ! Et depuis, ton âme erre sur la Terre sans repos !

Elle se tait brusquement et semble s'être endormie, Yelena me prend par la main et me chuchote :

– Viens, laissons-la se reposer, rentrons…

Je me lève – mes jambes tremblent encore –, j'enfile mon manteau et ma chapka, et n'ai qu'une idée en tête : me laver, me réchauffer et m'enfuir. La chamane n'a pas bougé, elle semble dormir, recroquevillée comme une momie. Des frissons me traversent, l'air est lourd et chargé de sueur, de fumée âcre, de vodka et de vomi. Je veux seulement partir loin, rentrer chez moi.

Sur le chemin enneigé du retour, Yelena me tient par les épaules. Je ne pleure plus, je ne tremble plus, je me sens vide. En entrant dans notre yourte, je lui demande de m'aider à remplir le bac en zinc qui nous sert de baignoire d'eau chaude. Elle jette des bûches dans le poêle et nous prépare un thé. Je ressors chercher des seaux de neige près du ruisseau. Dans la nuit étoilée, une chouette hulule et un cri déchire l'air. Effrayée, j'attrape mes seaux et me mets à courir.

Yelena a mis l'énorme marmite à chauffer et nous alternons les seaux de neige et d'eau bouillante pour que je puisse m'immerger sans me brûler. Je me déshabille et m'assois nue dans le bac d'eau chaude. Yelena relève mes tresses en chignon et je me savonne frénétiquement. Ma peau brûle, devient rouge, je m'effondre en larmes.

– Pleure, Nathalie. Bois un peu de thé et pleure, pleure…

Je reste prostrée un moment avant que Yelena ne me rince à l'aide d'un seau d'eau tiède. Je décide de revêtir un pyjama en flanelle et des chaussettes pour aller m'allonger. Ma guide s'assoit près de moi et me tient toujours la main. Elle a lâché ses cheveux et plisse les yeux, ce qui lui donne un air de petite fille.

Je ne laisse jamais les gens s'approcher de moi. Jamais je ne montre de signe d'affection. Depuis la mort d'Alexia, je n'ai plus eu d'amitié profonde. J'ai l'impression que ma vie s'est arrêtée en 1980.

Le jour où le prêtre est venu baptiser mon petit frère, il a béni notre nouvelle maison, et je le revois parcourir les pièces avec son eau bénite. En mon for intérieur, aussi jeune que j'étais, je savais que c'était perdu d'avance. Une nuit de septembre, la maison a explosé. Seul mon père a été admis au service des grands brûlés ; fort heureusement, tout le reste de la famille était ailleurs cette nuit-là. Mais j'ai instantanément su que je devais fuir très loin. Depuis, j'ai pris de la distance avec mon ancienne vie et ai parcouru le monde sans me retourner.

Yelena me fait penser à une grande sœur : elle ne parle jamais d'elle ni de sa vie, me rassure, me guide, me soutient et me réconforte depuis notre rencontre à Moscou, comme si nous nous connaissions depuis toujours. Certes, je finance notre périple et notre séjour ici, mais elle a rempli son contrat des centaines de fois et a démontré sa véritable nature des milliers de petites fois. J'étouffe un sanglot et elle me prend dans ses bras.

– *Malyshka*, la chamane va chasser les esprits, fais-lui confiance…

– Pourquoi moi, Yelena ? Comment est-ce possible ? Une malédiction ? Quand ? Où ? Pourquoi ? Je voudrais comprendre, je suis perdue…

– Nous allons dormir. Demain, Galina nous apportera à manger et j'irai voir la chamane pour lui demander ce qu'elle compte faire. S'il faut rester ici un peu plus longtemps, nous le ferons.

Elle se lève et je m'enroule dans mon édredon afin de m'endormir. Le cauchemar ne m'a pas approchée depuis que nous sommes arrivés. Par contre, je dors toujours avec l'os d'aigle sous mon oreiller et je sens encore l'ombre d'un aigle planer au-dessus de moi. Je sombre doucement.

Lorsque j'ouvre les yeux au petit matin, il fait un temps épouvantable : une tempête de neige a englouti absolument tout le village. Je scrute par la fenêtre pour trouver un signe de vie mais, dehors, le blizzard balaie tout sur son passage. La maison est vide et silencieuse. Fort heureusement, la cuisinière chauffe et Yelena a déposé une théière sur la table avec un bol de *kama*, du beurre clarifié et du sucre. Je dévore la mixture de céréales avec une bonne rasade de beurre fondu et de sucre, et avale un thé en fumant une cigarette près de la fenêtre.

Nous sommes au mois de mars et je ne sais plus ce que je vais faire de ma vie. J'ai l'impression d'avoir reçu une sentence injuste et je ne comprends toujours pas ce que cette supposée malédiction a à faire avec mes cauchemars et cette mélancolie qui m'étreint parfois. Pourtant, je dois me rendre à l'évidence : depuis mon arrivée en Suède, je vis d'étranges déjà-vu et ressens une sorte de présence qui chemine à mes côtés. Une sorte d'alter ego invisible qui me scrute en permanence.

D'ailleurs, en rentrant à Göteborg, je suis allée voir un psychologue réputé. Monsieur Alfredsson et moi avons très vite sympathisé. Je suis allée dans son cabinet, inquiète et réticente, mais, à ma grande surprise, il n'a rien détecté de pathologique chez moi et a très vite abordé le sujet de la réincarnation, du karma, de la réminiscence de vies antérieures, et m'a ouverte à l'idée que la vie et la mort, dans nos cultures judéo-chrétiennes, nous empêchaient peut-être de voir au-delà de notre vision formatée. Il m'a parlé de contrats d'âmes, mais également de libre arbitre ; selon lui, la fatalité n'existe pas. Je voudrais tant être libérée et légère.

Yelena rentre alors que je suis perdue dans mes pensées. Elle sourit et se secoue pour retirer la neige qui la recouvre.

– Nathalie, j'ai invité la vieille Valentina à manger avec nous. Galina nous apporte le repas, aide-moi à dresser la table.

Elle a l'air tout excitée et a les yeux qui brillent, mais je ne sais pas qui est Valentina. Je débarrasse la table et range un peu la cuisine tandis qu'elle met le couvert comme si elle attendait un invité de marque. Elle dépose ensuite une bouteille d'*araka* et trois verres sur la table, et nous prépare du thé vert au lait selon la tradition.

Galina arrive, précédée d'une jeune adolescente que je n'ai encore jamais rencontrée. Elle pose une marmite de soupe de mouton sur le feu et des plats sur la table, puis nous salue et quitte la maison aussitôt, juste après m'avoir présenté sa fille, Ak-Kis, sur le pas de la porte. Je souris à cette dernière, qui baisse les yeux. Elle ressemble à son père, Igor, dont elle tire sa peau blanche.

– *Ak-Kis* veut dire « jeune fille à la peau claire » en touvain, me lance Yelena.

Je sens bien que j'intimide les gens ici, et surtout, qu'ils savent parfaitement pourquoi je suis parmi eux. Ils doivent me penser très malade.

Yelena s'affaire toujours autour de la table et me demande d'aller sur le pas de la porte, surveiller l'arrivée de Valentina.

– Mais, Yelena, qui est Valentina ? Je ne la connais pas !

– C'est la chamane, voyons !

– Mais, c'est la première fois que tu l'appelles par son prénom !

Elle me regarde avec un air surpris et me répond :

– C'est son prénom russe, elle ne l'aime pas !

Lorsque j'ouvre la porte, elle est là, emmitouflée dans un vieux manteau de peau, à moitié cachée sous une capuche en fourrure de renard roux. Je sursaute à sa vue et la laisse entrer sans dire un mot. Yelena se précipite pour lui prendre son manteau et lui baiser les mains. Je sens un grand respect entre elles et n'ose pas bouger. Valentina s'assoit sur le canapé en bois et me demande, d'un signe de la main, de m'installer près d'elle. Yelena nous apporte du thé au lait salé que je n'ose même pas refuser, de peur de m'attirer les foudres de la chamane ou d'un quelconque esprit.

– Comment vas-tu, *malyshka* ?

– Bien, merci. Yelena, dis-lui que j'ai beaucoup dormi !

– *Malyshka*, tu vas rester ici avec nous encore un peu, j'ai appelé l'esprit de l'ours.

Je reste silencieuse et pense à mes études avortées et à mon appartement vide à Göteborg.

– Yelena, demande-lui ce que je dois faire. Je ne peux pas rester ici indéfiniment… Et puis, je dois comprendre ce qui se passe ; je ne comprends pas ces histoires d'esprits et de malédiction, pourquoi moi ?!

La chamane me scrute de son regard fané. Pour la première fois, je sens sa bienveillance et l'étrange force qui émane d'elle.

– *Malyshka*, écoute bien : chez nous, les esprits régissent toute notre vie, de notre naissance à notre mort. Ce sont la nature et les animaux qui dictent la vie, ici. Leurs lois et celles des trois mondes sont plus puissantes que ta volonté propre. Je suis née près d'une rivière. Quand les Russes ont envahi notre camp, ils ont emmené ma mère, mon père ainsi que tout le reste de ma famille. Ils ont brûlé nos yourtes et nos animaux. Mon grand-père était chaman ; il a réussi à s'enfuir et m'a cachée dans la montagne avec quelques membres de notre camp. Quand il est mort, j'ai rêvé que la forêt était en feu pendant plusieurs jours. Dans mes songes, le feu dévorait tout. J'ai eu de la fièvre tout du long et ai failli mourir. Et puis, un matin, mon grand-père m'est apparu et m'a confié que je devais à présent guérir et parler aux esprits. En me réveillant, mes yeux étaient « brûlés » et j'ai commencé à voir lesdits esprits. J'étais très jeune, et pourtant, j'ai compris que je devais partir seule dans la forêt et apprendre à parler aux entités : mon tour était venu d'être chamane ! Là-bas, dans la forêt, j'ai prié les esprits. J'ai appelé mon grand-père pour qu'il me guide, mais je me suis retrouvée seule durant plusieurs jours. Puis, l'esprit de mon grand-père m'est apparu durant plusieurs rêves ; de son bec, il me dévorait les yeux, nuit après nuit. Sans ces derniers, j'ai dû apprendre à me débrouiller seule avec les plantes et à communiquer avec les esprits. Puis, j'ai commencé à construire le tambour que tu as vu.

Mon grand-père est revenu me dire de continuer sur cette voie et qu'il veillerait toujours sur moi, et il est parti. Son esprit, l'aigle, m'a guidée et me guide toujours depuis. Un matin, j'ai trouvé un aigle mort ; j'ai fabriqué ma coiffe avec sa carcasse. Les Russes nous interdisaient de pratiquer nos médecines traditionnelles, mais les gens ont commencé à venir me voir dans la forêt, en cachette. Le temps a passé et les Russes ont cessé leur guerre contre nous, mais j'ai continué ma pratique dans l'ombre de nos vieilles montagnes.

Je suis tout aussi absorbée et fascinée par les paroles de la chamane, que Yelena traduit mot à mot, que je suis dans l'incompréhension. J'essaie d'imaginer une adolescente perdue dans la forêt, en train de parler à des esprits invisibles et à un grand-père décédé, et me sens complètement déboussolée. Pourtant, moi aussi, je ressens qu'un aigle veille sur moi. D'ailleurs, l'os de Biret ne me quitte pas.

Yelena se lève et nous invite à table. Curieusement, j'ai faim et le repas me redonne du courage. La chamane me regarde manger et sourit. À la fin, je m'assois près de la fenêtre pour fumer une cigarette. Yelena, qui discute avec Valentina, me demande de lui en allumer une. La chamane prend la cigarette dans sa bouche édentée et sourit à nouveau de plaisir. Nous trinquons avec quatre verres d'*araka* – la chamane en a jeté un au sol, pour les esprits.

– *Malyshka*, d'ici quelques jours, lorsque la tempête aura cessé, tu me suivras seule, sans Yelena. Tu dois apprendre à te libérer.

– Mais je ne vais rien comprendre !

Je supplie Yelena du regard afin qu'elle ne me laisse pas seule, mais la chamane est intraitable :

– Les esprits l'ont décidé !

Je reste silencieuse. Je n'ai toujours pas de réponses à mes questionnements. Nous sommes au mois de mars et j'ai l'impression de vivre dans une autre dimension. Parfois, j'ai peur de devenir folle, alors j'essaie de combattre mes doutes et d'écouter la chamane. Pourtant, ma vie, mes croyances, mes peurs, mes rêves et mes interrogations ont été balayés par une parole folle et implacable : je suis maudite !

Igor nous apporte quotidiennement de quoi manger, mais nous voyons peu de monde. Le temps s'est enfin calmé et l'air s'est un peu radouci. Un matin, notre chauffeur me demande de le suivre. Je jette un œil à Yelena, qui me rassure d'un regard, et le suis jusque chez Valentina. Une fois que nous sommes arrivés devant la yourte, il tourne les talons et disparaît aussi sec.

Valentina est assise près du feu et m'invite de la main à m'asseoir près d'elle. Elle expose une poche de champignons secs et de tabac, qu'elle broie consciencieusement sur un tabouret avec une grosse pierre de rivière polie par le temps. Elle m'offre aussitôt un verre de thé qu'elle m'invite à déverser au sol. Je jette le contenu près du feu et, à son tour, elle offre un verre de lait aux esprits.

– Allonge-toi !

Elle parle une langue qui n'est pas du russe et me demande de m'allonger sous des peaux en me guidant de la main. Soudain, elle glisse une boule de poudre dans ma bouche, que j'essaie de recracher, mais elle me calme doucement en me tendant un verre d'eau. J'avale finalement la poudre et bois l'eau d'un trait en tremblant de tout mon corps. L'amertume du mélange me saisit aussitôt.

Valentina a enfilé son manteau et sa coiffe et elle commence lentement à frapper sur son tambour. Je suis tellement tétanisée de peur que je n'ose plus bouger. L'instrument m'étourdit et j'entends mon rythme cardiaque s'affoler au fond de ma gorge. Peu à peu, le feu me monte aux joues et la nausée m'étreint. Je me redresse brusquement pour vomir, tremblante de panique. La chamane me tend à nouveau un verre d'eau, mais je suis incapable de l'avaler et refuse de m'allonger. Elle continue de frapper son tambour de plus en plus violemment et annone un chant guttural effrayant.

Tout tourne autour de moi. Je refuse de m'allonger, mais suis terrassée par une force invisible. Je me laisse sombrer sans pouvoir réagir, la bouche et le corps anesthésiés. Je ferme les yeux et le sol semble se mouvoir comme un serpent. Je me noie dans des sables mouvants. La chamane continue à battre son satané tambour, mais je ne suis plus tout à fait là. Je l'entends rugir, cracher, frapper l'instrument avec une force surnaturelle, puis s'arrêter d'un coup en respirant bruyamment.

Je voudrais ouvrir les yeux, mais je suis allongée dans la neige et au-dessus de moi plane un aigle doré. Je n'attends plus qu'il me soulève dans les airs à l'aide de ses griffes pour m'emporter loin d'ici. Je voudrais serrer mon os d'aigle, mais mes mains volent au-dessus de moi comme des ailes de papillon. Je n'entends plus rien, tout est brouillé, étouffé, j'entends mon cœur battre comme une caisse claire et le temps et l'espace, devenus une matière visqueuse, semblent soudain me glisser entre les doigts.

Je respire bruyamment, comme pour emmagasiner tout l'air environnant, mais tout est fluide et difforme, et je n'arrive pas à attraper l'air. Je sombre au milieu d'un brasier, mes cheveux brûlent et je n'entends plus que le sifflement des flammes autour de moi. Mes mains ne peuvent plus rien pour moi, elles ont disparu… Et soudain, face à moi, un immense ours brun m'arrache aux flammes en m'enveloppant de son pelage. Je regarde une dernière fois le feu qui dévore tout. Assis sur une pierre, un très vieil homme me regarde. Il a des yeux d'un bleu métallique, tels des poignards, et hurle des mots que je ne comprends pas.

Bientôt, je suis au sol ; la morsure de la neige apaise ma douleur et je sombre doucement. Mais un œil, l'œil, m'observe silencieusement. Je hurle et bondis comme un diable hors de sa boîte. Mes jambes ne me portent plus et je m'effondre au sol, ivre d'épuisement et de peur. La chamane me tient la tête, les bras, et me souffle doucement des paroles incompréhensibles. De la bave coule de mes lèvres. Valentina porte à ma bouche du thé bouillant salé, que je recrache avec violence.

Elle me couvre de peaux et me laisse sombrer dans un sommeil peuplé de hurlements.

Il fait jour quand la fumée de genièvre me titille à nouveau les narines. J'ai si peur d'ouvrir les yeux que je me force à les garder clos alors qu'une nausée irrépressible m'extirpe de mon abîme. Je n'ai même pas le temps de me lever que je vomis déjà à en perdre la respiration. Valentina me tient la tête pendant que je vomis dans un seau qu'elle m'a mis sous le nez, puis je fonds en larmes, d'épuisement, de rage, de lassitude et de peur. Je veux sortir de cette yourte hideuse, me doucher sous l'eau durant des heures, me tartiner le visage de la crème à la fleur d'oranger que j'ai laissée sur le rebord de l'évier, en Suède. Je veux courir la ville, couper mes cheveux emmêlés, retrouver mes amis, rire, danser et oublier ce cauchemar.

Valentina est en train de me servir un verre de thé au lait salé, mais je me lève en lui hurlant un « non ! Pas de thé salé, plus jamais ! » en français, qu'elle doit comprendre parce qu'elle repose le verre et s'assoit près de moi.

– *Malyshka*…

– Non, je m'appelle Nathalie ! Je veux rentrer chez moi, je veux rentrer tout de suite ! Je veux voir Yelena !

Elle ne bouge pas. Je me lève pour prendre mon manteau et ma chapka ; mes jambes tremblent et je suis trempée. Elle me tend un sachet d'herbes et me fait comprendre, d'un geste de la main, que je dois le boire.

– Non, je ne veux plus vomir, je veux rentrer…

Je quitte la yourte sans me retourner. Je titube un instant avant de reprendre mon souffle. Dehors, la lumière du soleil me surprend et m'apaise. Je décide d'aller marcher près de la rivière, dont le débit semble s'être décuplé ; le printemps n'est peut-être pas loin… Je me lave le visage avec l'eau glacée du cours d'eau quand j'entends des pas craquer dans la neige. Ak-Kis est debout derrière moi, deux seaux à la main, et me sourit timidement. Je me lève et la salue en français.

– Tu veux de l'aide avec les seaux ?

Évidemment, elle ne comprend pas et me regarde en secouant la tête. Je lui prends un seau des mains et le remplis aussitôt. Elle remplit le sien et nous marchons silencieusement, côte à côte, jusqu'à sa yourte. Galina est en train de nettoyer des tripes de moutons dans une bassine et sourit en nous voyant. Je dépose le seau et file vers ma cabane en les saluant en français.

Lorsque je rentre, Igor et Yelena sont en pleine discussion autour d'un thé noir ; ils s'arrêtent de parler en me voyant.

– Ça va, Nathalie ? Tu es toute pâle, viens boire un thé sucré près du feu !

Le thé me réconforte aussitôt et je reprends quelques couleurs à la chaleur de la cuisinière. Igor se lève et nous laisse. Yelena s'inquiète de mon état :

– Comment vas-tu ? Tu as l'air épuisée.

– Yelena, je veux rentrer, je ne veux plus jamais entendre parler de toutes ces histoires de malédiction et de chamane. Je vais mourir si je reste ici.

– Qu'est ce qui s'est passé ?

– J'ai failli mourir empoisonnée, j'ai vraiment cru que j'allais y passer.

Elle m'écoute en silence et hoche la tête pensivement.

– Je ne peux pas te retenir ici et je comprends que tu veuilles rentrer, mais laisse-moi te raconter quelque chose. Lorsque ma mère est arrivée ici avec Gavril, mon frère malade, Valentina n'avait pas le droit de soigner les gens, elle vivait dans la forêt avec d'autres nomades. Après que les Russes ont interdit aux chamans de pratiquer et qu'ils les ont fait fuir ou les ont persécutés et enfermés dans des goulags, c'est l'un des nôtres, revenu du goulag, qui avait entendu parler du grand-père de Valentina. Il disait que sa petite-fille avait hérité de l'esprit de l'aigle et qu'elle avait plus de pouvoirs que tous les popes, les prêtres ou les médecins réunis. Mon frère ne voulait plus vivre, personne ne savait pourquoi ; un jour, il s'est couché et a décidé d'attendre que les esprits viennent le chercher. Ma mère a tout essayé, mais nos chamans ne pouvaient rien pour lui, alors elle a décidé de faire ce grand voyage avec lui. Ce fut dur et dangereux, mais elle était sûre que Valentina le sauverait. Lorsqu'il est arrivé ici, il était si maigre qu'il ne faisait plus que dormir. Ma mère a supplié Valentina de lui venir en aide. Elle l'a laissé dans la forêt, dans la yourte de Valentina, et c'est le père de Galina qui l'a hébergée pendant ce temps. Un jour, ma mère a vu Gavril revenir ; il marchait droit et souriait. Il n'a jamais dit un mot de ce qui s'était passé mais, en rentrant chez nous, il a décidé de racheter des bêtes et s'est mis à travailler en tant qu'éleveur. Désormais, il vit heureux, entouré de sa femme et de ses enfants. Depuis, je viens voir Valentina, Igor et sa famille dès que je le peux ; ils sont devenus ma deuxième famille et j'ai une foi et une reconnaissance toute particulière et éternelle envers Valentina… Tu sais, nous l'appelons « celle qui guérit les âmes perdues »…

Je regarde Yelena et me rends compte que, pour elle, il n'y a aucun doute : la chamane a le don de guérir. Cependant, je ne comprends pas ce qu'elle peut faire pour moi. Si seulement je comprenais cette histoire de « malédiction »…

– Yelena, je ne doute pas que Valentina puisse soigner et je ne doute en aucun cas de toi. Je ne comprends juste pas ce qui m'arrive et surtout ce que la chamane me fait depuis que je suis arrivée. À part être malade, vomir et avoir peur, je ne ressens aucun changement… Pourquoi est-ce que moi, née en 1964, je serais porteuse de la malédiction d'un autre temps ? Chez moi, on ne croit pas aux malédictions : Dieu ne saurait permettre une chose pareille ! Ce voyage était une erreur, je suis désolée !

Yelena possède véritablement le don de la patience et de l'écoute, et je me sens coupable de lui faire supporter mes doutes et agacements.

– Nathalie, je sais que tu as peur et que tu n'étais peut-être pas prête pour ce voyage – tu es si jeune –, mais je sais aussi que tu as fait ce voyage pour une bonne raison et pas du tout par erreur. Personne ne vient ici sans raison ou par erreur ; tu as été guidée par Biret, certes, mais également par une force invisible bien plus puissante que ce que tu peux imaginer. Dans ton pays et ta culture, on ne t'a pas appris à reconnaître les signes des esprits ; cependant, la chamane m'a dit que tu avais malgré tout le don « de voir et de sentir », mais que tu en avais peur. Elle m'a précisé qu'un jour, tu comprendras, si seulement tu acceptes la vie et le chemin qui t'ont été confiés ici et maintenant, et que tu oses te libérer de ce qui ne t'appartient plus ou pas. Alors, tu seras libre.

– Hier soir, j'ai vu des choses horribles et j'ai cru que j'allais mourir. Valentina m'a fait avaler une poudre de champignon et c'était vraiment terrible. Jamais, tu m'entends, jamais je ne prendrai de drogue, parce que ça me rendrait malade. Je l'ai toujours su au fond de moi.

– Valentina était obligée d'ouvrir ton esprit ; elle t'a donné de la poudre d'*Amanita muscaria* que les chamans utilisent parfois pour accéder aux esprits. Elle m'a dit que tu étais tellement ancrée dans cette autre vie qu'il fallait ouvrir les frontières du passé et t'aider à voir par toi-même…

Je fonds en larmes.

– C'est quoi l'*Amanita muscaria* ?

– Un champignon rouge à taches blanches qui pousse dans la forêt.

– Mais c'est un champignon toxique ! Elle aurait pu me tuer !

J'entends encore les paroles de ma maîtresse d'école en forêt : « Celui-ci, les enfants, n'y touchez surtout pas ! Un minuscule bout suffirait à nous foudroyer sur place. » Je reste muette de stupeur et de colère : comment a-t-elle pu me faire avaler de l'amanite tue-mouches, ce champignon toxique ?

– Nathalie, les chamans utilisent ce champignon depuis la nuit des temps. Valentina avait besoin de te faire traverser l'espace-temps et surtout de t'ouvrir les portes d'un monde auquel tu n'aurais pas eu accès autrement. Il le fallait. Dis-moi ce que tu as vu, raconte-moi.

– Je suis épuisée, est-ce qu'on peut en reparler demain ? Je voudrais dormir, mais reste près de moi, j'ai peur. Tu sais, j'ai vu l'œil, il était là.

– Ma petite Nathalie, je reste là, promis. Va te coucher et repose-toi…

Johannes me manque tellement… Tout à coup, je me dis que j'ai fui et que l'on m'a punie. C'est ça, je suis punie de fuir les gens sans arrêt. Ou peut-être que je fuis parce que l'on m'a punie ? Je sombre, au fond de la Sibérie, dans un lit d'un autre temps, sous une peau de mouton, épuisée, pleine de larmes, de peur, de nausées et d'incompréhension.

Quand Yelena me réveille avec un thé fumant, j'apprends que je dors depuis dix-huit heures. Je ne me souviens de rien, si ce n'est d'un long voyage embrumé. Je me lève pour boire mon thé, mais mes jambes ne me portent plus. Yelena s'assoit près de moi et me demande comment je me sens. J'ai envie de lui dire que je ne sens plus rien, ni mes jambes ni ma tête, mais j'ai peur qu'elle n'appelle la chamane et me ravise donc aussitôt.

– Yelena, que dois-je faire maintenant, qu'est-ce qu'on fait ?

– J'ai vu Valentina. Nous allons rester encore une ou deux semaines ici : elle veut t'emmener près d'une source d'eau chaude sacrée et secrète. Elle m'a dit que tu étais protégée quoi qu'il arrive, que quelqu'un veillait sur toi.

– Est-ce un homme qui me protège ?

– Non, c'est une femme, une de tes ancêtres.

– C'est étrange, j'ai toujours pensé que mon grand-père maternel me protégeait de là-haut. Tu sais, il est mort lorsque j'étais enfant, je l'aimais beaucoup.

– Valentina m'a beaucoup parlé. Elle m'a dit que tu étais une âme très forte, mais que tu avais beaucoup, beaucoup voyagé, durant de nombreuses vies, beaucoup appris aussi, et beaucoup souffert, mais que tu t'étais enchaînée à cette liberté, à ce mouvement perpétuel, comme si tu ne savais plus comment t'arrêter. Tu as une connexion particulière à la terre, mais tu dois apprendre à t'ancrer. Tu as perdu tes racines. Enfin, elle a dit que tu avais choisi, accepté de revivre cette malédiction dans cette vie, comme si tu voulais tout réexpérimenter pour t'en débarrasser à jamais. Une façon d'expier, de te faire pardonner. L'esprit du sorcier qui t'a maudite ne veut pas que l'on interfère. La chamane m'a dit qu'elle ne ferait rien sans ta permission, mais elle veut te revoir très vite pour aller dans la forêt ; le temps est bien meilleur et je serai avec toi.

– Plus de poison, c'est promis ?

– Non, plus de poison, je te le promets !

Elle sourit et m'embrasse sur le front. J'ai envie de me laver, de me couper les cheveux et de manger. Yelena accueille cela comme une bonne nouvelle et file me chercher de l'eau pendant que je sors un fuseau de ski propre et un gros pull norvégien en laine de ma valise, ainsi que des ciseaux pour mes cheveux. Lorsque ma guide entre avec ses seaux, elle émet un cri de surprise :

– Mais, Nathalie, pourquoi as-tu coupé tes beaux cheveux ?

Je la regarde un peu surprise et lui souris.

– C'est beau, non ?

– Oh, *malyshka*, tu avais de si beaux cheveux, pourquoi ?

Je les ai coupés sous les épaules et Yelena se précipite au sol pour ramasser ma tresse. Elle ajoute :

– Oui, c'est très joli, mais pourquoi as-tu fait ça ?

– Parce que j'ai besoin de me sentir légère, Yelena, tout a été si lourd sur mes épaules ces derniers temps…

Depuis toujours, j'ai ce besoin impérieux de couper, de m'alléger de tout, de trancher dans le vif sans me retourner et, en regardant Yelena, je prends conscience de ce que je m'inflige.

– Ils repousseront, ça va leur faire du bien !

Je m'assois dans la baignoire en zinc et réalise combien j'ai maigri. Yelena me verse de l'eau dessus et je respire un grand coup.

– Nathalie, tu as trop maigri, tu dois manger.

– Rien ne passe, tu sais bien…

– Valentina m'a dit que tu t'interdisais de vivre, comme pour te punir. Elle veut que tu saches que tu n'es coupable de rien : tu as accepté cette malédiction par culpabilité mais, en réalité, rien n'était de ta faute.

– Je ne comprends rien à cette malédiction. Dépêche-toi, j'ai froid et j'ai envie de manger mon bol de *kama*.

Elle verse le dernier chaudron d'eau chaude pour me rincer et me lance :

– Tu ressembles à une petite adolescente, c'est fou !

– Arrête ! Je sais, on dirait une gamine. J'entends ça tout le temps et ça m'agace !

Elle sourit et m'enveloppe d'un drap de coton. Le bol de farine de millet toasté et arrosé de beurre fondu et de sucre me rend heureuse. Yelena ajoute du thé noir au lait par-dessus et j'avale mon *kama* avec délectation. J'allume ensuite une cigarette et décide d'écrire quelques notes dans mon cahier pendant que Yelena, qui travaille comme guide à Moscou, continue d'étudier le français et la littérature. Elle veut devenir professeure de français et profite de ma présence pour se perfectionner.

La nuit est tombée et le silence aussi. Depuis que j'ai vécu en Laponie, ce dernier ne me fait plus peur. Ici, il est peuplé de craquements, des chuintements des bûches qui se meurent dans le poêle, de vols d'oiseaux, de hululements, de cris d'animaux sauvages et des aboiements des chiens et cela me réconforte. En ville, le silence m'effraie.

Yelena est perdue dans son roman. Les flammes des bougies dansent sur les murs de notre cabane et je m'endors tout habillée en plongeant le nez dans mon carnet de voyage. Le mois de mars s'étire sans fin, nous avons pris la décision de rester encore deux semaines. Valentina est venue m'apporter un thé. Je ne pose plus de questions et bois le breuvage amer sans broncher. J'essaie de me concentrer sur les raisons de mon voyage ici. Mes cauchemars ont étrangement cessé. Quand je vois l'aigle au-dessus du village, je souris, en paix.

Un matin, Valentina arrive couverte de son manteau et de sa coiffe. Elle m'observe pendant que je me lave et m'habille chaudement en vue de notre départ pour les sources d'eau chaude.

– *Malyshka*, que t'est-il arrivé lorsque tu étais plus jeune ?

Je regarde Yelena sans comprendre. Elle explique à Valentina que je ne comprends pas sa question. La chamane explicite :

– Tu as vécu des événements violents lorsque tu étais adolescente. Tu as revécu des événements de ta vie d'avant. Tes cauchemars ne sont que des avertissements. Cet œil que tu vois est comme un messager de l'éveil de ta capacité à voir et à sentir les choses.

Je sors de la baignoire en zinc et me couvre afin d'arrêter les tremblements de froid et de peur qui s'emparent de moi. La chamane me scrute toujours de ses yeux plissés qui voient si peu le jour. Pourtant, je sais qu'elle voit dans le passé.

– Valentina, les esprits t'ont pris tes yeux pour que tu puisses voir le passé ?

Un sourire fend son visage et, malgré cette bouche presque édentée, je la trouve belle et commence à la comprendre. Igor arrive sur son cheval mongol et Yelena m'explique alors que nous utiliserons ce moyen de transport pour atteindre les sources ; à pied, la neige nous retarderait et épuiserait Valentina. Notre chauffeur a harnaché deux autres chevaux pour Yelena et moi, tandis que Valentina monte le premier avec une aisance qui me saisit. Je suis tellement heureuse que j'embrasse aussitôt mon cheval une fois installée sur l'étrange selle et empoigne les rênes courtes et la longe sur le côté pour le diriger. Yelena me côtoie et me rassure d'un sourire.

– Ça va, tu n'as pas peur ?

– Non, je suis si heureuse de remonter sur un cheval ! Mais dans cette neige, c'est si étrange pour moi !

Je ne suis pas remontée sur un cheval depuis le Mexique, et jamais sur un manteau de neige aussi épais. Nous quittons le camp et traversons la petite rivière – désormais découverte de son manteau neigeux – en direction des montagnes et de la forêt.

– *Malyshka*, regarde, l'esprit de l'aigle te suit…

Je lève les yeux vers le ciel : dans l'immensité de l'azur, un aigle tournoie doucement, sans bruit, au-dessus de nous. Le paysage est à couper le souffle : les monts Saïan enneigés, la rivière et les barres rocheuses rythment notre procession. Tout à coup, Valentina pointe le doigt en direction d'une forêt de conifères. Elle entame un chant guttural, étrange. Des frissons me parcourent le corps. Elle est assise en biais derrière Igor et chante en se dandinant au rythme du cheval. Elle entrecoupe son chant de cris de rapace qui me font sursauter. Je regarde le paysage en écoutant Valentina et me dis qu'un jour, je comprendrai le sens de ma vie. Un jour.

Nous nous sommes enfoncés dans la forêt en longeant la rivière depuis peu quand Igor siffle et s'arrête en parlant à Yelena.

– Nathalie, c'est là que nous passerons la nuit.

Pendant que nous déchargeons nos sacs et paquetages, Igor monte une hutte faite de branchages et de peaux de rennes. Il coupe à la hache de jeunes troncs qu'il assemble. Je l'observe en silence. Yelena prépare un feu avec des pierres de rivière et des bûchettes séchées qu'elle sort d'un sac, et Valentina se met aussitôt à préparer un thé au lait dans une bouilloire d'un autre temps. La neige a été balayée et le sol recouvert de branches et de peaux.

Igor a attaché les troncs à même un arbre immense et est en train de les recouvrir de branches au fur et à mesure. Je l'observe faire quand il me fait signe de l'aider en me montrant les peaux et la toile qu'il a déposées au sol. Il me demande de déposer les peaux à l'intérieur.

Lorsque je rentre dans la hutte, je suis happée par un sentiment de déjà-vu puissant et presque réconfortant. C'est si grand que je reste ébahie un instant. J'ai l'impression d'avoir déjà vécu sous une hutte semblable autrefois. J'étale ma cargaison au sol et m'allonge sur l'une des peaux.

– Nathalie, tu vas bien ?

J'ouvre les yeux : Yelena se tient accroupie devant l'entrée.

– Yelena, j'ai vécu dans une hutte comme celle-ci autrefois, j'en suis certaine…

Elle sourit et s'allonge près de moi.

– Tu penses qu'il est possible d'avoir vécu d'autres vies et de s'en souvenir ?

– C'est possible, Nathalie, et c'est ce qu'il t'arrive en ce moment.

– Tu ne doutes jamais ?

– Non, le doute est un mauvais esprit, je ne le laisse pas rentrer chez moi. Et puis, nous, nomades, nous ne nous posons jamais ce genre de questions !

Je la regarde ; elle a l'air si à l'aise dans la vie, si calme et sereine…

– Valentina a fait du thé.

– Oh non, Yelena, pitié, plus de thé au sel pour moi, je t'en supplie !

– Allez, viens, je vais te faire un thé sucré…

À l'extérieur, le jour est en train de tomber. Igor a recouvert la hutte d'une épaisse bâche en coton et est assis autour du feu avec Valentina.

– *Malyshka*, penses-tu que l'on sera au chaud dans ce tipi ?

– Oui, on sera au chaud, j'en suis sûre !

Les chevaux se mettent soudain à hennir et à frapper le sol de leurs sabots. Igor se lève, armé de son fusil, et part dans la forêt.

– Tu crois qu'il y a quelqu'un ? demandé-je à ma guide.

– Non, ce doit être un lynx, un loup ou un ours.

Elle sourit en buvant son thé. Valentina, elle, n'a pas bougé : elle regarde le feu et semble s'être endormie. Igor revient sans un mot, avale une gorgée de vodka et nous tend la bouteille. Yelena nous en sert une rasade dans nos tasses et nous avalons l'alcool d'un trait. Valentina en jette une goutte vers le feu et retend sa tasse à Igor. Elle se remet à chanter et nous restons assis en silence, les yeux rivés sur le feu, en l'écoutant religieusement. Ce chant diphonique me plonge dans une sorte de torpeur et je me laisse porter par ses sons envoûtants. Yelena fixe le brasier qui crépite. Je me dis que ce sont des gens de peu de mots, mais d'une immense humanité.

Alors que je regarde le ciel, une étoile filante traverse l'obscurité : je ferme les yeux pour faire un vœu. La nuit dans le tipi est glaciale, Igor ronfle bruyamment et je reste éveillée longtemps avant de tomber dans un trou noir, ce qui me fait sursauter avant de me laisser me rendormir jusqu'au petit matin. Quand j'ouvre les yeux, je me dis que mon voyage arrive bientôt à sa fin et mon cœur se serre brutalement. Valentina et Igor sont déjà dehors. Yelena me regarde m'éveiller en souriant.

– Yelena, vous allez me manquer…

– Oh, un jour je viendrai te voir et tu reviendras peut-être aussi ?

– Tu sais, je n'aime pas revenir sur mes pas. Quand je pars, je pleure toujours, alors j'ai pris l'habitude de ne pas me retourner. Tu ne m'en voudras pas ?

– Tu seras toujours dans mon cœur et, quand tu verras Biret, tu l'embrasseras en pensant à moi. Allez, levons-nous, c'est un grand jour pour toi.

La journée est claire et ensoleillée. J'ai perdu l'habitude de voir le soleil et me sens inondée de bonheur. Igor est déjà affairé auprès des chevaux et Valentina nous accueille, avec un sourire radieux, autour d'un thé.

– *Malyshka*, tu es prête ? Nous allons déposer des offrandes aux esprits, puis nous irons dans la forêt, près de la source chaude, demander aux esprits à ce qu'ils veillent sur toi.

– Pourquoi suis-je née avec cette malédiction, Valentina ? C'est injuste, je n'ai rien fait de mal.

– Quand ce sorcier t'a maudite, ce n'était pas toi qu'il maudissait, mais le fait qu'il n'aurait plus le pouvoir sur ton clan. Tu étais l'unique survivante. Il t'a maudite et tu l'as accepté. Tu avais le droit de refuser cette malédiction, mais tu l'as acceptée parce que tu étais brisée par le chagrin. Il t'a dit que tu n'aurais plus le droit d'être mère, d'être mariée ou de posséder quoi que ce soit, et tu l'as cru parce que tu pensais que tout le monde était mort à cause de toi. Néanmoins, ce n'était pas à cause de toi, mais bien à cause de guerres fratricides et tu as fui, emportant avec toi cette malédiction. Depuis, tu erres autour de la Terre. À présent, tu as le choix : vivre ta vie ou continuer à perpétuer cette malédiction. Les mauvais esprits sont terribles, tu sais. Si on leur ouvre la porte de notre cœur et de notre âme, ils nous dévorent sans pitié ! Lorsque tu seras prête, tu comprendras. Si tu poursuis ton errance, tu revivras un à un tous les mots que ce sorcier a proférés à ton encontre. En attendant, je vais appeler l'esprit qui te protège. Il s'agit d'une femme, de l'une de tes ancêtres, et elle veille déjà sur toi depuis longtemps, mais tu dois accepter son aide, sinon tu seras perdue à jamais ! Allons, partons, il est déjà tard.

Yelena me serre la main et nous nous levons. Nos sacs sont remplis de vodka, de thé, de lait fermenté et de *kurut*. Nous quittons le camp et nous enfonçons dans la forêt.

– Igor ne vient pas avec nous, Yelena ?

– Non, il reste au camp pour surveiller les chevaux, nous n'allons qu'à quelques mètres d'ici.

Je suis les deux femmes en regardant le ciel avec l'espoir d'apercevoir l'aigle… Les mots de Valentina résonnent à chacun de mes pas et plongent mon cœur dans un abîme d'incompréhension, d'impuissance et de rage. Et si je n'arrivais pas à me libérer de tout cela ?

Au détour d'un immense sapin, un bloc de rochers arrête nos pas. J'entends l'écoulement d'une source et d'étranges vapeurs envahissent l'air. Valentina s'arrête et nous désigne un monticule de pierres recouvert de cornes, de plumes et de bouts de tissus. Nous posons nos sacs à terre. Ici, la neige est moins dense et a totalement disparu par endroits.

– C'est ici. Valentina va faire des offrandes aux esprits. Ce tas de pierres est un *ovoo*, un monticule de pierres sacrées. La chamane est la seule à connaître cet endroit et personne n'est jamais venu ici à part ceux qui vivent au village et moi-même… Tu vas nous suivre et tourner trois fois autour de l'*ovoo*. Nous allons offrir du lait, de la vodka et de la nourriture aux esprits. Tu accrocheras ton écharpe aux pierres pour demander la bénédiction de ces esprits. Ensuite, nous irons nous baigner dans l'eau chaude. Cette source est magique. Remercie également ton ancêtre de t'avoir guidée jusqu'ici. Tu sais, Valentina est la dernière à pratiquer en cachette dans la montagne, depuis que les communistes ont interdit aux chamans de soigner et que ces derniers ont presque tous disparu. Je sais que ta venue ici est un bon présage ; tu es protégée, Nathalie, ne l'oublie jamais. Même si tu venais à vivre des drames, tu serais toujours protégée. Par contre, ne parle jamais de ce voyage à quiconque, surtout pas ici, à notre retour. Valentina pourrait être arrêtée, tu comprends ?

La chamane est déjà devant le monticule de pierres, à marmonner des incantations et à verser du lait. Yelena me guide près d'elle et nous déposons nos offrandes en remerciant les esprits, à genoux, face contre terre. Je me sens soudain détachée du temps et de ma vie occidentale ; le moment solennel et sacré m'étreint la poitrine dans un éclair puissant. Je me mets à pleurer en silence devant la beauté du lieu et de l'instant. Valentina, également agenouillée, agite sa crécelle et baise les pieds du monticule en récitant des syllabes et des mots venus d'un autre temps.

– Nathalie, suis-moi, nous allons nous baigner. L'eau est très chaude, n'aie pas peur !

Elle se déshabille complètement et me demande d'en faire autant avant de plonger doucement dans une vasque profonde et bouillante de la source. Je tremble du choc thermique, mais me laisse sombrer dans un profond bien-être. Valentina m'offre un verre d'eau, que je bois d'un trait, puis verse de l'eau sur mes cheveux en chantant doucement.

– *Malyshka*, les esprits te protègent, ton retour sera préservé et si tu dois traverser des déserts et des peines dans ta vie, demande de l'aide. N'oublie jamais : bientôt, j'irai rejoindre mes ancêtres, mais les esprits, eux, seront toujours là. N'aie jamais peur de demander. Tu es protégée, ton cauchemar va disparaître, il ne te sert plus à rien désormais.

Il t'a guidée jusqu'à moi. À présent, tu es libre de choisir ton chemin. Si toutefois tu venais à tout perdre et que l'œil revenait, tu possèdes l'essentiel en toi : la sagesse de la nature, l'instinct du guerrier et l'esprit de l'aigle au-dessus de toi. Tu survivras toujours d'herbes sauvages, de thé au lait et de *kama*... Et l'ours sera toujours là pour guider tes pas, ne l'oublie jamais...

Je sens la présence de cet ours depuis toujours ; il me tient la main dans mes rêves et chemine en silence à mes côtés, peu importe qui il est en réalité... Je ferme les yeux et serre la main de Yelena, sous l'eau, dans une communion silencieuse.

Autour de la vasque, les arbres arborent de magistrales sculptures de glace et les volutes de vapeur rendent le lieu magique et puissant. Je ne vivrai plus jamais un tel instant, je ne reverrai plus jamais la vieille chamane, mais elle vivra pour toujours dans mon cœur et dans le silence de ma mémoire. Très vite, je me laisse sombrer dans une léthargie que rien ne peut troubler. J'écoute le chant de Valentina et des larmes de paix coulent doucement le long de mes joues. Le village me paraît très bruyant à notre retour : des enfants curieux nous suivent en courant, des chevaux s'agitent et des chiens hurlent sur notre passage.

Les jours suivants passent à une vitesse folle, comme si le printemps voulait tout renverser d'un coup.

Nous nettoyons la cabane de fond en comble et partageons nos repas avec la famille d'Igor. Je sens l'approche du départ me serrer le cœur et me partager entre l'envie de reprendre le cours de ma vie et le fait de savoir que je ne reverrai certainement jamais ce village ni ses habitants.

Je décide de donner des vêtements à Ak-Kis, qui me serre dans ses bras de joie, ainsi qu'un peu de shampooing et de savon à Galina, et leur promets de cuisiner pour fêter mon départ. Galina veut « manger français », alors j'improvise avec les moyens du bord. Igor chasse un cerf ; je lui demande de m'en découper des morceaux épais et ainsi que des os pour faire un bouillon. Il détaille la bête et m'offre les parties demandées aussitôt. Ak-Kis me suit, m'aide à nettoyer la cuisine et observe tous mes faits et gestes.

Au petit matin, je mets en route un bouillon d'os, d'oignons, de genièvre et de champignons séchés qui cuira toute la journée sur un coin de la cuisinière. Ak-Kis doit l'écumer en permanence et s'exécute avec une fierté non dissimulée. Les morceaux de viande sont dorés à la graisse de mouton, puis saupoudrés de farine et de sel, avant d'être couverts de bouillon fumant. Enfin, la viande mijote doucement sur le foyer de la yourte. Je m'attelle également à l'exécution d'une immense tarte avec les fruits que Galina met en bocaux l'été. Quelle n'est pas ma surprise lorsque cette dernière m'apporte un pot de baies polaires, que j'avais découvertes en Laponie avec Biret ! La femme d'Igor est ravie d'apprendre que l'on retrouve ces baies plus au nord. Je pétris ma pâte, puis la fais cuire à blanc dans le vieux four à bois de notre cabane. Yelena prépare une compote de baies en suivant mes instructions et nous en recouvrons la tarte avant de la laisser reposer.

La journée s'écoule bien trop vite à mon goût et, lorsque tout est enfin prêt, Yelena et moi décidons de passer la soirée au calme de notre yourte. Notre départ est prévu pour le surlendemain, nos valises sont prêtes ; nous avons donc décidé d'ouvrir notre dernière bouteille de vodka ce soir. Yelena me sert un verre, puis deux, puis trois, et nous trinquons à la vie, à l'amour, à la France et aux nomades en riant et en pleurant tour à tour. Elle trouve que nous nous ressemblons et que j'ai une âme slave. Ce soir, je vais m'endormir sans peine, mais le cœur lourd. Et si, à mon retour, le cauchemar revenait et cette malédiction s'abattait à nouveau sur moi ?

Au petit matin, nous décidons de sortir prendre l'air autour du village. Quelques hommes sont en train d'abattre des arbres. Le froid se fait ressentir et un jeune bûcheron me recouvre de sa parka ; je suis sortie en pull et en jean. J'ai retrouvé un appareil photo jetable dans ma valise et essaie vainement de faire tourner la molette pour l'activer. L'unique cliché que je retrouverai, des années plus tard, est une photo de moi au milieu de la neige, recouverte de cette parka trop grande pour les 42 kg que je pesais alors. Je ne le sais pas encore, mais la vie va me prouver que les esprits n'en ont pas fini avec moi.

Nous rentrons pour finir d'assembler le repas et de dresser la table. Galina a sorti de l'*araka*, cet alcool de lait qu'Igor fait lui-même, et a préparé de petits raviolis farcis à la viande. Valentina, qu'Igor est allé chercher, arrive plus voûtée que jamais. Je voudrais la serrer dans mes bras, mais ma pudeur m'en empêche. Nous buvons un verre d'*araka* et le repas est une fête pour tous. Igor sort un accordéon et se met à en jouer en chantant de vieilles chansons russes. Galina sourit et me félicite pour le repas. Nous servons enfin la tarte – arrosée de crème aigre – et Valentina chante une dernière mélodie dans sa langue mystérieuse. Pour ne pas pleurer, je refuse l'alcool ; je sais que ce repas est mon dernier lien avec eux, je le sens au fond de moi, et je souris malgré tout pour leur cacher ma peine. Demain, nous reprendrons le chemin d'Irkoutsk ; plusieurs jours épuisants nous attendent.

Avant de partir, je glisse un paquet de cigarettes dans la main de Valentina, qui me chasse de la main.

– Va, va, file dormir… *Malyshka*…

Je me retourne sur le pas de la porte.

– Oui, Valentina ?

– N'oublie pas que tu es libre de vivre ta vie, maintenant. Mais, si tu restes enchaînée à ce que tu crois être ton destin, ne te marie jamais !

Yelena traduit et embrasse Valentina avant de m'entraîner dehors. L'air glacial me réveille brutalement et je me mets à trembler de froid et de peur.

Au petit matin, à travers l'épaisse fumée du camion d'Igor, je regarde une dernière fois les enfants qui courent et Galina me dire au revoir de la main. Mon ventre se serre douloureusement. Malgré leur pauvreté et leur isolement, ils ont tous l'air heureux.

Après plusieurs jours de voyage silencieux, Igor nous abandonne sur le quai de la gare d'Irkoutsk. Il repart comme il est arrivé : une vieille cigarette russe vissée à la bouche et en me saluant de la main.

Le retour à Moscou est long et monotone. Je regarde défiler l'Oural poussiéreux et pleure ces monts Saïan que je ne reverrai jamais. Comme je n'ai pas le droit de dormir chez Yelena sans autorisation spéciale, elle me quitte devant mon hôtel en me serrant si fort dans ses bras que les passants se retournent sur nous. Je pleure ma nouvelle amie et sœur de cœur, et me précipite dans ma chambre en emportant son adresse dans ma main. Durant le périple de retour, j'ai vainement tenté de lui glisser une enveloppe avec un peu d'argent, mais elle l'a refusée. Je lui ai promis mon amitié et ma reconnaissance éternelles. Elle m'a juré qu'elle viendrait me voir en Suède un jour.

Un taxi doit m'emmener à l'aéroport le lendemain, alors je me précipite sous la douche chaude et fonds en larmes durant de longues minutes. Je finis par m'endormir dans un lit trop grand et trop luxueux pour moi.

Avril 1986

Arrivée à l'aéroport d'Helsinki, je me jette sur une cabine pour appeler Máret. Entendre sa voix me donne l'impression de me réveiller d'un long sommeil. Johannes est au camp d'hiver, il viendra me chercher à la gare de Kiruna. Elle semble très heureuse de me retrouver, mais tout se bouscule en moi.

Le retour au sein de la foule de Stockholm me plonge dans une anxiété terrible et c'est soulagée que j'embarque enfin dans le train de nuit pour Kiruna. Au petit matin de ce mois d'avril, Johannes est sur le quai de la gare. Ses cheveux ainsi que sa barbe ont poussé et je sens mon cœur battre à tout rompre. Il ne dit rien, comme d'habitude, mais me blottit fortement contre lui en souriant. Néanmoins, à ce moment précis, je sais que nos retrouvailles sont également des adieux.

Le retour au petit hameau me fait l'effet d'un doux printemps, j'ai l'impression de retrouver une vie paisible. Máret et les enfants sont si heureux de me revoir qu'ils me criblent de questions. Johannes s'efface discrètement un instant et, lorsque Biret arrive, je me lève et l'embrasse sans retenue. Elle me regarde et je me mets à pleurer en lui tendant mon os d'aigle :

– Reprends-le, je veux vivre sans peur désormais.

Elle l'empoigne et me serre tout contre elle. Madde arrive et la soirée autour du poêle est animée et joyeuse. Pourtant, je n'arrive pas à parler de mon séjour sans évoquer de simples banalités. Biret m'observe de loin et Johannes, lui, reste silencieux. Nous décidons de rentrer au chalet et nos habitudes ressurgissent comme par magie. Mon Sami file en cuisine ouvrir une bouteille de cabernet et nous allumons une cigarette en nous regardant dans les yeux, sans dire un mot. C'est lui qui brise le silence en premier :

– Tu as coupé tes cheveux ?

– Oui, un jour, là-bas, j'ai eu envie de tout couper.

– Je me suis beaucoup inquiété pour toi.

– Je ne t'ai pas manqué ?

– Bien sûr que tu m'as manqué, mais c'est toi qui es partie, tu sais… Tu as beaucoup maigri, tu es sûre que tout va bien ?

– Oui, tout s'est très bien passé, je n'ai plus de cauchemars, je n'en aurai plus du tout !

– C'est bien, je suis heureux pour toi.

Il me colle à lui et je sais que notre lien restera suspendu comme cela pour toujours, peu importe l'avenir qui nous attend.

– Si tu veux rester, Nathalie, tu sais que tu es ici chez toi ?

– Oui, Johannes, je sais, mais ma vie est ailleurs. Je veux étudier et reprendre le cours de ma vie à Göteborg. Tu vas beaucoup me manquer, mais je sens que je dois poursuivre mes études et continuer à voyager, j'ai encore beaucoup à comprendre. Ne m'en veux pas…

Je m'endors contre lui, heureuse de le retrouver malgré tout. Les jours suivants sont de nouveau rythmés par les repas en famille et les allées et venues des hommes. Johannes a acheté de nouvelles bêtes et il est si occupé que je n'ose pas le déranger. Je reste avec Máret et Biret et nous discutons de mon voyage. Biret écoute en silence et ne dit rien, mais je n'ai de cesse de la remercier. Cependant, elle comprend que rien n'est gagné, je le vois dans son regard.

Et puis, un beau matin très froid et très clair du dernier week-end d'avril 1986, qui devait nous réunir en famille, le destin nous sépare : les radios et la télévision suédoises annoncent l'explosion de deux réacteurs de la centrale de Tchernobyl. Birgitta Dahl, la ministre de l'Environnement, tente de calmer la population pendant que des pluies radioactives déversent leur poison sur la Laponie deux jours durant. Le monde s'arrête de respirer, les éleveurs sont prostrés, en proie à la panique et à l'incertitude. Nous avons les yeux rivés sur le ciel et sur l'écran de télévision, et les rotations d'hélicoptères militaires inquiètent plus qu'elles ne rassurent. Je pense à Yelena, que nous essayons d'appeler en vain ; le téléphone sonne dans le vide. Je prie pour que Valentina et les autres soient en sécurité.

Un matin, Johannes me supplie de rentrer à Göteborg :

– Tu seras en sécurité là-bas. Je vais devoir trouver une solution pour notre troupeau et je ne veux pas que tu tombes malade. Nathalie, je crois que c'est grave, ne reste pas ici…

– Et toi, Johannes ? Et ta famille ?

– Nous n'avons pas le choix. Je ne veux pas que tu vives cette vie. Rentre, s'il te plaît, il y a des rotations d'avions sanitaires à Kiruna. Je me sentirais plus rassuré de te savoir là-bas.

Je sais qu'il a raison et je ne veux pas lui rajouter des responsabilités. Je ne reverrai plus jamais sa famille et, dix-huit ans plus tard, un endocrinologue découvrira quatre tumeurs non cancéreuses sur ma thyroïde ; je devrai me faire surveiller à vie.

Johannes me jure qu'il viendra me voir très vite. Je ne le reverrai que des années plus tard. Nos adieux sont teintés de tristesse, mais également d'un profond respect.

À mon retour à Göteborg, je refuse de prendre les cachets d'iode que l'on me recommande. Je me sens sonnée par les événements, mais dois très vite reprendre le travail et les études car, dès mon arrivée, on me propose un poste dans un nouvel établissement. Ma vie ne tourne alors plus qu'autour de mon nouveau travail et de mes sorties entre amis. Je m'enivre de bruit et de sorties pour oublier. Je me fais une nouvelle amie, Anna, une jolie blonde qui travaille avec moi.

La nuit, je vois parfois les visages de Yelena, de Biret et de Valentina défiler dans mon sommeil. Plus de cauchemars cependant. De temps en temps, je me dis que l'œil est tapi dans l'ombre, prêt à resurgir.

Puis, l'été arrive et une frénésie s'empare de la ville. Nous nous retrouvons de plus en plus souvent entre amis, sur la grande avenue pour boire un verre au soleil, et la vie reprend son cours peu à peu. Johannes a décidé que nos appels nous faisaient trop souffrir et a cessé de me contacter, un jour, sans brutalité. J'ai beaucoup pleuré en cachette et me suis réfugiée dans l'oubli.

Göteborg – juillet 1986

Un bel après-midi de juillet, accompagnée de quelques amies, je m'apprête à traverser la route à un passage piéton quand mon regard croise celui qui va bouleverser ma vie. Nos regards se fixent, puis s'éloignent. Mes amies ont décidé de prendre un verre à la terrasse d'une célèbre brasserie de la ville. Lorsque Nils sort pour prendre nos commandes, je rougis immédiatement. Il me fixe, me sourit et note nos boissons sur son carnet de commandes. À ce moment précis, je ne sais pas encore que ma vie va basculer à jamais.

Depuis ma séparation avec Johannes, je me concentre sur mon travail et le sport, mais la nostalgie m'étreint parfois le cœur, la nuit… Les filles discutent entre elles quand il réapparaît pour nous servir. Karina règle nos bières et s'adresse à lui comme si elle le connaissait bien. Quand il repart, je m'adresse donc à mon amie :

– Karina, tu le connais ?

– Qui ? Le serveur ? Oui, j'ai travaillé avec lui avant qu'il ne parte faire le tour du monde l'année dernière. Il s'appelle Nils, pourquoi ?

Elle me regarde, tout sourire.

– Ouh, toi, tu as craqué ! Il t'a remarquée aussi ; il aime les jolies brunes aux cheveux longs. Il vivait avec une Américaine autrefois, ils se sont séparés durant leur voyage.

Je rougis et plonge mon nez dans mon verre. Mon nouveau travail m'accapare tant que j'ai décidé de ne poursuivre mes cours qu'en septembre. J'ai repris le sport avec bonheur : je cours à Slottsskogen ou autour du lac de Delsjön tous les matins et retrouve mes amies les soirs de congé pour aller manger et boire un verre en ville. J'ai enterré mon voyage en Sibérie et ma vie en Laponie au fond de moi pour ne pas souffrir, et peut-être pour conjurer le mauvais sort. J'ai parfois l'impression d'avoir rêvé toute cette histoire et n'en ai parlé à personne en rentrant, si ce n'est à mon psychologue, Monsieur Alfredsson, et à Anna, ma meilleure amie et confidente.

Le vieux Monsieur Alfredsson m'a invitée à manger un soir et nous avons parlé de ma rencontre avec la vieille chamane presque toute la nuit. Il m'a écoutée avec attention et ne m'a pas asséné ses conseils ou remarques comme je le craignais ; au contraire, il m'a encouragée à poursuivre ma vie telle que je la ressentais au fond de moi.

– C'est là que se cache la vérité, tu sais ? Au fond de toi. Ton histoire n'est pas anodine. Pour entreprendre un tel voyage à ton âge, il faut une sacrée dose de conviction et de volonté !

– Ou de folie ?

– Ou de folie, mais tu es loin d'être folle, crois-moi !

Les seules choses que Monsieur Alfredsson m'a dites au sujet des malédictions, c'est qu'elles ne prennent vie que si l'esprit les perçoit comme étant consenties, et qu'elles peuvent parfois se transmettre de génération en génération ou d'âme à âme.

– La chamane ne m'a pas parlé d'une malédiction familiale, Monsieur Alfredsson, mais bien d'une condamnation que mon âme semble porter d'une autre vie. C'est ce qui me perturbe le plus, en réalité. Comment une vieille damnation a-t-elle pu traverser les siècles et parvenir jusqu'à moi ?

– C'est un contrat d'âme, Nathalie, et dans cette vie, tu as signé, en venant sur Terre, un autre contrat pour t'en libérer. Tu as déjà fait le premier pas, c'est un début. Lorsque tu es née, tu as choisi ta famille pour vivre et revivre certains événements pour grandir, t'élever et lâcher ce fardeau que tu traînes depuis. À toi désormais de décider de te libérer afin d'éviter de retraverser encore et encore une vie de misère, de solitude et de chagrin.

– Vous savez, la chamane m'a dit que j'ai pris la forme physique de cette jeune fille maudite dans cette vie et que c'est pour cela que l'on me prend toujours pour une adolescente et que je refuse de me nourrir pour ne pas grandir. Étrangement, ces paroles ont profondément résonné en moi, Monsieur Alfredsson, comme si je m'étais calquée sur la vie de cette jeune femme condamnée…

– Rien n'est figé ni immuable dans la vie, Nathalie, tout évolue, se transforme. Garde tes rêves et tes espoirs, tu es encore très jeune.

Je décide d'abandonner mes souvenirs au grenier de la vie et d'y enfermer le fantôme de l'adolescente maudite à double tour.

Un beau dimanche ensoleillé de juillet, mes amies décident d'aller se baigner au bord de la mer. J'ai les cheveux pleins de sel et la peau qui dore enfin un peu ; je me sens plus vivante et plus libre que jamais. Nous nous retrouvons dans mon appartement en fin de journée pour nous changer avant d'aller prendre un verre dans un club à quelques encablures de chez moi. Je suis accoudée au bar quand quelqu'un me tapote l'épaule : Nils est planté là, tout sourire et beau comme un dieu viking.

– *Hej*, tu te souviens de moi ?

– Oui, bien sûr, tu travailles à la brasserie !

Je suis certainement rouge écarlate mais, il me l'avouera plus tard, il cache alors sa timidité sous des tonnes de fausse assurance. Il m'invite à boire un verre en tête-à-tête. Mes amies sont de mèche et me lancent des clins d'œil appuyés. C'est une évidence, tout coule de source entre nous. Tout est si simple que je me laisse porter par la soirée sans retenue. Il ne me rappelle aucun fantôme du passé et c'est simplement une belle histoire qui commence. Il sort d'une rupture douloureuse, la mienne m'a laissé des souvenirs doux-amers, et pourtant, nous nous promettons de nous revoir très vite.

Dès le lendemain, il fait le pied de grue et le pitre avec un bouquet de fleurs devant mon appartement. Il a gribouillé des mots à la craie sur les marches de mon vieil immeuble : « Aucune résistance ne sera tolérée. » J'éclate de rire. Très vite, il décide de m'emmener chez ses parents, sur une île de l'archipel d'où il est originaire. Nous passons notre temps en mer et nos soirées en famille. Sa mère n'est pas très loquace avec moi ; j'apprendrai plus tard qu'elle aurait préféré une belle-fille suédoise. Nils me rassure en me disant qu'elle est âgée, souhaiterait avoir des petits enfants très vite et que les gens de l'île ne sont pas habitués aux étrangers. Je balaye rapidement mon malaise d'un sourire.

Sur la route du retour, nous nous arrêtons pour prendre des affaires dans son appartement et il passe ensuite tout son temps chez moi, en centre-ville. Et puis, tout nous sourit très vite : nos journées passées à travailler ou à faire du sport, tout comme nos nuits douces et passionnées. Il aime la mer, la pêche au crabe et le golf, moi la musique et l'art. Je déteste ses goûts musicaux douteux et le golf, lui mes matins grincheux et les musées. Nos compromis deviennent un jeu et, pour la première fois depuis longtemps, je me sens heureuse et épanouie.

La rentrée arrive, accompagnée de bourrasques de vent et de pluie, mais notre bonheur reste intact. Je reprends enfin le chemin de l'école de naturopathie et travaille le soir ; nous nous retrouvons tard dans la nuit, épuisés, mais toujours plus amoureux et heureux que jamais.

Je ne fais que courir et je maigris à vue d'œil. Mon professeur semble inquiet et me convoque un jour dans son bureau :

– Tu as perdu beaucoup de poids, tu as des soucis ?

– Non, je vais très bien, mais je ne mange pas beaucoup de nature, j'ai tendance à picorer depuis toujours.

– Tu es trop maigre, ce n'est pas normal. Je t'ai observée l'autre jour : à table, tu ne manges rien.

– Mais si, je vous assure, je ne suis pas une grosse mangeuse, mais je vais bien !

– Est-ce que tu vomis parfois ?

– Non, enfin parfois, mais ce n'est pas volontaire, je n'ai juste pas envie de grossir.

– Tu te trouves trop grosse ?

Ce jour-là, j'ai reçu ma sentence, abrupte, sans concessions.

– Nathalie, je pense que tu souffres d'anorexie et que tu te fais vomir délibérément. Je veux que tu viennes me voir la semaine prochaine, nous en parlerons sérieusement. Viens, je vais prendre ton pouls et te peser.

J'ai envie de fuir et de hurler pour qu'il me laisse tranquille, mais n'ose pas dire un mot, par respect pour l'ancien oncologue, professeur et médecin.

– Ton pouls est bas et tu pèses 41 kg. Pour ton âge et ta taille, c'est trop peu. Tu dois cesser de te faire vomir, tu vas détruire ton système immunitaire et tes organes.

Je sais pertinemment que je ne mange rien depuis mon enfance, que je refuse de me nourrir. On m'a punie des dizaines de fois et je m'en moque. Enfant, je détestais la viande et le poisson, j'étais capable de mâcher ma nourriture des heures durant sans rien avaler pour ensuite aller tout recracher dans les toilettes. Mon père n'était pas dupe.

Depuis mon retour de Sibérie et de Laponie, je n'arrive à nouveau plus à manger de viande ni de poisson ; me nourrir est un calvaire quotidien. En Suède, les légumes sont rares, chers et importés.

Je me nourris de bouillie de *mannegryn*, de soupe d'églantines et de yaourt fermenté. Personne ne voit rien, je cache soigneusement tout cela à mon entourage. Nils et moi partageons peu de repas et le sport m'a doté de solides muscles fins qui cachent la réalité. Après chaque repas lors de nos week-ends en famille, je me fais vomir en cachette.

Mon professeur ne me lâche plus. Tous les matins, il me guide pour que je me nourrisse sainement et en douceur. Il met le doigt sur un point essentiel de mon anorexie : un conflit ouvert avec ma mère biologique, que je n'ai pas revue depuis mes 10 ans.

Je poursuis mes études avec ardeur et, même si la nourriture est toujours un combat, je ne vomis plus. C'est une première victoire ! Les fêtes de Noël approchent et ma vie avec Nils est toujours teintée d'amour, de douceur et de beaucoup de gaîté. Un soir, autour d'un repas en tête-à-tête, il me demande d'emménager avec lui et de quitter mon appartement pour le sien, plus proche de mon école. Pour lui, c'est une preuve d'amour et de son envie de construire notre histoire plus sérieusement. Pour moi, c'est une angoisse terrible que d'abandonner la sécurité de mon cocon. Il n'insiste pas plus. De toute façon, je connais sa technique pour me faire craquer, parce qu'il me connaît déjà par cœur et que je commence à le connaître aussi. Ce sera donc un déménagement avec une promesse de vente. Si on se sépare, c'est moi qui rachèterai son appartement, puisqu'il possède également une maison sur l'île. Ainsi, je ne serai jamais à la rue. Il n'a qu'une parole et il me le prouvera d'ailleurs tout au long de sa vie. Nous sautons le pas joyeusement.

À ses côtés, je recommence à me nourrir plus sereinement et nous passons notre temps libre à faire du sport. Les mois passent et rien ne vient troubler notre quotidien. Pour fêter notre première année passée ensemble, nous organisons un road trip jusqu'à Biarritz ; il est temps de le présenter à ma famille et de prendre quelques vacances bien méritées. Nous roulons de pays en pays, de ville en ville, d'hôtel en hôtel, et ma famille l'accueille avec beaucoup d'enthousiasme. Notre voyage est joyeux. Je revis dès que je prends la route et il ne sait pas à quel point je suis heureuse d'avoir croisé son chemin. Je ne rêve désormais que de plages et de soleil, et m'endors chaque nuit dans ses bras, sans l'ombre d'un cauchemar.

À notre retour, nous reprenons très vite notre quotidien en projetant déjà d'autres escapades. Les fêtes arrivent et ses parents m'accueillent désormais comme leur propre fille. Je me laisse vivre allègrement. Nous fêtons le Nouvel An 1988 entre amis, sur l'île, et sommes définitivement plus amoureux que jamais.

Pourtant, un matin, je me lève blafarde et nauséeuse. Nils me prépare un thé et m'apporte quelques brioches à la cannelle, que je n'arrive pas à avaler. Je reste clouée au lit durant trois jours, à vomir. Nils commence à s'inquiéter et prend rendez-vous chez un médecin. Le lendemain matin, mes nausées s'accentuent et j'arrive à peine à avaler une tasse d'eau tiède. Le praticien de l'hôpital m'examine et me pose des tas de questions, mais rien ne semble expliquer mon état. Il finit par me suggérer de faire un test de grossesse. Je le regarde, un peu étonnée, et lui explique que je ne suis pas enceinte. Il décide toutefois de me prescrire une prise de sang et me conseille d'aller à la pharmacie pour me procurer un test jetable. Dans la voiture, j'essaie de cacher mon trouble, mais Nils décide d'aller lui-même chercher le test. Nous rentrons en silence et je serre le sachet de la pharmacie contre moi.

– Tu as eu tes règles quand pour la dernière fois, Nath ?

– Je ne sais plus, j'ai oublié, mais je te dis que je ne suis pas enceinte.

– Qu'est-ce que tu en sais ?

– Je te dis que je ne peux pas être enceinte, c'est tout.

Il insiste pour que je fasse le test tout de suite, bien que le médecin m'ait expliqué que je devais le faire au réveil. Comme Nils insiste, je lis la notice et me dirige vers les toilettes, le cœur battant. Il reste derrière la porte et je m'assois sur la cuvette en tremblant. Lorsque la mèche est bien imbibée, je replace le capuchon dessus et tends le test à Nils avant d'aller me rallonger. J'ai froid et je tremble de fatigue. Nils s'assoit sur le rebord du lit et rouvre le capuchon : une barre bleue s'affiche. Il me regarde, blanc comme un linge.

– Qu'est-ce que ça veut dire ?

– Tu es enceinte !

– Arrête de dire des bêtises, je ne peux pas être enceinte. Relis la notice, s'il te plaît !

– Nathalie, tu es enceinte, bon sang, regarde !

Il me tend le test, sur lequel s'affiche toujours cette trace bleue... Je reste silencieuse mais, à l'intérieur, mon cœur est en train de chavirer de joie, de bonheur, d'émotion. Il prend l'eau tout entier, se noie et s'emballe. Soudain, il est submergé par une vague de fond et j'éclate en sanglots. Nils me prend dans ses bras et me regarde, un peu perdu. Je tente de le rassurer :

– Je suis si heureuse, je ne sais pas quoi dire...

– Tu ne crois pas qu'on devrait attendre jusqu'à la prise de sang avant de s'emballer ?

Il a raison, je ne peux pas être enceinte. Le professeur de Los Angeles me l'a bien affirmé : aucune grossesse ne sera possible.

– Tu as raison, j'irai au laboratoire demain matin. En attendant, je vais essayer de me reposer.

Dans la nuit, il me réveille en me disant que je gémis et pleure dans mon sommeil. Je n'en ai aucun souvenir et me rendors aussitôt. Au petit matin, nous nous levons sans déjeuner et partons faire la prise de sang. Il me tient par la main et me demande :

– Tu voudrais un garçon ou une fille ?

– Un garçon, et toi ?

– Un garçon, pour aller à la pêche avec lui…

Il a l'air ému, mais je sens bien qu'il est bouleversé aussi. De mon côté, je n'avais jamais imaginé faire un test de grossesse. Cependant, mon médecin m'avait retiré toute contraception, vu qu'elle n'était pas nécessaire. Si je ne suis pas stérile techniquement, mener une grossesse à terme est, selon le spécialiste, plus qu'improbable. Selon lui, les effets secondaires du Distilbène sont encore obscurs en 1981, mais son approche empirique des cas qu'il a eus à observer tout au long de sa carrière et l'examen de mon utérus ne lui laissent aucun espoir. En réalité, je n'y crois pas une seule seconde non plus… Je souris et tente de distraire Nils en faisant le pitre :

– Si c'est une fille, tu seras officiellement le grand gagnant de la loterie : deux Françaises d'un coup, petit veinard, va !

Il rit nerveusement. L'infirmière me demande mes papiers et nous prie de patienter dans la salle d'attente. Lorsque la porte s'ouvre, un médecin demande à Nils de m'attendre et m'entraîne dans le cabinet.

– Avez-vous votre test jetable avec vous ?

Je lui tends le test et il hoche la tête avant de me faire le garrot. L'aiguille s'enfonce difficilement et j'ai la tête qui tourne.

– Connaissez-vous votre groupe sanguin ?

– Oui, A négatif.

– Et celui de votre compagnon ?

– O positif.

– C'est votre première grossesse ?

– Oui… enfin, je suis vraiment enceinte ?

Il éclate de rire et me répond que l'on en saura un peu plus d'ici 24 heures. Il me serre la main et ouvre la porte. Nils se lève précipitamment.

– Alors ?

– Alors, il va falloir attendre 24 heures… J'ai faim.

– Tu veux que l'on aille prendre un thé et des brioches ?

– Avec grand plaisir !

Arrivée en terrasse, je suis prise d'une violente nausée. Nils achète deux brioches et nous rentrons au pas de course nous réfugier à la maison. Je suis épuisée par les nausées et me remets au lit aussitôt. J'appelle l'école pour leur dire que je suis grippée et prends une semaine de repos. Nils, quant à lui, doit reprendre le travail dès le lendemain. Nous décidons de nous reposer et je m'endors directement, enroulée dans ma couette et secouée de nausées.

Il est déjà tard quand je me réveille et Nils s'apprête à partir travailler. Il m'embrasse et semble préoccupé. Je ne l'ai jamais vu ainsi. La journée passe lentement et, de temps en temps, je pose timidement mes mains sur mon ventre et souris. J'ai un petit Nils à l'intérieur de moi et cela m'enivre d'un bonheur inattendu. J'ai 23 ans et je n'aurais jamais imaginé devenir mère. J'essaie de compter les mois et me dis qu'à l'automne, je serai en train d'allaiter mon premier enfant.

Je m'endors jusqu'au retour de Nils. Je n'ai pas mangé depuis plusieurs jours, mais je suis si euphorique que mon corps me semble plein et repu de tout cet amour que je ressens. Je n'ai besoin de rien. Quand Nils rentre, il file se doucher et s'installe devant la télévision, près de moi. Il a l'air épuisé et je me colle à lui en replongeant dans un sommeil agité. Le téléphone sonne et nous tire brusquement du lit : il est 9 heures et c'est le laboratoire. Le test est positif : je suis enceinte de sept semaines. Nils me regarde raccrocher ; je m'effondre en larmes et ne contrôle plus mes tremblements.

– Nils, je suis enceinte.

Il me serre dans ses bras et me dit doucement d'arrêter de pleurer. Les minutes passent et tout s'enchaîne dans mon esprit : j'ai envie de hurler de joie, d'appeler ma famille et mes amis, et de crier mon bonheur partout. Nils ne dit rien, mais je mets ça sur le compte de l'émotion.

– Tu te rends compte qu'à Noël nous serons trois ? Tu te rends compte ? Tu sais, si c'est un garçon, j'aimerais qu'on l'appelle Marius ! Tu crois qu'on pourra le baptiser en Suède ? Il faut qu'on appelle ta mère et ton père !

– Nath, calme-toi.

Je l'observe : soudain, il est étrangement calme et sans émotion.

– Qu'est-ce qui ne va pas ?

– Assieds-toi, il faut qu'on parle.

Je m'assois sur le canapé, il prend mes deux mains, je le fixe et il baisse la tête.

– Nath, ne pense pas que je ne veux pas d'enfants avec toi, bien au contraire, mais là, je ne suis pas prêt. Nous sommes trop jeunes !

Je ravale mes larmes et me lève d'un coup.

– Tu me proposes quoi, au juste ?

– Il faut que tu avortes. Je ne me sens pas prêt du tout. J'ai 24 ans et tu n'en as que 23, tu commences à peine tes études, je travaille pour que l'on puisse voyager et j'ai encore des tas de projets pour nous deux avant de mettre un bébé en route.

Je prends un manteau et mon sac et claque la porte. Une fois dehors, je cours et attrape un taxi au vol. Je lui indique de me conduire à Majorna, avant de m'effondrer en larmes. Le chauffeur me regarde dans le rétroviseur et me demande si j'ai besoin d'aide. Je secoue la tête, m'excuse et il roule ensuite en silence vers le centre-ville. Je regarde le paysage défiler comme dans un vieux film et les paroles de Biret me reviennent à l'esprit : « Beaucoup d'enfants viendront bientôt à toi. Ce sont des enfants du Monde d'en bas, ils doivent y retourner. » Je règle le chauffeur et cours jusqu'à l'appartement d'Anna. Je sonne et elle ouvre la porte, échevelée et en jogging.

– Je te dérange ?

– Nathalie, qu'est-ce qu'il se passe ? Entre !

J'éclate en sanglots.

– Je suis enceinte et Nils veut que j'avorte.

– Quoi ? Enceinte ? Mais tu m'as dit que tu ne pouvais pas avoir d'enfants ?

– Je ne sais pas, le docteur m'a toujours dit que je pourrais éventuellement tomber enceinte, mais que la grossesse serait impossible. Or, je suis enceinte de sept semaines.

– Pourquoi Nils veut-il que tu avortes ? Peut-être est-il inquiet de cette grossesse, c'est tout ? Il a peur pour ta santé !

– Nils n'est pas au courant, je n'ai pas osé le lui avouer. J'ai peur qu'il me quitte un jour pour avoir des enfants avec une autre… Je tiens à ce bébé. Je n'arrive pas à croire qu'il m'ait demandé d'avorter. Je suis catholique, je refuse de me faire avorter, sans raison valable de surcroît. Tant pis, je vais le quitter et je garderai ce bébé seule, mais jamais je ne me ferai avorter, tu entends ?

– Nathalie, je vais appeler Nils pour lui dire que tu es chez moi. Tu vas te reposer quelques jours et vous allez réfléchir. Calme-toi, ça va s'arranger.

Elle s'isole dans sa chambre pour appeler Nils, mais revient au bout de quelques minutes :

– Nils veut te parler.

– Non, je ne veux plus jamais lui parler.

Elle revient et s'assoit à nouveau près de moi.

– Écoute-moi, il t'aime vraiment, mais il ne se sent pas prêt. J'ai senti qu'il était complètement paniqué. C'est parfois violent pour les hommes de se retrouver père, surtout aussi jeune.

– Anna, je n'aurai peut-être plus jamais cette chance. Je n'ai pas le droit, je ne peux pas. Ce bébé est un cadeau du ciel. Et puis, avorter à deux mois… C'est un être vivant, c'est monstrueux !

Elle m'enlace et je pleure tellement que je n'entends pas la sonnerie de la porte d'entrée. Quand je lève les yeux, Nils se tient debout devant moi, en jogging, les cheveux ébouriffés et les yeux rougis. Anna s'excuse et s'isole en cuisine. Nils s'assoit près de moi et se met à pleurer.

– Je suis tellement désolé de t'avoir fait du mal… S'il te plaît, rentre à la maison, on va en parler, je t'en supplie…

Anna revient avec trois verres et nous sert à boire. Je regarde Nils et, pour la première fois, je suis en rage contre lui. Je ne céderai pas mais, au fond de moi, une peur prend à nouveau place. Je suis maudite et le ciel me tombera sur la tête quoi que je fasse. C'est la première fois que Nils et moi sommes en conflit et je craque d'épuisement. Il insiste :

– Je t'en supplie, ce n'est pas ce que tu crois, rentre à la maison avec moi, s'il te plaît.

– Nathalie, rentre avec Nils, tu as besoin de te reposer. Prenez le temps de réfléchir tous les deux…

Je me sens acculée, exténuée. Par lassitude, je me lève.

– Viens, je t'en supplie, on va parler et se reposer.

– Je ne veux pas parler, je veux dormir !

– Alors, rentrons dormir.

Il me tend mon manteau et j'embrasse Anna. Une fois que nous sommes rentrés, Nils tente de m'amadouer en me proposant de commander à manger dans un restaurant voisin. Je ne réponds pas. J'ai décidé que je ne mangerai plus. Il commande une pizza et s'assoit près de moi sur le canapé, mais je ne veux plus ni le voir, ni lui parler ; je vais m'allonger dans la chambre, tournée vers le mur. Dans la nuit, il essaie de m'enlacer, mais je le repousse violemment, sans un mot. Il ne m'a jamais vue en colère. Il s'endort silencieusement près de moi.

Les jours suivants, il part au travail sans rien dire et je reste au lit sans bouger. Je me lève pour me doucher, avaler un thé au lait et retourne me coucher en pleurant. Ma guerre intérieure laisse place à une rage que je n'arrive plus à contenir. Durant le week-end, je décide de sortir courir, mais mes seins, mes reins et mon dos me font souffrir et je rentre essoufflée. Nils, lui, est sur le canapé, l'air inquiet.

– Où étais-tu ? Je me suis inquiété !

– Tu te fiches de moi, alors qu'est-ce que ça peut bien te faire ?

– Nathalie, je t'aime, tu le sais, mais je n'arrive pas à me résoudre à l'idée de cette grossesse… Tu veux que je sois malheureux et m'obliger à accepter la situation malgré moi ? Qu'est-ce que tu veux faire ? Vivre avec ce bébé dans le mensonge ? C'est comme ça que tu imagines notre vie ?

– Non, Nils, je ne t'oblige à rien. Je vais garder ce bébé et chercher un appartement, c'est tout. J'assumerai seule, je ne te demande rien. Tu peux respirer maintenant.

– Il est hors de question que tu gardes cet enfant sans moi, c'est égoïste de ta part, de penser comme ça, tu ne crois pas ?

– L'égoïste, c'est toi, Nils !

Je lui jette une couette et exige qu'il aille dormir sur le canapé. Pour ma part, j'irai bientôt chez Anna en attendant de trouver un appartement. Nous passons la semaine à nous ignorer autant que possible et j'appelle mon patron et mon professeur pour les avertir que je suis malade et que je ne reviendrai pas pour l'instant. Mon professeur me demande de l'appeler pour le tenir au courant ; il se doute de quelque chose, je l'ai bien senti à ses questions.

Anna vient me chercher un matin et nous décidons d'aller marcher au lac de Delsjön. Arrivées au bord du lac, nous nous asseyons et mon amie me dévoile qu'elle a dû se faire avorter à l'âge de 17 ans.

– Anna, cette grossesse est peut-être l'unique chance que j'aurai de devenir mère. Je n'ai pas le droit de passer à côté. Nils aura toute sa vie pour avoir des enfants, moi non…

– Je comprends bien ce que tu ressens, mais pense aussi à ce que Nils désire : il n'est pas prêt, mais il est amoureux et, crois-moi, il souffre aussi. Si tu l'aimes, tu auras toujours le temps de planifier une nouvelle grossesse dans de meilleures circonstances. Tu connais ses projets professionnels et tous les sacrifices que vous allez devoir faire… Que penseras-tu quand il ne pourra pas toujours te seconder dans l'éducation de ce bébé ? Un enfant, ça se fait à deux ! J'ai vécu ton chagrin mais, avec le recul, je me dis que c'était finalement plus sage comme ça !

– J'ai envie de rentrer, ramène-moi à la maison, s'il te plaît.

Lorsque j'entre, Nils est déjà parti travailler. Je fonds en larmes sur le canapé. La chamane me l'a bien dit : tant que j'accepterai cette malédiction, je ne serai jamais libérée. Tant que je me sentirai maudite, je ne serai jamais maîtresse de ma vie. Mais cet enfant ne mérite pas une malédiction, je ne veux surtout pas lui faire porter mes peurs, mes cauchemars et potentiellement une vie sans père. Peut-être devrais-je juste penser à lui et non pas à moi ou à Nils ?

Je suis également consciente du risque que je prends à poursuivre une grossesse : je transmettrai probablement les effets secondaires de mon exposition au Distilbène à mon enfant et pourrais peut-être même le perdre en cours de grossesse. Dans l'annuaire, je trouve le numéro du planning familial ; Anna m'a dit que c'était auprès d'eux que je devrais m'informer dans le cas d'un avortement. En composant le numéro, mon cœur s'emballe, et c'est d'une voix étranglée par le chagrin que je demande un rendez-vous. L'infirmière m'interroge sur la date de mes dernières règles ; je ne sais même plus quand j'ai cessé de saigner, ce qui est étrange car j'ai toujours su la date exacte de mes règles et là, un blanc, une amnésie totale s'empare de moi.

– Je suis enceinte de sept semaines, c'est tout ce que je sais !

– Alors il va falloir faire très vite pour ne pas dépasser la date légale, Mademoiselle. Venez lundi matin à 9 heures. Après votre rendez-vous avec un psychologue, nous fixerons une date rapidement !

Je raccroche, le cœur vide. C'est tout ? Une vie, ça s'arrête à une date, aussi simplement que cela ? Je vais vomir. Je passe le week-end recroquevillée dans mon lit, sans parler. Dans ma tête, je prie pour me faire pardonner ce que je vais faire. Nils ne dit rien, il part même faire du vélo pour se changer les idées.

« Tu seras maudite, apatride, sans toit ni famille, à errer seule autour de la Terre pour l'éternité… » Je m'endors en pensant à l'os d'aigle que j'ai rendu à Biret. Je voudrais appeler la tante de Johannes au secours, je voudrais qu'elle soit près de moi à cet instant, mais je suis seule, désespérément seule, à porter mon chagrin et ma peur.

Le psychologue est un affreux vieux garçon grincheux en blouse blanche à qui je n'ai absolument rien à dire sauf inventer une histoire pour en finir très vite. Il signe la décharge et me dirige vers le bureau de l'infirmière. Celle-ci lit la décharge et, après avoir vérifié des papiers du laboratoire, ouvre un cahier dans lequel elle pointe une date.

– Lundi prochain ? Il vous faudra venir à 8 heures, à jeun, sans bijoux, ni vernis sur les ongles. Vous avez des allergies ? C'est votre première grossesse ?

– Oui.

Elle me tend un dossier et je sors, le regard et le cœur toujours vides. Demain, je retourne travailler.

Ma semaine se passe dans un épais brouillard ; l'inventaire accapare mes journées, mon patron me trouve pâle et fatiguée, je fais semblant d'aller bien en souriant. Je ne parle plus à Nils. Il est paniqué, je le sens, il ne sait rien, je ne lui dirai rien. Je ne pense plus qu'à une chose : fuir à l'autre bout du monde. Mon professeur m'envoie ses cours à domicile et s'inquiète de mon absence. Je lui réponds que je travaille beaucoup et il raccroche en me faisant promettre de revenir très vite. Le week-end arrive et je décide d'appeler Anna. J'ai besoin d'elle : j'ai si peur que je ne cesse de vomir et n'arrive pas à dormir la nuit. Elle m'accompagnera, c'est promis, mais elle veut que je parle à Nils, ce que je refuse, et je lui fais jurer de garder le silence.

Dans la voiture qui m'emmène à l'hôpital, Anna garde le silence en me serrant la main très fort. Le lieu est froid et vieillot, une file de filles déambulent en silence dans le couloir et on me guide vers la salle d'attente avant de me conduire à un dortoir où je dois me déshabiller, revêtir une tunique blanche et m'allonger dans un lit. Une vieille infirmière me demande d'avaler un cachet qui, dit-elle, m'aidera à me relaxer. Je regarde autour de moi : une fille à ma gauche pleurniche dans son lit. On emporte et ramène un lit après l'autre. J'ai l'impression d'être dans une boucherie.

Des filles pleurent et gémissent à leur réveil et, lorsque l'on vient me chercher, je ferme les yeux et ne réponds pas à l'infirmière. Je ferme les yeux sur le boucher qui éteint la vie en moi. Je ferme les yeux sur ma vie de jeune femme, ma vie de mère, et m'endors en respirant une dernière fois dans mon masque. À mon réveil, un médecin est assis près de moi. Je referme aussitôt les yeux, des larmes inondant mon visage.

– Mademoiselle, réveillez-vous.

J'ai envie de hurler ; aucun son ne sort.

– Mademoiselle, le fœtus n'était pas viable. Ne pleurez pas, reposez-vous, je vous recevrai plus tard dans mon bureau.

Je referme les yeux et m'endors en pleurant toujours.

– Mademoiselle, réveillez-vous, buvez ça, s'il vous plaît.

– Non, fichez-moi la paix, laissez-moi dormir !

– Mademoiselle, donnez-moi votre bras, je vais prendre votre tension.

Je tends mon bras et ferme les yeux. L'infirmière me demande à nouveau d'ouvrir les yeux et de boire un verre d'eau.

– Asseyez-vous un moment. Je pose vos vêtements sur la chaise. Prenez votre temps. Votre tension est très basse, quelqu'un va vous ramener chez vous ?

– Oui, une amie m'attend.

Dès qu'elle quitte la chambre, je me lève et m'habille en tremblant. J'arrache un sparadrap accroché à ma main ; un large hématome bleuté la recouvre. Je pose mes mains sur mon ventre et fonds en larmes. Le médecin m'attend dans son bureau.

– Mademoiselle, votre grossesse était pathologique : le fœtus ne grossissait plus depuis une semaine au moins. Je doute fort que vous puissiez un jour avoir des enfants. J'ai regardé votre dossier… Il est sans appel. Votre gynécologue veut vous voir dans le mois. D'ici là, reposez-vous.

Il me tend un dossier et me raccompagne à la porte. Dehors, une jeune infirmière m'accueille avec le sourire :

– Un charmant jeune homme vous attend. Venez, je vous raccompagne.

– Non, vous devez vous tromper, je suis venue avec une amie, elle patiente dans la salle d'attente.

Lorsqu'elle ouvre la porte donnant sur le couloir, je tombe nez à nez avec Nils. Je m'arrête net.

– Nathalie, je suis désolé, tellement désolé ! J'ai beaucoup réfléchi et je regrette de t'avoir fait subir cette épreuve… Pourquoi ne m'as-tu rien dit ? On aurait pu en parler ensemble…

Je le regarde droit dans les yeux et le gifle violemment. Il n'a pas bougé et me regarde tristement en baissant la tête. Je tourne les talons et hurle dans le couloir qu'il me fiche la paix. Peu à peu, je sombre dans la colère et le silence.

Je me remets à travailler d'arrache-pied et reprends mes études. Mon professeur est de plus en plus inquiet et m'oblige à me peser tous les matins. Je refuse et m'assois silencieusement dans la salle. Je rentre juste pour me changer et dormir. Une nuit, je sens une plume me frôler le visage et je me réveille en hurlant. Nils est tétanisé et ne sait plus quoi faire pour se faire pardonner. Je refuse de lui parler et il va et vient entre son travail et l'appartement, l'air épuisé. Les semaines passent et je sombre encore plus profondément dans l'anorexie. Mon poids chute dangereusement, mais je me sens si légère que j'ai enfin l'impression d'être vivante. Je suis prise dans l'engrenage hypnotique de l'anorexie et le temps me glisse dessus. Je ne mange plus rien de solide et me nourris uniquement de soupe d'églantine et de thé noir. J'ai enfin la sensation de tout maîtriser.

Un matin, mon corps lâche : ma tension est si basse que le médecin d'urgence que Nils appelle me fait hospitaliser sur-le-champ. À mon réveil, je suis sondée et nourrie de force. Mon plus grand plaisir est d'arracher cette sonde immonde que les infirmiers s'acharnent à me replacer dans le nez. Je fixe l'écran de télévision et refuse toute visite. Nils n'ose même plus venir me voir et m'envoie Anna, qui reste à mes côtés, impuissante et inquiète. Un beau jour, mon professeur, cet ancien oncologue japonais, débarque à l'hôpital malgré mon refus de le recevoir. C'est lui qui va me sauver la vie.

À mon retour à la maison, Nils a accepté un nouveau poste entre l'Allemagne et la Suède, pensant me laisser le temps de me rétablir tranquillement. Je prends cela comme une deuxième trahison et nous nous croisons désormais tous les dix jours dans un silence assourdissant.

Un jour, je passe devant la devanture d'une agence de voyages. Une pancarte vantant la beauté de l'Australie attire mon regard. Je décide de rentrer et de me renseigner. J'ai des amis surfeurs à Sydney et, je ne sais pas pourquoi, soudain, je sens que je dois y aller. L'agente me montre des tas de destinations en promotion, des lieux rares et exotiques, mais j'ai pris ma décision comme ça, en une fraction de seconde. C'est décidé : je pars en Australie ! C'est violent et inexplicable mais, en l'espace de quelques jours, j'appelle les amis qui m'accueilleront à bras ouverts, j'achète un billet aller-retour ouvert sur un an et choisis l'option avec six destinations au choix autour du monde.

Anna est effondrée : nous venions de nous associer et d'ouvrir un petit café végétarien. Je démissionne et décide de passer mes examens à l'école avant de partir en septembre. Nils reçoit la nouvelle comme une gifle. Il reste prostré et me supplie d'annuler mes projets. Je ne céderai pas, plus jamais, et lui explique que je reprends ma vie en main. Il repart en Allemagne la mort dans l'âme, téléphonant le soir en me suppliant de réfléchir. Lorsqu'il rentre dix jours plus tard, il est silencieux et distant. En un regard, j'ai compris. Il repart sans un mot et je commence les démarches en vue de mon voyage : je range peu à peu mes affaires dans des cartons – mes meubles resteront là –, j'organise mes visas et passe mes derniers examens avec succès. Mon professeur m'a guidée vers une nouvelle alimentation qui semble mieux me convenir et je me passionne pour la macrobiotique. Même si je pèse encore bien trop peu, mon combat intérieur semble doucement mais sûrement me laisser un peu de répit.

Au retour de Nils, je décide de lui annoncer que je sais qu'il m'a trahie en Allemagne et que je partirai début septembre. Des amis plus ou moins bien intentionnés m'ont donné le nom d'une belle hôtesse allemande qui travaille sur le ferry sur lequel il officie en tant que personnel navigant et qui semble partager son temps libre avec lui depuis peu. Mon cœur flanche, mais je m'agrippe à mon voyage comme à une bouée de sauvetage. Il est assailli par les regrets et tente de m'expliquer son dérapage. Je ne veux rien savoir, je veux juste partir. Ma décision prise, je me sens immédiatement plus sereine et nous essayons de parler et de prendre un peu de recul par rapport à la situation. Il ne comprend pas mon choix, mais me promet qu'il m'accompagnera jusqu'au bout. Il ne veut pas de cette séparation, mais nous avons besoin de nous éloigner un temps l'un de l'autre.

Un matin de septembre, c'est lui qui porte mes valises jusqu'à l'aéroport, où nous nous quittons paisiblement. Je sais que cet amour est plus fort que tout, mais une voix intérieure me pousse à reprendre la route. Je veux fuir cette malédiction. Inconsciemment, c'est pourtant en partant que je vais la revivre. Je n'ai jamais parlé à Nils de mon voyage en Sibérie, ni des raisons qui me poussent à partir, et il ne sait pas à quel point je fuis, croyant le sauver de ma destinée.

Sydney – septembre 1988

Après un arrêt à Los Angeles pour embrasser mes amis, quelques jours à Hawaï, puis à Papeete pour passer une semaine chez une amie d'enfance, j'atterris enfin à Sydney. Ces derniers jours, je n'ai eu de cesse de remiser mes pensées et mon chagrin au fond de mon cœur. Je compartimente tout. C'est ma façon d'avancer sans m'écrouler. J'affiche mon plus beau sourire, et mon insouciance reprend vite le dessus. Comme je le lui avais promis, j'appelle Nils à chacun de mes arrêts. Je sens son chagrin et il tente de me faire rebrousser chemin. Je refuse de parler de son « écart », même s'il tente vainement de s'expliquer. Je ne lui en veux pas.

Arrivée dans le hall de l'aéroport de Sydney, j'aperçois mes quatre amis surfeurs s'agiter devant les barrières. Je ne les ai pas revus depuis leur dernière visite en Suède et les retrouver me réconforte. J'embarque dans leur van chargé de planches de surf, de *leashes* et de combis. L'odeur de la wax chaude me replonge dans mon adolescence à Biarritz. Les retrouvailles sont joyeuses et nous filons vers Paddington, où ils vivent en colocation dans une superbe maison victorienne.

Je projette de trouver un poste de serveuse très vite afin de voyager, poursuivre mes études sur les plantes et réfléchir à ma vie. Je me donne une année sabbatique pour faire le point sur ma vie mouvementée et digérer mon voyage en Sibérie. J'ai encore du mal à intégrer tout ce qui m'arrive sans cesse. Je me sens parfois impuissante. J'essaie de ne plus repenser à ces derniers mois mais, parfois, la nuit, je pose mes mains sur mon ventre vide et pleure doucement en pensant à ce bébé envolé. Parce qu'au fond de moi couve toujours une sourde angoisse, j'essaie de me concentrer sur le moment présent.

Les garçons me guident jusqu'à ma nouvelle chambre et nous nous asseyons enfin sur la terrasse pour boire un verre de chardonnay. Il est midi et le barbecue est déjà en route. C'est le printemps à Sydney, mais il fait déjà une chaleur écrasante. Je savoure mon verre de vin et respire enfin. La vie est belle et, soudain, j'ai une faim de loup. En un mois, je passe de 41 à 47 kg ; mon anorexie disparaît et je dors sans l'ombre d'un cauchemar. Je cours les restaurants et trouve très vite un poste à Pier One, dans un restaurant connu près de l'Opéra. Mes amis travaillent tous pour une entreprise de logiciels et nous passons notre temps libre à surfer ou à sortir à Kings Cross, la nuit.

Je fête mes 24 ans entourée de ma bande de surfeurs au *Blue Note*, un club de jazz de la ville, et ma vie me semble aussi légère qu'une plume. Nils appelle tous les soirs, tel un métronome. Il semble aller de plus en plus mal. Je cache ma joie de vivre pour ne pas le blesser. Anna m'a appelée pour me raconter qu'il s'était laissé pousser la barbe et les cheveux, et qu'il semblait perdu et déprimé. Je culpabilise et il me manque.

Un soir, il m'annonce qu'il déménage dans le Sud pour travailler quelques mois, mais que l'appartement m'attend si je souhaite rentrer plus tôt. Je lui promets que je serai de retour d'ici quelques mois. Notre complicité me manque et je me demande parfois comment nous avons pu en arriver là. Lorsque je regarde ma vie, je me dis que tout ce que je touche s'écroule ou disparaît. Je veux seulement protéger ceux que j'aime, tant pis si mon cœur s'effrite peu à peu. Anna est la première amie en qui j'ai totalement confiance et pour qui j'éprouve une profonde affection depuis la mort d'Alexia. Le suicide ma meilleure amie, cette sœur d'âme et de cœur, a laissé tant de chagrin et de vide en moi que je ne pensais jamais retrouver une connexion aussi belle et profonde. Elle me manque, mais je sais qu'elle est là, dans mon cœur.

Si je sais entretenir des relations amicales superficielles, j'ai beaucoup de mal à m'ouvrir aux autres depuis toujours. En réalité, je cache l'essentiel et ne montre qu'une façade insouciante. Anna, elle, sait. Elle sait tout de moi, de cette peur, de ce cauchemar, de Johannes, de Valentina et de ma fuite incessante depuis mon plus jeune âge. Et je sais tout de sa vie.

Un soir de confidences au téléphone, elle m'avoue que la blonde avec qui Johannes sortait avant de me rencontrer, c'était elle. Une relation de quelques semaines sans importance. Elle avait quitté la ville pour voyager et ils n'étaient pas restés en contact. Mais elle savait que j'avais vécu avec lui. Je reste muette de stupeur. Je n'arrive à formuler qu'une pensée :

– Anna, c'est tellement étrange. J'ai l'impression que ma vie n'est faite que d'événements bizarres.

Elle, qui est un peu plus âgée que moi et qui a déjà beaucoup voyagé, me raconte qu'une fois arrivée en Inde, un *sâdhu* lui avait dit, en pleine rue et sans la connaître, qu'elle devait repartir à la source. Il avait continué sa route sans se retourner. Elle était restée toute la nuit à réfléchir avant d'acheter un billet d'avion pour Le Caire sur un coup de tête. Elle n'avait jamais mis les pieds en Égypte, mais tout à coup, là-bas, au milieu de la foule, elle avait reconnu un quartier, des odeurs et des visages familiers, et avait demandé à se rendre dans un haras sans trop savoir pourquoi, même si la passion des chevaux avait toujours été présente dans sa vie. En rentrant en Suède, elle avait acheté son premier cheval, un arabe égyptien, avec lequel elle avait gagné quelques concours prestigieux.

– Anna, tu crois que ma source est en Suède ?

– J'en suis sûre, Nathalie, c'est en Suède que tu as repris tes esprits, dans tous les sens du terme, et je sais aussi que nos routes se sont croisées il y a longtemps.

Nos interminables communications sont onéreuses et j'ai dû abréger notre discussion avec regret, mais, la nuit, ses derniers mots rebondissent sans cesse en moi. Moi aussi, j'ai l'impression que nos chemins se sont croisés il y a longtemps. Je ne sais pas pourquoi mais, alors qu'elle est mon aînée de trois ans et que c'est elle qui veille sur moi, je sens soudain que je dois la protéger.

Peu à peu, je me lie d'amitié avec un groupe de Français et quelques baroudeurs de passage, surfeurs, hippies, jeunes étudiants. Je jongle entre mon travail et nos sorties, et la vie redevient insouciante et légère. Un soir, nous nous arrêtons dans un bar-restaurant tenu par une fratrie d'Italiens. L'endroit est connu dans toute la ville et est très branché. La soirée se termine à coups de verres de *sambuca* et de rires bruyants, et nous nous apprêtons à partir quand l'un des frères me propose un poste de serveuse. J'hésite un instant avant de refuser poliment. Mon poste à Pier One me plaît vraiment et mon salaire me permet de vivre confortablement. Le patron double mon salaire et me propose de me faire visiter une maison de Paddington, qui appartient à une Française à la recherche d'une locataire. Mes amis surfeurs sont adorables, mais je me sens parfois à l'étroit au milieu de leur capharnaüm de planches et de matériel de plongée. Je me demande si vivre seule ne serait pas une bonne chose, finalement. Nous décidons de nous revoir le lendemain après-midi, à 17 heures, après mon service. Il fait un temps splendide en ce mois de novembre ; l'été austral approche. Lorsque je rentre pour me changer, les garçons me préviennent que les Italiens du restaurant ont une réputation sulfureuse. Je souris sans me préoccuper de leurs remarques et décide de lâcher mes cheveux, d'enfiler une simple robe blanche à dos nu et une paire de ballerines dorées. Je prends un taxi jusqu'à Kings Cross. Ce dernier s'arrête devant la terrasse, tout semble fermé. Je m'extrais de la voiture, retire mes ballerines, qui me font souffrir, et entre pieds nus dans le bar. Deux des frères sont allongés sur les banquettes et me saluent. Le troisième, Luigi, sort de la cuisine en souriant. Sur ma gauche, un inconnu assis sur un fauteuil me fixe du regard. J'avance pieds nus. Mon cœur se met à battre si fort que je balbutie un mot inaudible à Luigi.

– *Ciao*, Nathalie, je te présente notre associé, Paolo, qui vient d'arriver du Canada à l'instant.

Je bredouille un « salut » sans un regard pour l'associé en question et m'assois avec Luigi en tournant le dos à Paolo. Je sens néanmoins son regard sur moi. Les deux autres frères continuent de discuter en italien avec lui pendant que Luigi me propose un café. Je refuse poliment en lui disant que je n'en ai jamais bu de ma vie et que je veux bien un simple verre d'eau. Luigi éclate de rire et me lance :

– Si tu veux travailler ici, il va falloir que tu goûtes à nos célèbres macchiatos, cappuccinos et ristrettos et, surtout, que tu apprennes à les faire !

Je me sens honteuse de ne pas savoir de quoi il parle et me dis que je ne vais finalement pas avoir le poste à cause d'un simple café. Luigi me pose quelques questions sur mes compétences et la durée de mon séjour en Australie. En prenant mon passeport, il remarque mon adresse en Suède.

– Tu vis en Suède ?

– Oui, depuis quelques années.

– Tu es française ou suédoise ? demande une voix dans mon dos.

Je me retourne, Paolo me regarde droit dans les yeux en souriant. Pourquoi me pose-t-il cette question ? Dans un français parfait qui plus est ? Je lui réponds en anglais que je suis Française, mais que je vis en Suède depuis quatre ans et me retourne aussitôt vers Luigi. Celui-ci me tend un planning et une proposition financière plus qu'avantageuse. J'hésite tout de même. Sans savoir pourquoi, j'ai soudainement envie de fuir. Derrière moi, Paolo surenchérit en français :

– Et tu vas travailler avec moi, je t'apprendrai à faire le café.

Je regarde Luigi qui sourit et me lève brusquement.

– Écoute, Luigi, je dois partir, j'ai un cours de yoga. Je te donnerai ma réponse demain, ça te va ?

Luigi acquiesce, mais insiste :

– Nous avons besoin d'une nouvelle hôtesse en urgence. Si tu veux, j'appelle Pier One pour te débaucher.

– Certainement pas, je m'arrangerai avec Kostas si je démissionne. Je vais réfléchir et t'appelle demain, promis.

Je repars pieds nus, en oubliant mes ballerines sur la banquette. Paolo se lève et me rattrape sur la terrasse. Il me fixe en souriant.

– Tiens, Cendrillon, tu vas être en retard !

Une attirance mêlée à de l'aversion me donne envie de le gifler. Je prends mes chaussures sans un mot et pars en direction de la station de taxis.

En rentrant, je trouve un mot qui me propose de rejoindre les garçons dans un pub de Paddington. Quand j'y arrive, mes amis sont en train de siroter leur verre et me demandent immédiatement de leur raconter mon entretien. Tout le monde connaît les Italiens et le *Caffè San Giovanni* ici.

– Alors, alors ? Raconte !

– Mais alors rien, je ne sais pas.

– Comment ça, tu ne sais pas ? Tu es folle ou quoi ? Tu vas gagner une fortune en pourboires et travailler dans l'un des meilleurs restaurants du coin et tu ne sais pas ?

– Non, je ne sais pas encore, surtout qu'apparemment, je vais travailler avec leur associé, et franchement…

– Paolo est arrivé ?

– Tu connais ce prétentieux ?

Les garçons me regardent tous et éclatent de rire.

– Paolo ? Oui, c'est le célèbre entraîneur de l'équipe de water-polo de Sydney. Enfin, quand il est en Australie.

– Comment ça, entraîneur ? Il ne travaille pas au café ?

– Il est copropriétaire du café et, le reste du temps, il entraîne une équipe de water-polo ici et une autre au Canada.

Je bois mon verre de chardonnay et suis soudain épuisée. Je décide de rentrer seule à la maison. Je me sens complètement chamboulée et ne comprends pas pourquoi je suis de si mauvaise humeur. Je file me coucher tôt. Il faut que je me décide, mais il est hors de question que je travaille avec ce goujat !

Au petit matin, Chris, un de mes amis surfeurs, m'attrape dans le couloir :

– Tu n'as fait que crier cette nuit, qu'est-ce qu'il se passe ?

– Je ne sais pas, j'ai dû faire un cauchemar.

Je m'enferme dans la salle de bains et m'assois sur le rebord de la baignoire pour pleurer. Je ne sais pas ce qu'il m'arrive, je me sens en rage et je ne sais même pas pourquoi. Je regarde l'heure ; j'ai envie d'appeler Nils et de rentrer le retrouver. Au lieu de cela, je me jette sous le jet de la douche et continue de pleurer en silence.

Ma matinée est mouvementée : un groupe de Japonais arrive pour manger le célèbre sashimi de langouste du restaurant. Tout est chronométré et je n'ai pas une seconde pour réfléchir. À la fin de mon service, je me retrouve en cuisine à polir les couverts au vinaigre avec Kostas. Je n'ose pas lui dire que je vais les quitter, alors je tourne autour du pot. Mon patron me regarde et me demande ce qui ne va pas.

– Les frères Simeoni m'ont fait une proposition pour que j'aille travailler pour eux.

Sydney – septembre 1988

Malgré cet agacement étrange que je ressens pour Paolo, une attraction inexplicable me taraude et me pousse à travailler au *Caffè San Giovanni.*

– Si ça ne marche pas, reviens quand tu veux, tu auras toujours ta place ici. Tu seras très bien là-bas, ce sont des patrons sympathiques, même si l'endroit est parfois un peu agité !

Kostas a toujours été un patron en or et je m'en veux de le quitter, mais quelque chose me pousse à aller travailler au *Caffè San Giovanni.* Je le remercie et il me dit qu'il préparera mon chèque.

– Kostas, tu connais Paolo ?

– Bien sûr, c'est un sacré coureur de jupons, mais c'est un mec bien. Il est arrivé ?

– Oui, hier.

Kostas me regarde en souriant, je crois qu'il a compris que j'en pinçais pour Paolo.

Novembre 1988

Dans le taxi qui me conduit au restaurant, je n'ai de cesse de trembler. Je demande au chauffeur de s'arrêter au coin de la rue pour reprendre mes esprits et mon calme. Lorsque j'entre, Luigi est en train d'essuyer des verres et m'accueille le sourire aux lèvres. Je suis soulagée de voir qu'il est seul. Et déçue malgré tout…

– *Ciao, bella* ! Alors, c'est bon ?! J'ai eu Kostas au téléphone, bienvenue chez les fous ! Tu ne vas pas t'ennuyer, je te le promets !

Je frémis en pensant à ce qu'ils se sont dit et espère que Kostas n'a pas parlé de Paolo à Luigi.

– Oui, c'est bon avec Kostas, je suis disponible quand tu veux !

– Eh bien, tu vas m'aider à essuyer ces verres et ensuite, je te montrerai un peu la carte et la cuisine, ça te va ?

Les membres du personnel arrivent un à un. Le chef est un Italien bourru. Une équipe de serveurs et de serveuses prend ses quartiers au pas de course. Luigi me présente comme la nouvelle hôtesse-serveuse et décide de me détailler le menu.

– Tu prendras la carte chez toi pour la mémoriser. Tu parles un peu italien ?

– Pas du tout.

– Ça n'a aucune importance, les cartes sont aussi en anglais. Pour les cafés, par contre, Paolo te formera, c'est lui, le spécialiste !

Je frémis en entendant son nom.

– Je dois vraiment travailler avec lui, Luigi ? Je pensais que je serais au service, avec les autres ?

J'ai honte d'insister, mais je ne peux pas m'empêcher de trembler en pensant à l'associé.

– Oui, vous allez travailler en binôme, il a besoin de quelqu'un pour le seconder à l'accueil.

Il n'a pas fini sa phrase que je sens une présence derrière moi. Une odeur de shampooing, de chlore et de cheveux mouillés me happe soudain. Je me retourne, il se tient presque au-dessus de moi et me fixe droit dans les yeux en souriant. Je recule et me décale sur le côté, agacée, mais il s'approche de moi pour se préparer un café. Luigi, appelé en cuisine, nous quitte et je sens mon cœur battre violemment.

– Tu veux un café ?

– Non, merci.

– Je te prépare un macchiato, je vais t'expliquer la carte des boissons.

– Non, vraiment, merci. Luigi m'a déjà expliqué les boissons.

– Ah, eh bien parfait alors, tu vas goûter à mon célèbre macchiato ! Tu veux du sucre ?

Je suis tellement agacée que je ne réponds pas et sors du bar en attendant qu'il prépare son satané café. Alors que le restaurant commence à se remplir, il me demande de le suivre dans la partie du fond, réservée au personnel. Il s'assoit et pose deux cafés sur la table : un noir et un recouvert de mousse blanche.

– C'est ton macchiato. Ça veut dire « taché », parce qu'on y ajoute une pellicule de mousse de lait, tu comprends ?

Je ne réponds pas et regarde les clients affluer. Il avale son café presque d'un trait et me sourit.

– Alors ? Il est bon ?

Je plonge mes lèvres dans la mousse, feins de boire et repose ma tasse aussitôt. Il approche un doigt et efface ma moustache de lait en riant. Je frémis ; je voudrais le gifler et m'enfuir en courant. Je ne touche plus à mon café. Il fait semblant de ne rien voir et continue ses explications sur les différents cafés proposés. Une serveuse l'interpelle à propos d'une réservation et il se lève pour la suivre. Je souffle enfin. Je me dis que c'est le bon moment pour partir. Je m'exécute rapidement et, alors que je le pense en terrasse, il s'approche à nouveau de moi et me regarde de haut avec un sourire narquois :

– Tu pars déjà ?

Ses yeux verts me transpercent le cœur. Il fronce les sourcils, l'air sérieux soudain, puis sourit à nouveau, comme si tout cela n'était qu'un jeu.

– Oui, je rentre, j'ai un cours de yoga bientôt. Luigi va me donner mon planning.

– Je vais le faire ; c'est le même que le mien, puisque nous allons travailler ensemble.

Je le maudis intérieurement et le suis à contrecœur dans son bureau, en restant néanmoins sur le pas de la porte.

– Rentre, assieds-toi, je vais imprimer tes papiers et contrats, tu n'auras plus qu'à me les ramener signés !

– Je n'ai pas de visa de travail, juste un visa de tourisme de six mois.

– Aucune importance, on s'arrangera. Tu vis où ? J'ai besoin de ton adresse.

– À Paddington.

– Mais encore ? rit-il. J'ai besoin de ton adresse complète, de ton numéro de téléphone, de ta date de naissance et de tes papiers.

J'enrage, mais lui tends mon passeport et écris mes coordonnées sur un bout de papier.

– Nathalie… J'aime bien ce prénom. Tu vis à Georgina Street ? Je connais bien Mark et les autres surfeurs qui vivent là-bas. Tu vis avec l'un d'entre eux ?

– Oui.

Je mens délibérément, pensant qu'il me laissera tranquille.

– Mark doit rentrer en Hollande bientôt. C'est dommage, je l'aime bien.

– Oui, c'est dommage, mais il doit reprendre ses études. Comment le connais-tu ?

– Je l'ai entraîné l'année dernière. C'est un sacré sportif !

Il semble enfin plus sérieux, mais reprend vite son côté moqueur et hautain :

– Bon, rendez-vous demain, 16 heures, robe noire aux genoux, sans dos nu, cheveux attachés, et avec des chaussures, s'il te plaît !

Il me fixe à nouveau de son air conquérant. J'ai envie de lui arracher les yeux. Je prends les papiers et tourne les talons sans lui dire au revoir. Je file à mon cours de yoga dans un studio du centre-ville, mais n'arrive pas à me déconnecter de lui. Je le maudis intérieurement et tente de suivre la voix de mon professeur, sans grande conviction. Dans les vestiaires, ma propriétaire française, qui m'accompage, me demande :

– Qu'est ce qui t'arrive, tu as l'air énervée et dans la lune ces derniers jours ?

– Tout va bien, je suis juste stressée à propos de mon nouveau job.

– Mais, enfin, tu n'as rien à craindre !

– Lili, toi qui vis ici depuis longtemps, tu connais Paolo ?

– Un conseil : ne t'en approche pas !

Je jette mon tapis dans mon panier et nous quittons le centre-ville à travers Hyde Park.

– Je suis censée travailler en binôme avec lui, je vais bien être obligée de m'en approcher !

– Je voulais dire : « Ne sors surtout pas avec lui. » C'est un bourreau des cœurs, un véritable *serial heartbreaker*[6], c'est tout. Après, tu es une grande fille.

– Tu es sortie avec lui ?

Elle s'arrête et me regarde.

– Non, pas du tout. Tu es amoureuse de lui ou quoi ?

– Certainement pas, je veux juste savoir avec qui je vais travailler.

– Tu sais quoi ? Si tu veux gâcher ton séjour en Australie, sors avec lui. Sinon, fais ton travail, rentre sagement à la maison ou trouve-toi un amoureux, et oublie-le !

– Lili, tu crois aux malédictions, toi ?

– Absolument pas ! Par contre, Paolo, lui, c'est une vraie malédiction. Allez, avance, on va boire un verre avec les autres !

Mark, notre surfeur hollandais, fête son départ. C'est lui qui m'a invitée et accueillie à Sydney ; il va beaucoup me manquer. Je m'assois près de lui et reste silencieuse un moment, insensible à tout ce qui se passe autour de moi.

– Ça va, Nath ? Tu es bien silencieuse ce soir…

– Oui, tout va bien. Dis-moi, tu crois que ça existe, les malédictions, toi ?

6. « Briseur de cœurs en série ».

– Ça dépend sous quel angle tu vois ça mais, de manière générale, je ne crois pas que l'on puisse interférer avec l'ordre divin. Tu as de drôles de questions, toi, ce soir ! Allez, on va faire la fête ! Viens, on file au *Caffè San Giovanni* !

– Tu m'en veux si je rentre me coucher ? Je suis fatiguée.

– Aucun problème ! Mais, si ça ne va pas, tu sais où nous sommes.

Il me fait un clin d'œil et je me lève discrètement pour rentrer à la maison. Au petit matin, je décide d'aller m'acheter une robe noire et une nouvelle paire de ballerines pour attaquer le service du soir. Je flâne un peu avant d'entrer chez un coiffeur au hasard :

– Ce serait pour couper mes cheveux.

– Installez-vous, je m'occupe de vous de suite !

Une fois assise devant le miroir, je lève les yeux : un tableau représentant un aigle, l'œil fixé sur moi, me fait sursauter.

– Coupez-moi les cheveux aux épaules, s'il vous plaît. Un carré simple sera parfait.

– C'est dommage de couper vos cheveux, vous êtes sûre ?

– Oui, oui, allez-y !

En ressortant du salon, je me sens plus légère. Ma robe et mes chaussures dans un sac, je suis enfin prête à affronter ma soirée. Le taxi me dépose devant le numéro 9. Le personnel est déjà sur le pied de guerre et Luigi m'accueille avec son plus grand sourire, puis m'invite à m'asseoir avec lui autour d'un café. Je le remercie et allume une cigarette.

– C'est mauvais pour la santé, de fumer !

Je me retourne : Paolo est planté derrière moi, les cheveux mouillés, en jean et polo blanc. Je hausse les épaules.

– Je fais ce que je veux de ma santé, merci.

Il rentre en saluant le personnel et va se changer directement dans son bureau. Quand il revient, il me prie de le suivre jusqu'au bar et je n'ai plus d'autre choix que de l'écouter et de suivre ses recommandations. La soirée est calme et me laisse le temps de trouver mes repères petit à petit. Paolo passe et repasse derrière moi et tente quelques blagues idiotes pour me faire sourire. Je ne lui décroche pas le moindre regard et m'occupe des clients. La fermeture approche quand j'aperçois Mark sur le pas de la porte. Je me précipite pour l'embrasser et il me soulève de terre en riant.

– Ça va, tu as terminé ? On va boire un verre ?

Paolo s'approche et tend la main à Mark.

– *Ciao*, Mark ! Alors, bien remis de la soirée ?

– Oui, merci encore, c'était très sympa de votre part !

Il se retourne et me lance :

– On a un peu mis la pagaille ici, hier soir…

Il serre la main de Paolo et ajoute :

– Je te la kidnappe, à bientôt !

Je prends mon sac, salue le personnel et quitte le restaurant sans un regard pour l'Italien. Nous traversons le quartier animé de Kings Cross et nous dirigeons vers un bar plus calme, dont la terrasse est quasiment vide.

– Alors, comment s'est passée ta première soirée ?

– Très bien, c'était calme et parfait pour débuter.

– Dis-moi, qu'est-ce que tu as eu, hier soir ? Tu avais l'air perturbée, Nils a téléphoné ?

– Rien, j'étais fatiguée. Et non, je devais l'appeler, mais je n'en ai plus le courage. Il faut que nous nous laissions un peu de temps pour y voir plus clair. Parfois, j'ai l'impression qu'il ne me manque plus vraiment.

– Loin des yeux, loin du cœur. Prends ton temps. Par contre, un qui t'a à l'œil, c'est ton patron !

– Qui, Luigi ? Tu plaisantes ? Il est marié !

– Nathalie, arrête, tu sais très bien de qui je parle.

– Si tu parles de Paolo, tu peux tout de suite oublier tes paroles.

– Il m'a posé un tas de questions sur toi, hier soir.

– J'espère que tu ne lui as rien dit !

– J'ai été discret et muet comme une carpe ! Il pense que nous sommes ensemble, ça devrait te rassurer jusqu'à mon départ. Si j'ai un conseil à te donner, ce n'est pas quelqu'un pour toi.

– Décidément, il ne fait pas l'unanimité !

– C'est un chic type, plein d'humour et brillant, mais c'est aussi un séducteur et il a quelques casseroles ici. Je n'ai pas envie qu'il te brise le cœur.

– Mark, je ne suis pas venue ici pour me faire briser le cœur, mais pour prendre du recul et comprendre pourquoi ma vie est toujours aussi compliquée et étrange. Tu sais, je n'arrête pas de vivre des choses bizarres, comme de drôles de coïncidences, des synchronicités incessantes ou encore croiser des visages que j'ai l'impression d'avoir connus autrefois. Ça m'arrive depuis que je suis enfant. J'ai parfois l'impression de ne pas vivre ma vie, mais celle d'une autre, tu comprends ?

– Oui, je vois très bien, mais peut-être te concentres-tu plus sur certaines choses parce que tu es hypersensible ? Tu devrais peut-être juste lâcher tout ça un temps et profiter de ta vie ?

– Mark ?

– Oui, Nathalie ?

– Tu sais, à propos de Paolo, je sais que je l'ai connu autrefois, dans une autre vie. Je l'ai senti dans mon cœur la toute première fois que je l'ai vu et je sais qu'il m'a fait du mal, je le sens…

– Alors écoute ton cœur : mets une armure, c'est un sacré phénomène.

Les jours passent et je ne cours plus. Je danse sur la pointe des pieds entre les cours de yoga, les sorties en mer entre amis et le travail. Je danse littéralement. Mon appétit est stable, j'applique les préceptes de mon professeur et me nourris de légumineuses, de fruits de mer et de poisson. Je jeûne régulièrement. Mes cauchemars et l'œil ont disparu. Parfois, je me pince pour y croire, mais je dois bien me rendre à l'évidence : je me sens libérée.

Au restaurant, j'essaie d'esquiver les piques et les regards de Paolo, mais mon trouble ne passe pas inaperçu. Luigi nous salue d'un « *Ciao, amanti*[7] ! » dès qu'il nous croise et je rougis dès que je frôle Paolo pour me faufiler derrière le bar. Je suis incapable de faire un bon café, ce qui le pousse à me rappeler derrière la machine de manière incessante pour refaire un capuccino ou même un simple expresso. J'ai honte et me sens totalement incompétente face à lui.

Un lundi soir, alors que je suis en train de faire la caisse, il me tend une carte de visite. Je la prends et la mets dans ma poche sans la regarder. Je salue le personnel et file prendre un taxi pour rentrer chez moi. J'ai à peine le temps de héler un chauffeur que Paolo m'attrape par le bras et me lance :

– Je t'y attendrai jusqu'à 17 heures. Si tu ne viens pas, je te verrai au travail. *Ciao*, fais de beaux rêves !

Je tremble tellement que je me jette dans le taxi sans le regarder et m'écroule sur la banquette arrière. La carte me brûle les mains, le taxi file dans la nuit. Sur le dos d'une carte d'un restaurant de bord

---

7. « Salut, les amoureux ! »

de mer de Rose Bay, Paolo a noté : « Mercredi midi, Rose Bay, prends des affaires de plage pour te baigner. Paolo. »

Je suis en colère : pour qui se prend-il ? Mercredi midi, je dois retrouver mon groupe de yoga pour un pique-nique à Bondi, il est hors de question que je leur fasse faux bond ! Je rentre en silence et me couche immédiatement. Cependant, je ne ferme pas les yeux de la nuit et me lève tard pour déjeuner au soleil sur la terrasse. En fin d'après-midi, je prends mon service, angoissée et cernée par le manque de sommeil. Lorsque j'arrive, Paolo n'est pas là. Je souffle enfin en apprenant qu'il est en congé.

Mercredi 23 novembre 1988

Le soleil m'a réveillée en traînant sur mon visage à travers les vieux volets à jalousies. Les garçons sont partis surfer à Surfers Paradise sur la Gold Coast et j'erre sans but dans la maison silencieuse. En buvant mon thé, je scrute la carte de Paolo et hume son odeur. Je voudrais qu'elle sente le chlore, le soleil chaud et l'odeur de ses cheveux. Je suis en colère contre moi, en guerre contre un ennemi invisible : cette attraction tenace, lancinante, qui me ravage le cœur depuis trois semaines. Je sais que je vais prendre un taxi pour Rose Bay et que je n'ai aucune armure pour me protéger.

Je prends une douche et me prépare, mon maillot est déjà prêt et je décide d'enfiler la robe blanche au dos nu que je portais le jour où je l'ai rencontré. Mes ballerines dorées me font toujours mal et je sais que je ne devrais pas mettre ce rouge à lèvres rouge, mais je le glisse dans mon sac presque malgré moi. Dans le taxi qui me conduit à Rose Bay, je le passe furtivement sur mes lèvres.

– Mademoiselle, nous sommes arrivés !

Je sursaute et règle la course. Attablé seul sur la terrasse face à la mer, Paolo me regarde avancer, l'air terriblement sérieux.

– Tu es très belle. Remets juste tes chaussures.

Je tiens mes ballerines à la main et me sens si stupide que j'ai soudain envie de m'enfuir. Je n'aurais jamais dû venir. Je remets mes chaussures et il tire mon fauteuil pour que je m'installe.

– Tu bois quelque chose ?

– Oui, un verre de chardonnay, s'il te plaît.

Il me regarde droit dans les yeux. Sous la table, je retire mes chaussures discrètement. J'allume une cigarette et le fixe également. Il ne dit rien. Il boit un Perrier citron et je souffle des volutes bleues en l'air.

– Tu es toujours aussi caractérielle avec les hommes ?

Je le regarde encore, puis aspire de la fumée en regardant la mer.

– Tu es toujours aussi prétentieux avec les femmes ?

Il éclate de rire nerveusement et avale une gorgée de son Perrier.

– Tu joues aux échecs ? Je gagne toutes les parties.

Je l'examine et sais qu'il a perdu. Lorsqu'arrive le dessert, il commande deux expressos. J'avale le mien avec une cuillère de sucre et il me regarde boire – pour de vrai, cette fois-ci – le tout premier café de ma vie.

– Alors ?

– Alors je déteste le café.

– Viens, allons marcher sur la plage.

L'étendue de sable est déserte et nous nous installons près de l'eau. Il me regarde enfiler mon maillot et se déshabille à son tour.

– Suis-moi.

Il se jette littéralement à l'eau et j'y entre frileusement pour nager à ses côtés. J'aurais dû aller à mon pique-nique yoga, mais j'avais perdu mon combat d'avance. Il s'approche pour m'enlacer et je le repousse doucement.

– Je ne suis pas une de tes cocottes de luxe, tu t'es trompé de cible.

Il m'embrasse sur le nez, puis sur la bouche et s'éloigne en nageant sous l'eau. Je le laisse pour aller m'étendre sur ma serviette. Je tremble de tout mon corps et ferme les yeux.

– *Topolino*, tu penses à quoi ?

Il me regarde de haut, les mains sur les hanches, en secouant ses cheveux mouillés sur moi.

– Ça veut dire quoi, *topolino* ?

– « Petite souris ». Tu ressembles à ce petit rongeur quand tu fais la tête !

Il s'allonge près de moi et me serre la main très fort.

– Ce soir, je t'emmène manger quelque part ! Tu aimes les huîtres ?

– Oui, j'adore les huîtres, mais ce soir, je travaille, Monsieur le champion d'échecs !

– Le champion d'échecs est aussi ton patron : ce soir, tu ne travailles pas !

Je voudrais revenir en arrière, tout oublier et partir vite, très vite, mais il serre ma main dans la sienne et je ne peux plus partir.

– Aujourd'hui, ça fait dix ans que ma meilleure amie, ma sœur de cœur, s'est donné la mort.

Il s'assoit soudain, me regarde d'un air triste et se rallonge en fermant les yeux.

– J'avais un frère. Il est mort, lui aussi. Je ne l'ai pas connu, je suis né juste après lui. Rentrons.

Je n'aurais pas dû le suivre. Peut-être que si je ne l'avais pas fait, la malédiction se serait évanouie avec le temps ? Je repense à Yelena et à Anna, qui me manquent, à Johannes, dont je n'ai plus de nouvelles, à Nils, que je n'ai pas rappelé, et mon cœur bat comme le tambour de Valentina au fin fond de la montagne du Saïan.

Paolo charge nos sacs dans son quatre-quatre et je m'installe à ses côtés. Nous roulons sans parler jusqu'à Elizabeth Bay. Nous entrons dans son *penthouse* du dixième étage et il m'offre aussitôt un verre de vin blanc sur la terrasse.

– Tu vis seul ici ?

– Oui, sauf quand mes amis viennent me voir d'Italie.

– Ou quand une fille passe la nuit ?

Il me sourit.

– Ou quand une fille passe la nuit, oui…

Je le regarde droit dans les yeux. Il a un léger strabisme qu'il cache derrière une grande mèche blonde. Il semble parfois se détacher de son arrogance pour laisser traîner une pointe de mélancolie qui lui donne des airs d'enfant sauvage. Je sais qu'il cache une grande vulnérabilité et je n'ai plus la force de le combattre. Il n'y aura pas d'huîtres au restaurant ce soir, mais un sublime risotto aux asperges à la lueur des bougies, sur la terrasse. La baie brille de mille lumières et, pour la première fois de ma vie, je me sens intimidée et sans défense.

– *Topolino*, je te ramènerai demain pour que tu te changes avant l'ouverture, d'accord ?

En nous endormant, il me chuchote une chanson en italien :

Sara, svegliati, è primavera
Sara, sono le sette e tu devi andare a scuola
Oh, Sara, prendi tutti i libri ed accendi il motorino
E poi attenta, ricordati che aspetti un bambino
Sara, se avessi i soldi ti porterei ogni giorno al mare
Sara, se avessi tempo ti porterei ogni giorno a far l'amore
Oh, ma Sara, mi devo laureare ma forse un giorno ti sposerò[8]…

8. « Sara, lève-toi, le printemps est arrivé
Sara, il est 7 heures et tu dois aller à l'école
Oh, Sara, prends tous tes livres et démarre ta mobylette
Et puis, fais attention, rappelle-toi que tu attends un bébé
Sara, si j'avais les moyens, je t'emmènerais voir la mer tous les jours
Sara, si j'avais le temps, je te ferais l'amour tous les jours
Oh, mais Sara, je dois décrocher mon diplôme, mais peut-être qu'un jour je t'épouserai… »
(« Sara », Antonello Venditti).

Après lui avoir demandé de me traduire ces paroles, je me recroqueville sur le côté et me mets à pleurer.

– *Perché stai piangendo ? Topolino, vieni tra le mie braccia*[9]...

Je suis foutue et, à cet instant, je m'en moque éperdument. Les jours qui suivent ne sont qu'un tourbillon d'émotions que je refoule sans toutefois parvenir à garder mes distances. Paolo ne me lâche pas du regard et me frôle derrière le bar, devant Luigi et le personnel, qui ne bronchent pas mais qui comprennent très vite la situation. J'ai abandonné mes cours de yoga pour le suivre à ses entraînements et il passe de plus en plus souvent la nuit chez moi. Les garçons sont toujours en déplacement, mais j'ai décidé de louer la petite maison de Fabienne, une Française qui vit à quelques mètres de la maison de mes amis surfeurs. Paolo m'aide à déménager le week-end suivant.

Une nuit, il me réveille en se redressant brusquement. Il est assis dans le lit et se tient la tête en respirant très fort.

– Paolo, qu'est-ce que tu as ?

– Rien, ce n'est qu'une migraine, rendors-toi...

Il s'allonge, mais continue de respirer très fort. Je me lève pour allumer la lumière, mais il crie presque en me retenant près de lui.

– Non, éteins ! Ça va passer.

– Mais tu souffres, qu'est-ce que tu as ?

– J'ai des migraines ophtalmiques à cause des entraînements depuis des années, ne t'inquiète pas, ça va passer.

Il souffre tellement que je me lève pour lui préparer un cachet de codéine et une serviette humide et chaude que je lui pose sur le front.

– Allonge-toi sur le côté, je vais te masser la nuque.

9. « Pourquoi pleures-tu ? Petite souris, viens dans mes bras... »

Au bout d'un petit moment, sa respiration ralentit et il semble enfin s'endormir paisiblement. Je m'allonge près de lui.

– Merci, *topolino*.

– Chut, rendors-toi.

Je reste éveillée près de lui à écouter sa respiration. Il y a longtemps, je l'ai soigné, mais il m'a trahie, je le sens. La mort ne sépare jamais les gens qui s'aiment.

Décembre 1988

Les garçons sont rentrés de leur *road trip* et viennent régulièrement me voir au restaurant pour finir la soirée. Mark est rentré à Amsterdam et me met à nouveau en garde au téléphone quand il apprend que je sors avec Paolo.

Un soir, alors que je viens de terminer mon service, je m'assois avec la bande en terrasse quand une immense fille arrive près du portillon. En passant près de moi, elle m'écrase le pied violemment et je la foudroie du regard. Elle s'avance vers le bar et se dirige droit vers Paolo, qu'elle embrasse langoureusement. Je suis sidérée et Constantin, un ami gréco-suédois, m'attrape par le bras en me serrant contre lui et en me demandant de le suivre. Nous nous levons tous subitement et nous dirigeons vers la rue quand Paolo se rue sur Constantin et lui assène un coup de poing. Je hurle et, aidée de mes anciens colocataires, nous quittons les lieux en accélérant le pas avant que la situation ne dégénère. Au bout d'un moment, je fonds en larmes et nous nous arrêtons pour souffler. J'en profite pour demander à Constantin :

– C'est qui, cette fille ?

– Elle s'appelle Clara, une mannequin hongroise et l'une des nombreuses maîtresses de Paolo. On t'avait avertie !

– C'est une blague ?

– Malheureusement pas. Paolo s'est également fiancé avec une Canadienne cet été !

Je reste sonnée un moment, puis entre dans une rage folle.

– Constantin, demain, j'appelle Luigi et je quitte le *Caffè San Giovanni*. Je suis désolée pour toi… On rentre ?

Les garçons me ramènent chez moi et je me jette sous la douche en pleurant. Dans le lit, je découvre un tee-shirt appartenant à Paolo. Je m'empresse de le jeter à la poubelle tandis que les larmes de rage continuent de couler.

Le lendemain, Constantin, qui travaille dans un restaurant en face du *Caffè San Giovanni*, m'accompagne au travail. Luigi m'accueille, l'air ennuyé et désolé de mon départ, mais ne dit rien. Le hasard – bien qu'il ne soit jamais véritablement innocent dans ma vie – veut que le patron de Constantin ait besoin d'une serveuse immédiatement. Je me jette à l'eau et attaque directement mon nouveau service. Luigi vient parler à mon nouveau chef et m'embrasse en partant :

– Je suis là si tu as besoin, je ne te lâche pas, d'accord ?

La soirée se déroule sans encombre et le patron m'embauche pour la saison. Je suis en train de balayer la terrasse quand quelqu'un siffle derrière les buissons qui la bordent.

– Tsss, tsss, *topolino* !

Je fais semblant de ne rien avoir entendu, mais je n'ai qu'une envie : le gifler. Constantin me propose d'aller boire un verre et nous nous apprêtons à partir quand Paolo m'attrape soudain par les épaules.

– Qu'est-ce que tu fiches avec ce type ?

– Lâche-moi, espèce de traître !

Luigi se précipite sur Paolo avec quelques videurs du coin et l'éloigne de nous calmement. Nous nous précipitons hors de danger, près de la fontaine.

– Merci, Constantin, je suis encore une fois vraiment désolée.

– Écoute-moi, j'ai parlé avec Luigi cet après-midi. Paolo est amoureux de toi, il le lui a dit et, crois-moi, ils sont presque comme deux frères. Il est sincèrement tombé amoureux, mais il a quelques casseroles à régler et je ne suis pas sûr que tu aies envie de tout savoir.

– Comment ça ?

– Tu vas devoir lui parler sérieusement. En attendant, laisse-le mariner un peu.

– Mariner ? Mais je vais l'oublier, tout simplement ! Je suis maudite, c'est pas possible !

– Non, tu n'es pas maudite, arrête de dire des bêtises ! Je connais Paolo depuis longtemps, il était amoureux d'une fille il y a quelques années. Elle l'a quitté et lui a brisé le cœur. Depuis, il est devenu infernal avec les femmes. Luigi m'a dit que depuis qu'il t'avait vue, il était devenu bizarre. Tu sais ce qu'il lui a dit le jour où tu es venue pour ton premier entretien ?

– Non, dis-moi ?

– Il a dit qu'il allait se marier et avoir des enfants avec toi !

– N'importe quoi ! Et s'il est fiancé au Canada, c'est mal parti, son histoire. Quel sale type !

– Rentrons, et laisse-lui un peu de temps.

– Constantin, tu crois aux malédictions, toi ?

– Moi, non, mais ma mère, en Grèce, y croit dur comme fer. Arrête avec tes malédictions, tu as juste rencontré un homme qui ne s'attendait pas à te rencontrer, c'est tout !

– Tu sais, moi non plus je ne m'attendais pas à le rencontrer. Pourtant, je sais que ce n'est pas un simple hasard.

– Alors laisse le temps faire les choses. Allez, rentrons !

Il me dépose devant chez moi et je rentre m'écrouler sur mon lit. Le téléphone sonne dans la cuisine, mais je ne réponds pas. À 2 heures du matin, une voiture s'arrête dans la ruelle. Je retiens mon souffle et observe les phares qui s'éteignent à travers les volets. Un murmure se fait entendre à la porte :

– *Topolino*, ouvre-moi, je sais que tu es là…

Je ferme les yeux et cesse de respirer dans l'obscurité. Il frappe et tente d'ouvrir la porte d'entrée. Un instant s'écoule ; la voiture n'a pas redémarré, il est toujours là. Je ne bouge pas.

– *Topolino*, arrête de faire ta tête de mule, je sais que tu es là, ouvre…

Je sais que je suis foutue. En mon for intérieur, une question me hante depuis quelques jours : pourquoi l'Australie ? Je savais en achetant ce billet que quelque chose me poussait à partir là-bas. Les phares s'allument et la voiture démarre doucement. Qu'est-ce qui m'a poussée à acheter ce fichu billet pour le sixième continent ? J'aurais très bien pu retourner en Californie et passer une année sabbatique là-bas avant de retourner en Suède. Je me souviens avoir regardé les affiches dans cette agence de voyages, avoir entendu les paroles idiotes du tube de l'Australienne Kylie Minogue et avoir acheté ce billet en chantant cette chanson :

I should be so lucky
I, I, (I, I)
I should be so lucky (so lucky, so lucky)
I should be so lucky
I, I, I, I, I, I, I, I, I, I
In my imagination
There is no hesitation
We walk together hand in hand
I'm dreaming
You fell in love with me
Like I'm in love with you
But dreaming's all I do
If only they'd come true

I should be so lucky
Lucky lucky lucky[10]

J'écoutais de la musique tous les jours, pourquoi ce morceau idiot ? Et je suis partie sans me poser de question ; c'était là que je devais être, je le sentais au plus profond de mon âme. Le soir, j'ai revu le clip de la chanteuse australienne à la télé, j'ai regardé mes billets et je me suis endormie en paix.

Le lendemain matin, je prends mon service alors que le *Caffè San Giovanni* est encore fermé. Je sais que Paolo n'arrivera qu'à 17 heures ; je travaille tranquillement et quitte mon poste sur les coups de 15 heures, en pressant le pas pour ne pas le croiser. Je fais les allers-retours durant trois jours sans l'apercevoir, et Constantin et moi sortons tous les soirs au Cauldron, un club iconique de Kings Cross. On y croise toute une faune d'oiseaux de nuit de la ville et j'y danse des nuits entières pour oublier.

Les fêtes de Noël approchent et c'est l'été à Sydney. Mon patron ferme son établissement quelques jours pour faire l'inventaire ainsi que des travaux, et j'en profite pour sortir tous les soirs. Je passe mes journées

---

10. « Je devrais être si chanceuse
Je, je (Je, je)
Je devrais être si chanceuse (si chanceuse, si chanceuse)
Je devrais être si chanceuse
Je, Je, Je, Je, Je, Je, Je, Je, Je, Je
Dans mon imagination
Il n'y pas d'hésitation
On marche ensemble main dans la main
Je rêve
Tu es tombé amoureux de moi
Comme je le suis de toi
Mais je ne fais que rêver
Si seulement c'était la réalité
Je devrais être si chanceuse
Chanceuse, chanceuse, chanceuse ».

à courir ou faire du roller jusqu'à Bondi Beach et, le soir, je me noie dans la foule et le bruit.

Un soir, Constantin me demande de le rejoindre au Cauldron, où des sommeliers français fêtent un anniversaire. Je rentre dans le club enfumé et noir de monde. Mes amis sont assis à une table et me désignent un fauteuil. J'ai à peine le temps de m'asseoir que j'aperçois Paolo enlacé à la mannequin hongroise. Il jette un œil en ma direction, puis se retourne vers elle, qui me nargue d'un sourire sans équivoque. Je me lève brusquement et gifle l'Italien avant de quitter le club précipitamment. Un de mes amis se lance à ma poursuite et m'attrape par l'épaule.

– Nathalie, il n'en vaut pas la peine. Demain, on part tous à Katoomba, dans les Blue Mountains, viens avec nous !

Constantin arrive avec les sommeliers français et nous décidons finalement d'aller faire nos valises et de partir de nuit. Sur la route, je pleure un peu, mais suis vite emportée par la bonne humeur des Français, qui prévoient un trek jusqu'à Echo Point et à travers le parc national dès notre arrivée. Je me sens soudain à nouveau en fuite, j'ai l'impression d'errer sans cesse, sans répit, et cette sensation me donne le vertige. Néanmoins, le lieu est si magique que j'oublie aussitôt mon chagrin. Nos journées défilent à une vitesse folle et c'est épuisée par l'air, le soleil et la marche que je rentre enfin chez moi. Je décide de travailler pour Noël et le réveillon, à la fin duquel nous passerons la nuit chez un de nos amis français.

Je reprends mon souffle peu à peu et c'est presque heureuse que je continue mon travail au pub avec Constantin. Je dois travailler le soir et j'appréhende de croiser Paolo, mais rien ne bouge au *Caffè San Giovanni* : je scrute la terrasse, mais mon Italien ne fait pas d'apparition.

À minuit, notre bar se vide et je m'assois avec Constantin pour compter la caisse. Nous décidons d'aller manger dans un bar, quand une main m'arrache de mon fauteuil. Je hurle et Constantin se fige ; Paolo me traîne sur un mètre :

– Toi, tu me suis, on doit parler !

– Lâche-moi, tu me fais mal !

– Ne bouge pas, attends-moi ici !

Paolo se dirige vers Constantin. Je crains une nouvelle confrontation, mais ils se parlent calmement et se serrent la main. L'Italien revient vers moi :

– Suis-moi, Nathalie, on doit vraiment parler. S'il te plaît ?

Je reste figée sur le trottoir avant de le suivre en silence. Il me prend la main et m'entraîne vers Elizabeth Bay. Une fois que nous sommes arrivés chez lui, il me sert un verre avant de me demander de le suivre sur la terrasse.

– Nathalie, j'ai vraiment déconné, je l'avoue, et j'en suis vraiment désolé, mais Clara et moi étions ensemble avant que je ne te rencontre et je me suis retrouvé embarqué dans notre histoire sans trop savoir où cela nous mènerait.

– C'est tout ce que tu as à me dire ?

– J'ai définitivement rompu avec elle. Elle a voulu te faire du mal, l'autre jour, en te narguant et peut-être que, moi aussi, j'ai voulu te faire réagir, mais je t'assure que c'est bien fini.

– C'est une blague ? Encore une fois : c'est tout ce que tu as à me dire ?

Il me regarde d'un air triste et fatigué. Je sens qu'il n'a pas dormi et que ses migraines le font souffrir.

– Écoute-moi, Paolo, en Suède, je vivais avec quelqu'un avant de fuir en Australie pour faire le point sur ma vie. Nous avons traversé un moment compliqué et très douloureux, et j'ai eu besoin d'espace.

J'étais très amoureuse de lui et te rencontrer a été un choc pour moi. Mais je n'ai certainement pas besoin de tes histoires en ce moment. Je ne suis pas venue ici pour compliquer ma vie une énième fois. Au contraire, je suis là pour y voir clair et respirer.

– Tu l'aimes toujours ?

– Je ne sais pas, je ne sais plus.

Il me jauge un instant, puis m'enlace. Les jours et les nuits s'emmêlent, je ne respire plus, je vibre à ses côtés en le regardant dormir la nuit. Nous courons entre notre travail et son appartement pour nous retrouver en tête-à-tête et admirer les étoiles au-dessus de la baie. Il ne me parle pas de sa vie, de son enfance, de sa famille, je le regarde juste vivre et respirer… et j'ai peur.

Noël approche et nous avons décidé de nous retrouver au *penthouse* pour dîner avant de passer la nuit chez moi. Nous sommes endormis lorsque le téléphone sonne. Je me lève, inquiète, et décroche le combiné. C'est Luigi, qui veut parler à Paolo.

– Paolo, Luigi veut te parler. Pourquoi est-ce qu'il appelle en pleine nuit ? Tout va bien ?

– Recouche-toi, ne t'inquiète pas…

Dans le silence de la chambre, je l'entends parler en italien et ne comprends pas un traître mot de ce qu'il dit. Il s'habille précipitamment, prend ses clefs de voiture et me lance à nouveau de ne pas m'inquiéter. Je n'ai même pas le temps de lui demander ce qu'il se passe que j'entends sa voiture démarrer et quitter la ruelle. Je reste assise dans le lit, paralysée par l'inquiétude et le silence pesant de l'incertitude.

Au petit matin, je fixe toujours les volets en écoutant les bruits de la rue dans l'espoir d'enfin entendre le moteur de sa voiture. À 15 heures, je me rue au *Caffè San Giovanni* : Luigi est en terrasse avec des serveurs. Il blêmit en m'apercevant et se lève pour m'accueillir. Je ne lui laisse pas le temps de dire un mot :

– Où est Paolo, qu'est-ce qu'il se passe ? C'est Clara ?

– Pas du tout, Nathalie. Je ne peux rien te dire mais reste calme, il va revenir.

– Non, Luigi, tu dois me dire pourquoi il est parti après ton appel. Je ne peux rester comme ça, je n'ai pas fermé l'œil de la nuit, je n'en peux plus de tous ces revirements de situation ! C'est intenable ! Où est-il ?

– Je suis sincèrement désolé, je ne peux rien te dire !

Je quitte l'établissement en trombe et traverse la rue pour me rendre au travail. J'accoste mon patron :

– James, je suis désolée, mais je quitte votre établissement, je dois partir pour des raisons personnelles. Je suis sincèrement désolée de vous lâcher comme ça.

– Nathalie, qu'est-ce qu'il y a ? Tout va bien ?

– Oui, enfin je ne sais plus, mais je dois partir. Ça vous ennuierait de me faire mon chèque tout de suite ?

– Mais non, bien sûr. Je reviens, je te prépare une enveloppe.

Il se dirige vers la caisse et je regarde, à travers la vitrine, les gens aller et venir au Caffè. Pas une ombre de Paolo. L'un des associés accueille la clientèle à sa place ; il n'est pas au travail.

Je me jette dans un taxi et rentre chez moi pour appeler une amie qui vit dans le quartier. Elle me donne rendez-vous dans le pub du coin. Nous arrivons en même temps et prenons un verre au bar avant d'aller nous asseoir en terrasse.

– Sarah, il faut que je te parle. Toi qui connais tout le monde au *Caffè San Giovanni*, est-ce qu'il s'y est passé quelque chose de grave ?

Elle me regarde et je comprends qu'elle sait quelque chose.

– Dis-moi ce que tu sais, s'il te plaît. Paolo a disparu en pleine nuit et je n'ai aucune nouvelle.

– Nathalie, quitte-le, oublie-le immédiatement, n'espère plus rien. Je ne peux rien te dire parce que c'est à lui à le faire, mais sache que je suis là si tu as besoin. Mais, je t'en supplie, oublie ce mec, c'est un poison.

J'avale mon verre, allume cigarette après cigarette et pleure en silence.

– Sarah, je vais partir. Je ne comprends plus rien, ça n'a aucun sens. Il est chez Clara ?

– Non, ce n'est pas ça du tout, c'est plus compliqué.

– Il a des problèmes ? Il est au Canada, c'est ça ?

– Je t'en supplie, oublie-le. Ça n'a rien à voir avec une histoire d'amour. Il a rompu avec sa Canadienne quand il t'a rencontrée et Clara voulait te faire du mal, mais il se moque éperdument d'elle. C'est autre chose. S'il te plaît, c'est à lui de te l'annoncer, pas à moi.

– M'annoncer quoi ?

– Nathalie !

Je suis vraiment maudite. Je sens que quelque chose rôde autour de moi, comme une odeur de soufre. Je m'excuse et quitte le pub en courant. En ouvrant la porte de chez moi, je me dis qu'il sera là, à m'attendre, et que je m'affole pour un rien. La maison est vide et silencieuse.

Après la nuit, je me prépare un thé en fumant une cigarette et en fixant le téléphone. C'est Noël, nous avions décidé de le fêter en tête-à-tête. Je ferme les volets, la porte à double tour, débranche le téléphone et me fais couler un bain. Je lis jusqu'au petit matin et tombe d'épuisement.

Un jour passe après l'autre dans le silence. Je dois trouver en moi ce qui me rend heureuse. Un jour, je fais mes valises. Une agence de voyages du centre-ville m'informe que les vols sont plus que pleins en cette période. Je défais mes valises. Je ne sais plus pourquoi je suis ici. Il me reste encore quelques pays à visiter, quelques économies et du temps. Du temps et un vide immense à la place du cœur. Je lis et je sors me promener. Sydney s'apprête à fêter la nouvelle année. Je m'arrête chez le poissonnier pour acheter des huîtres et une bouteille de chardonnay, puis rentre doucement, pas à pas, pour ne pas m'effondrer.

Il est là, sur les marches rouges de ma petite maison victorienne, assis, l'air pâle, les yeux cernés. Mon cœur se déchire en le voyant. Je ne ressens que de l'amour et une étrange sensation de déjà-vu.

– Rentre, ne reste pas là.

Il me suit en silence. Je ne vois plus que l'ombre de sa barbe de quelques jours et ses yeux cernés de bleu.

– Tu veux un café ?

– Oui, s'il te plaît.

Nous nous asseyons dans la cuisine. Je le regarde plonger ses lèvres dans la tasse. J'allume une cigarette et il se met à pleurer. Je suis peut-être maudite, mais mon cœur, lui, bat toujours.

– Nathalie, le jour où tu es entrée dans le café, j'ai su que c'était toi. Je t'ai suivie du regard dans ta robe blanche, tes pieds nus, j'ai senti ton odeur et j'ai su que c'était toi.

J'attends la foudre, le tonnerre, j'attends que le ciel déverse enfin la tempête qui gronde dans ma vie depuis longtemps. J'attends les éclairs, le feu, j'attends qu'un tsunami m'emporte et m'arrache le cœur.

– Pourquoi es-tu parti, Paolo ?

– Mon ange, écoute-moi. Je suis parti parce qu'il y a neuf mois, alors que mon équipe et moi-même étions dans un hôtel de Sydney pour fêter une victoire, j'ai rencontré une fille, une nuit, une seule nuit. Elle m'a contacté il y a quelques mois pour me dire qu'elle était enceinte. L'autre nuit, elle a appelé Luigi pour lui annoncer qu'elle allait accoucher. Elle ne veut rien de moi, si ce n'est me tenir informé de cette naissance parce qu'elle a une maladie grave et qu'elle voulait que son enfant sache qu'il avait un père s'il devait lui arriver quelque chose. J'ai un fils depuis cette nuit-là, il s'appelle Adam et j'ai décidé d'assumer en le reconnaissant et en lui versant une pension pour qu'elle l'élève. Encore une fois, elle ne veut rien de moi, elle est en couple depuis et ne pensait jamais pouvoir tomber enceinte. Adam me ressemble tellement que je n'ai eu aucun doute. Le médecin m'a affirmé qu'elle était seule depuis plusieurs mois avant notre rencontre cette nuit-là, pour des raisons de santé, et j'ai décidé d'assumer pour nous tous, y compris pour toi.

Mon cœur n'a plus assez de sang pour battre, j'ai vidé la dernière goutte en signant un pacte avec le diable. J'aime Paolo pour tout ce qu'il est, mais surtout parce que je sais qu'il est venu me retrouver de si loin que nos âmes n'ont eu d'autre choix que de se réunir encore une fois.

– Paolo, avant d'arriver en Australie, j'ai perdu un bébé. Je n'aurai plus jamais d'enfants et toi, tu m'annonces que tu viens d'être père ?

Il me regarde sans dire un mot. Que dire quand on devient père à 26 ans sans l'avoir voulu, choisi, désiré ? Je voudrais hurler, me révolter, pouvoir le jeter à la rue, le griffer au visage, le mordre de rage jusqu'au sang, rugir de chagrin et de désespoir, mais je sais que rien ne pourra arrêter ce qui vient d'arriver. J'admire en silence le fait qu'il ait eu le courage de reconnaître cet enfant.

– *Topolino*, je t'en supplie, ne m'en veux pas.

– Pourquoi m'as-tu caché tout ça et menti depuis le début ?

– J'avais peur que tu me quittes.

– Pourquoi tu continues de me mentir ? Pourquoi ?

– Je ne te mens pas, je…

– Rentre chez toi immédiatement. Lorsque tu auras décidé d'être enfin honnête avec moi, tu pourras peut-être revenir. Sors tout de suite.

Il se lève et prend ses clefs. Il ressemble à un gamin perdu.

– Nathalie, je t'ai tout raconté, je t'assure, je ne te mens pas…

– Paolo…

Il insiste :

– Allons nous allonger, j'ai mal aux yeux. Je vais t'expliquer, viens…

Nous nous dirigeons vers ma chambre. Il prend mon briquet et quelques bougies sur la table du salon, allume ces dernières et les dispose sur la table de chevet.

– J'ai une migraine terrible, n'allume pas la lumière, s'il te plaît. Je souffre de ces maux de tête depuis des années. L'autre soir, tu m'as guéri avec tes mains ; c'était la première fois que je ressentais une chose pareille. S'il te plaît, dormons un peu et je te raconterai tout demain matin, je te le jure.

– Paolo ?

– Oui, mon ange ?

– Tu l'aimes, ce bébé ?

– Oui, c'est mon fils, Nathalie. Il n'a rien demandé, je serai toujours là pour lui.

– Et elle ?

– Elle, c'était une nuit de trop, mais c'est comme ça, je ne peux rien changer. Viens près de moi. *Topolino* ?

– Oui ?

– *Ti voglio tanto bene*[11], tellement, tellement fort, si tu savais…

---

11. « Je t'aime si fort ».

1er janvier 1989

Le lendemain matin, j'ouvre les yeux et me mets à hurler : je suis seule dans mon lit, les vêtements de Paolo ont disparu. Je me précipite nue dans le salon ; il est en train de préparer le petit-déjeuner, a disposé un bouquet d'énormes roses anglaises couleur chair dans un vase et me regarde, affolé.

– Pourquoi as-tu hurlé comme ça ?

Je regarde les roses et fonds en larmes.

– Pourquoi pleures-tu ? Qu'est-ce que tu as ?

– Comment sais-tu que ce sont mes roses préférées ?

– Tu pleures pour ça ? Je ne sais pas, je les trouve belles, c'est tout. Je déteste les roses rouges.

– Je déteste aussi les roses rouges, Paolo.

Il s'approche de moi et m'embrasse les yeux.

– Arrête de pleurer et viens déjeuner, j'ai une surprise pour toi !

J'enfile une tunique et m'assois sur un énorme coussin à même le sol. Il me regarde dévorer mon croissant et avaler mon thé.

– *Topolino*, bonne année ! Tiens, c'est pour toi...

Il me tend une enveloppe.

– Bonne année ! Mon Dieu, j'avais oublié ! Bonne année à toi aussi...

Je déchire l'enveloppe et en sors deux billets d'avion pour Bali.

– On part à Bali ?

– Oui. Ça te va ?

Je saute de joie à l'idée de voyager. J'ai l'impression de n'être heureuse qu'en partance pour une nouvelle destination.

– Prends ta douche, je t'emmène passer deux jours à Jervis Bay, on en parlera en route.

– Je rêvais de visiter Jervis Bay, Paolo. Comment devines-tu des choses comme celle-là ?

Je réunis maillots, tongs et autres affaires dans un sac, puis me jette sous la douche. J'ai posé l'enveloppe sur une desserte dans le salon. Lorsque je la récupère, une petite plume rose s'en échappe et tombe au sol. Je me baisse pour la ramasser : c'est une plume de cacatoès rosalbin, ces perroquets qui vivent dans toute la ville. Je la serre entre mes mains en souriant.

La route qui nous mène à Jervis Bay est sublime, des kangourous sautent au milieu de la route et nous roulons tranquillement sur la Princess Highway. Paolo a mis la radio en route et sifflote gaiement. Je n'ai plus vraiment envie de parler, je veux juste profiter du soleil et du moment présent.

– Lors d'un voyage en Angleterre avec mon équipe, il y a cinq ans, j'ai rencontré une fille, une Hollandaise qui vivait à Londres. Je suis tombé très amoureux d'elle mais, il y a deux ans, elle m'a quitté violemment, sans rien dire. J'ai commencé à beaucoup sortir et à faire un peu n'importe quoi. Depuis, je vis six mois à Sydney et six mois au Canada, à Vancouver, pour entraîner une équipe. Là-bas, j'ai fait la connaissance d'une autre fille, avec laquelle je me suis fiancé l'an passé. Son père était l'un des plus gros sponsors de l'équipe. Je crois que je me suis senti obligé de suivre cette voie qui s'offrait à moi. Cette fille voulait que je gère avec elle un hôtel que son père lui avait transmis et j'ai pensé que ma route était toute tracée… et puis j'ai rencontré Clara au café, un soir à Sydney, et me suis embarqué dans cette histoire sans réfléchir et sans l'ombre d'un sentiment ; je pensais que c'était une simple histoire sans lendemain. Je me suis noyé dans le vide pour oublier. La mère d'Adam, c'était un soir de fête, une bêtise, je te jure que je ne te mens pas.

Je le regarde : il fixe la route en conduisant calmement et je sais qu'il parle véritablement de lui pour la première fois.

– Et puis, alors que je revenais tout juste à Sydney, j'ai vu cette brune minuscule entrer pieds nus à San Giovanni, dans une robe dos nu blanche, sans un regard pour moi, et j'ai senti mon cœur battre. Je me suis senti revivre un instant. L'instant d'après, j'ai paniqué.

– Pourquoi « paniqué » ? Pourquoi as-tu eu peur de moi ?

– Parce que, lorsque je t'ai vue, j'ai eu l'impression que je te connaissais depuis toujours, comme si tu avais déjà fait partie de ma vie.

– Tu crois au destin, Paolo ?

– Je ne sais pas. Ce que je sais, c'est que ma vie était un véritable foutoir et que tu y as remis de l'ordre en une fraction de seconde.

– Toi, tu as mis une sacrée pagaille dans la mienne…

– Je suis désolé, je sais que je t'ai fait souffrir et je ne veux plus jamais te faire du mal. Je veux que tu viennes vivre avec moi. Je sais que c'est peut-être trop tôt pour toi mais, pour moi, c'est le bon moment.

Je serre la plume rose que j'ai mise dans la poche de mon short, très fort et durant un long moment.

– Paolo, écoute-moi : je vis en Suède et, en juin, je dois rentrer pour préparer ma deuxième année d'études. J'ai prévu de m'arrêter à Singapour et de voyager en Malaisie, de passer par la Thaïlande, puis d'aller au Vietnam et…

– On pourrait voyager ensemble, tu pourrais t'installer à Sydney avec moi et étudier ici, tu ne crois pas ?

Je ne veux pas gâcher notre voyage. En arrivant à Jervis Bay, je me dis que je suis au paradis et que cette malédiction n'est peut-être qu'un mauvais rêve. Je sais néanmoins que je ne veux pas vivre en Australie.

Notre retour nous replonge dans un quotidien routinier qui m'apaise enfin un peu. Je cours toujours entre chez moi et l'appartement de Paolo, et jongle entre divers petits restaurants qui cherchent sans cesse des serveuses. Je rencontre un photographe italien au marché de Paddington et fais quelques photos qui me permettent de financer la suite de mon voyage. Paolo n'est pas au courant ; je préfère garder un peu d'indépendance.

Notre voyage à Bali est une véritable lune de miel, il fait tout pour me convaincre de vivre avec lui. Nils me laisse parfois quelques messages laconiques sur le répondeur : il a très mal vécu mon appel pour lui annoncer ma rencontre avec Paolo, mais notre amitié est plus forte que tout et nous tentons de conserver un lien solide et respectueux. Il demeure un fidèle ami. Anna me manque, elle m'attend pour le mois de juin. Je n'ai plus aucune nouvelle de Johannes. Les rumeurs qui courent à propos d'une nouvelle compagne qu'il aurait rencontrée récemment me troublent quelques instants avant de disparaître très rapidement. Tout le monde est à sa place, comme la vie l'a peut-être voulu, mais j'ai la tête ailleurs. La Suède me manque. Je ressens toujours ce lien qui m'attache à ce pays et je n'arrive pas à être sereine avec Paolo. Avec lui, je me sens vulnérable. Il m'impressionne et j'ai peur de lui comme j'aurais peur d'un père.

Un soir, alors que nous dînons sur la terrasse, il dépose une petite boîte enveloppée d'un ruban nacré sur la table :

– Ouvre, c'est pour toi.

Je m'exécute, le cœur battant, et découvre un trousseau de clefs.

– Qu'est-ce que c'est ?

– Ce sont tes clefs du *penthouse*...

Il me regarde et je n'arrive pas à émettre un mot. Hier, j'ai réservé – sans pouvoir réussir à lui dire encore – mon avion pour Singapour et la Malaisie. Je rêve d'aller étudier les plantes ayurvédiques là-bas.

– Paolo, écoute : j'accepte de venir vivre ici à une condition.

Il sourit, me serre dans ses bras et m'embrasse, fou de joie.

– Je pars trois semaines, seule en Malaisie, pour étudier les plantes.

– Quoi ? Tu pars quand ? Qu'est-ce que c'est que cette histoire, encore ?

– Je pars dans une semaine, mon billet est réservé.

– Tu pars seule ?

– Oui, mais je reviens ! Tu sais très bien que mon billet a plusieurs destinations ouvertes que je veux utiliser pour étudier et la Malaisie, c'est mon rêve.

– Je viens avec toi, tu ne pars pas seule en Malaisie. Tu es folle ou quoi ?

– Paolo, je pars seule et j'emménage chez toi en rentrant, promis !

– Tu déménages tout de suite ou je ne te laisse pas partir. On va faire tes valises, tu n'as presque rien à déménager, et je m'occupe de ta propriétaire.

– Paolo, on fera ça demain, s'il te plaît.

Il s'assoit, sonné et manifestement de mauvaise humeur, tandis qu'en moi gronde à nouveau une sourde angoisse. Je l'aime, mais j'ai si peur de souffrir... Je le regarde un instant avant de capituler.

Le déménagement nous prend la matinée. Je nettoie la maison et rends les clefs à ma propriétaire. Paolo affiche un sourire satisfait. Je sens qu'il n'aime pas mon indépendance et qu'il va tout faire pour me convaincre de rester vivre en Australie. Or, si j'adore ma vie ici, ainsi que les gens, l'atmosphère nonchalante et la beauté du pays, je n'arrive pas à m'imaginer vivre aussi loin de l'Europe. Je me sens presque prisonnière sur cette immense île et je commence à étouffer. Et puis, le froid et la neige me manquent. Pour fêter notre emménagement, mon Italien décide de m'emmener manger dans un restaurant japonais. J'ai passé une robe longue noire à dos nu, des sandales dorées achetées à Bali et du rouge à lèvres pour rehausser mon bronzage. Paolo entre dans la salle de bains et me fixe un moment en souriant.

– Tu ne pars pas en Malaisie, Nathalie. Je te promets que je t'y emmènerai plus tard.

– N'essaie même pas de m'en dissuader, Paolo.

Il me jette mon châle à la figure avant d'attraper son trousseau de clefs. Dans l'ascenseur, je ne desserre pas les dents. Je passe la soirée à le fixer droit dans les yeux sans dire un mot.

Deux jours avant mon départ, alors que je prépare un sac à dos rempli de carnets de notes et de crème antimoustiques, il s'assoit sur le lit en silence et me regarde faire.

– C'est comme ça que tu veux vivre, Nathalie ? Entre deux avions, à fuir sans arrêt ? Pourquoi fuis-tu sans cesse ? Tu vas avoir 25 ans et tu ne sais jamais où tu seras la veille pour le lendemain.

Je ne réponds pas : j'ai envie de partir vite. Je sais qu'il va terriblement me manquer, mais je me sens mue par une force invisible qui me pousse à sauter dans un avion dès que l'on tente de m'enchaîner.

– Tu as pris ta décision sans même me demander ce que j'en pensais ; c'est comme ça que tu conçois l'amour ? Nathalie, réponds-moi !

Je boucle mon sac, réunis mes papiers et mes billets.

– Je prendrai un taxi jusqu'à l'aéroport. Je serai de retour dans trois semaines. Si tu ne veux plus de moi, je partirai…

Il quitte la chambre et s'allonge sur le canapé. Le lendemain, il ne rentre pas. Je passe la nuit éveillée dans l'obscurité à attendre, en vain. Le chauffeur de taxi qui me conduit à l'aéroport est un vieux sikh en turban. Il me regarde dans le rétroviseur :

– Vous allez où, Mademoiselle ?

– Je m'arrête à Singapour, puis je pars en Malaisie.

– C'est un beau voyage ! Vous partez seule ?

– Oui, j'ai l'habitude.

Il me fixe toujours dans le rétroviseur.

– Soyez prudente. Je ne laisserais jamais ma fille partir seule si j'étais votre père, et encore moins si j'étais votre mari…

– Je n'ai pas de mari et mon père a baissé les bras depuis longtemps.

Lorsque l'avion survole Sydney de nuit, j'aperçois Potts Point et Elizabeth Bay et verse quelques larmes, le nez collé au hublot. Paolo doit être quelque part en bas et je ne sais pas si je le reverrai un jour. Peut-être ma vie n'est-elle qu'une fuite en avant, peut-être que cette adolescente qui tente de s'incarner en moi a passé sa vie à fuir mais, moi, je ne suis pas coupable de ses actes, je ne suis pas elle. Pourquoi devrais-je porter son fardeau millénaire ? Valentina m'a avertie : « N'oublie pas que tu es libre de vivre ta vie, maintenant, mais si tu restes enchaînée à ce que tu crois être ton destin, ne te marie jamais. »

Arrivée à l'hôtel à Singapour, je décide de sortir déambuler dans le vieux quartier chinois pour y grignoter quelque chose. Le marché de nuit est noir de monde et les effluves des stands de saté réveillent mon appétit. Lorsque je rentre ensuite à l'hôtel, le réceptionniste me tend une note : Paolo a appelé. Mon cœur bondit à la fois de joie et de tristesse. Je remonte les escaliers quatre à quatre et me rue sur le téléphone :

– Paolo ?

– *Topolino*…

– Paolo, où étais-tu ?

– J'ai dormi chez Luigi. Ne m'en veux pas, je n'avais pas le courage de te voir partir. Tu es bien installée ?

– Oui, c'est superbe, ici !

– *Topolino* ?

– Oui ?

– Reviens vite, s'il te plaît…

– Je te promets que je reviens. Je t'aime, tu sais.

Après quelques jours à courir la ville et à visiter l'île de Sentosa, il est temps pour moi de préparer mon voyage en Indonésie, puis en Malaisie. Mon professeur suédois m'a mise en contact avec un vieux docteur chinois, qui m'a reçue dans une officine d'un autre temps. J'ai déambulé entre les flacons et les tiroirs de sa pharmacie en rêvant. Je veux véritablement travailler avec les plantes.

Mon voyage en Malaisie me réserve d'autres surprises, notamment culinaires et parfois culturelles. Voyager seule en train, sans trop savoir où l'on va, dans un pays qui traverse une crise de surcroît, ne m'encourage pas à prendre beaucoup de libertés. Pourtant, mon plus grand bonheur est de partager des instants de cuisine à même le sol, dans de petits villages retirés de la jungle millénaire où les femmes m'accueillent parfois comme l'une de leurs filles. Alors que j'arrive malade et fiévreuse, une vieille femme, Mama Aashritha, me soigne à l'aide de *jamu*, une boisson miraculeuse dont je note la recette dans mes cahiers. À Djakarta, une autre femme m'avait déjà guérie à l'aide d'un *jamu* bien corsé. Je n'ai désormais plus aucun doute sur l'efficacité de cette médecine ancestrale ! On m'enseigne également la magie des pâtes pimentées et des satés grillés à la braise, et c'est accroupie et pieds nus que je me sens le plus heureuse. C'est libre dans cette jungle que je m'épanouis enfin. Pourtant, Paolo me manque, il hante mes nuits.

Un matin, Mama Aashritha me demande de la suivre avec ses filles dans la jungle. Elles prélèvent des feuilles de bananier pour préparer une spécialité culinaire dont elle me vante les bienfaits : le tempeh. Je note tout dans mes cahiers, perchée dans mon hamac. Mama Aashritha et moi échangeons dans un anglais incertain. Elle me regarde souvent en cachette et, un soir, alors que je prépare mon sac, elle me tend un petit mot sur lequel elle a écrit en anglais :

> « Mon cœur s'est senti malade au premier jour comme au dixième
> La fièvre m'a envahi, mais je ne suis pas malade
> C'est mon cœur qui crie ton nom la nuit et me réveille au petit matin, trempé de sueur et de larmes. »

– Rentre, il t'attend, me dit Mama Aashritha en malais.

Je la regarde, et elle me fait signe de la main :

– Rentre, rentre !

Je décide donc de rentrer retrouver Paolo et de lui dire que je l'aime et que je ne veux plus fuir.

Sydney – fin avril 1989

J'ai appelé mon Italien depuis l'hôtel, avant de m'envoler de Singapour ; personne n'a répondu, mais j'ai laissé un message avec mon heure d'arrivée sur le répondeur. Une peur tenace m'étreint toujours, mais je sais que je dois accepter de vivre ce qui m'est offert de vivre. On m'a donné beaucoup d'amour dans ma vie et je n'ai pas toujours su le recevoir. Mon armure pèse déjà bien trop lourd sur mes frêles épaules. Je voudrais quitter ma peau d'ours et arracher mes ailes de papillon, toujours prêtes à battre au moindre courant d'air.

Lorsque je l'aperçois sourire parmi la foule qui se presse vers les barrières, mon cœur chavire.

À Singapour, avant de le quitter, le vieux médecin chinois m'a dit :

– Tu ne seras peut-être pas mère, mais tu as l'âme d'une mère éternelle, d'une mère guérisseuse. Tu as ce don dans tes mains, ne le gaspille pas.

– Docteur Wang, vous croyez aux malédictions, vous ?

– Cela dépend de ce que tu entends par « malédiction ». Il y en a plusieurs formes : d'abord, les malédictions familiales, qui se traduisent par des mémoires individuelles conscientes, appelées « transmissions intergénérationnelles » – entre générations se connaissant –, ou des mémoires collectives inconscientes, appelées « transmissions transgénérationnelles » – sur plusieurs générations parfois lointaines –, d'une tâche inachevée ou d'un crime commis par l'un des membres de cette lignée, par exemple. Et puis, il y a les malédictions de type karmique, auxquelles certains croient. Dans le bouddhisme, le karma signifie que nos actions, que ce soient les phénomènes internes tels que les impulsions, les désirs, les croyances, les pensées et les sentiments, ou les actions externes, comme les paroles, les expressions et les actes, ont des conséquences. La principale conséquence est que nous sommes susceptibles de refaire une action si nous l'avons déjà faite par le passé. C'est-à-dire que les actions individuelles, les instances uniques d'un comportement, deviennent des habitudes, une tendance répétée. Dans l'hindouisme, nous avons incorporé cette notion après la traduction de textes anciens en sanskrit. Il y a également la notion de malédictions *via* des paroles proférées envers quelqu'un pour le maudire. Ladite personne s'y accroche alors, se mettant inconsciemment en situation d'échec, voire de danger.

– Mais si c'est karmique ou bien le fruit d'une réincarnation ?

– Le karma ne concerne pas toujours la réincarnation. Ceux qui croient en la réincarnation ou en la renaissance devraient savoir que la seule chose que nous emportons dans notre prochaine vie sont les habitudes que nous construisons dans notre vie actuelle. Le karma concerne principalement la façon dont nous vivons dans cette vie : cultivons-nous l'amour et la sagesse, et nous libérons-nous de la confusion et de la souffrance chaque jour, ici et maintenant, pendant que nous en avons la chance ?

– Docteur Wang, je suis perdue, je ne sais plus qui croire, ni quoi faire. Je me sens maudite sans vraiment savoir pourquoi. Il se passe des choses étranges dans ma vie et, au fond de moi, je sens que je ne vis pas vraiment ma vie. Vous comprenez ?

– Nathalie, tout être humain qui meurt renaît, puis meurt et renaît, dans un cycle infini. Considère cette malédiction comme un apprentissage et, ainsi, tu pourras t'en libérer.

À cet instant, je veux juste me blottir contre Paolo et me libérer de toute confusion.

– *Topolino*, tu as bronzé, tu as bonne mine !

Je me jette dans la voiture et sur son épaule.

– Pardonne-moi, je ne partirai plus jamais, je suis désolée.

Au fond de moi, j'ai peur, mais je ne veux pas le perdre.

– C'est promis ?

– Oui, je te le promets !

Je me colle à son épaule pendant qu'il chantonne en conduisant :

> « *Tu sei bella, anche sei vestiti non ti stanno più*
> *(Sara, Sara, Sara, Sara)*
> *Sara, mentre dormivi l'ho sentito respirare*
> *(Sara, Sara, Sara, Sara)*
> *Sara, mentre dormivi ti batteva forte il cuore*
> *Oh, Sara, tu non sei più sola, il tuo amore gli basterà*
> *Il tuo bambino, se ci credi nascerà*
> *Sara…* »

Je regarde défiler Sydney par la fenêtre et je sais que je ne veux pas vivre ici. Paolo est italien et vit ici, moi française et je vis en Suède. C'est un casse-tête, car je ne veux pas le forcer à me suivre en Suède. Aussi, il a un enfant ici, même s'il dit qu'il ne le verra que très rarement. Rentrer chez lui, dans ce *penthouse* qui est désormais aussi chez moi, me semble si étrange… Je me sens encore en transit. Je laisse mon Italien ranger mon sac à l'entrée et en profite pour me jeter sous la douche.

Quand je sors de la chambre, il a dressé un pique-nique sur la terrasse. Il a allumé des bougies partout et je me réjouis de le retrouver.

– Tu sais, j'ai beaucoup réfléchi durant ton séjour en Malaisie. Que dirais-tu que nous rentrions en Europe pour rencontrer nos familles respectives ? Un mois en Italie, un mois en France. Ensuite, nous prendrons une décision pour l'avenir ?

– Paolo, je dois reprendre mes études en septembre, je ne peux pas juste abandonner comme ça, sans bagages.

– On pourrait ouvrir un petit restaurant tous les deux ?

– Paolo, s'il te plaît, pas ce soir…

Il a compris que je ne céderai pas. Il se lève et revient avec une carte du monde qu'il étale à même le sol de la terrasse. Je le regarde sans comprendre. Il enchaîne :

– Ferme les yeux. On ferme les yeux tous les deux et, sans tricher, on pose un doigt au hasard sur la carte. On prendra les deux endroits désignés et on tirera au sort le pays où nous vivrons.

– Tu es fou ! Imagine que ce soit le Pakistan ! Je ne veux pas vivre au Pakistan ! Ne sois pas stupide, ça n'a pas de sens…

– Alors on prend une carte de l'Europe ?

– Va pour la carte de l'Europe, mais si c'est en Russie, je n'irai pas !

– Tu connais la Russie ?

– Oui et je ne vivrai jamais là-bas, crois-moi.

– Ma mère a des origines russes. Ce serait chouette, la Russie.

Il sourit. Je ferme les yeux, puis les ouvre. Il a fermé les siens. Je referme les yeux et respire un grand coup.

– C'est bon, tu es prête ?

– Oui…

Soudain, je sens son doigt sur le mien : nous avons tous les deux pointé le Portugal.

– On part vivre au Portugal.

– Paolo, arrête, qu'est-ce qu'on va faire au Portugal ?

– Demain, j'appelle le consulat général pour avoir des renseignements. Viens, on va boire un verre au *Caffè San Giovanni*, j'ai besoin de prendre l'air.

Je n'ai pas envie de gâcher notre soirée. Je file donc me changer et nous partons en direction de Kings Cross, dans la nuit douce de l'automne austral.

Au petit matin, Paolo appelle le consulat et nous prenons rendez-vous dans la semaine. Un soir, il se décide à appeler ses parents ; ils nous attendent avec impatience. De mon côté, j'appelle Anna pendant que Paolo est au travail car j'ai besoin de conseils. Elle semble ne pas aller très bien. Je m'inquiète, mais elle refuse de m'en dire plus et me conseille de revenir en Suède et de réfléchir à la suite de ma vie une fois rentrée. Elle me précise qu'elle viendra me chercher à l'aéroport de Stockholm et me conseille de ne pas brusquer la situation, de proposer à Paolo de venir me rejoindre en Suède, de laisser une porte ouverte. Elle a raison. C'est soulagée que je réserve mon billet d'avion. Le départ est prévu pour le 21 mai, direction la Thaïlande pour une semaine de vadrouille, puis retour vers Stockholm *via* Helsinki. Je me dis que je vais à nouveau me retrouver dans la capitale finlandaise, comme à mon retour de Sibérie, et ne peux m'empêcher de frissonner.

Dans la soirée, je vais chercher Paolo au restaurant après son service et nous retrouvons toute la bande d'amis en terrasse pour boire un verre et discuter de tout et de rien. Paolo ne me lâche pas de la soirée et tout le monde évoque notre départ. Je reste silencieuse quant à mon voyage en Thaïlande et en Suède. Ce n'est que sur le chemin du retour que je lui annonce la nouvelle :

– Paolo, j'ai réservé mon billet d'avion : je pars le 21 mai, et comme j'avais un dernier arrêt au choix, je ferai un saut en Thaïlande pour quelques jours. Après, on se retrouvera où tu veux. Ça te va ?

Il s'arrête net et se retourne brusquement.

– Le 21 mai ?

– Oui, le 21. Qu'est-ce qu'il y a ?

– Et tu vas en Thaïlande comme ça ?

– Oui, j'ai un dernier arrêt, je vais en profiter pour essayer de me rapprocher de la frontière vietnamienne, depuis le temps que j'en rêve…

– Le 21 mai, c'est mon anniversaire, Nathalie.

Je reste muette de surprise. Je n'ai jamais fait attention à sa date de naissance et me sens si gênée qu'aucun mot ne me vient.

– Nathalie, je ne sais plus quoi te dire, tu n'en feras qu'à ta tête de toute façon. Et moi qui voulais que l'on parte à Melbourne pour quelques jours…

– Je suis sincèrement désolée, je vais tout annuler et repousser mon départ.

– Non, ne change rien, je crois que tu ne comprends pas. Je pensais que nous étions un couple. Tu ne crois pas que l'on devrait prendre nos décisions ensemble ?

Il a raison. Je suis confuse et honteuse. Il marche en silence devant moi jusqu'au *penthouse*. Il se déshabille, toujours sans dire un mot, et se jette dans la piscine. Je le regarde faire d'interminables longueurs sous l'eau et sens qu'il essaie de noyer sa déception.

J'erre sans cesse autour de la Terre depuis bien trop longtemps et pourtant, je sens toujours gronder en moi la même angoisse sourde.

Au consulat, un homme rondouillard et jovial nous reçoit. Il semble emballé par le projet de Paolo et nous donne moult conseils et paperasses à lire sur le Portugal. Je découvre un pays ensoleillé que je ne connais que par mes voisins d'enfance, qui étaient arrivés dans notre quartier après avoir fui la révolution des Œillets en 1974. Plus tard, au Brésil, j'ai appris quelques mots de portugais et ne m'affole nullement à ce sujet. Les langues étrangères ne m'ont jamais effrayée, bien au contraire, et Paolo parle déjà cinq ou six langues.

En découvrant le projet secret que Paolo expose à notre interlocuteur, je réalise qu'il a déjà pensé à tout. Malgré un moment de surprise, je sais que c'est un travailleur acharné, terrien et matérialiste, et cela me rassure, moi qui ne vis que de mes rêves de plantes. Il veut reprendre un petit restaurant ou une maison d'hôtes, et éventuellement trouver une équipe à entraîner là-bas. Nous quittons le bureau et allons prendre un café sur Wynyard Street.

– Bon, tu en penses quoi ?

– Je ne sais pas, comment tu penses financer ce projet, Paolo ?

– Mon père m'a promis de nous aider.

– Tu as déjà parlé de tout ça à tes parents ? Ils ne me connaissent même pas !

– Ils me font confiance et sont ravis que je rentre en Europe. Et puis, si nous nous marions, ce sera un peu notre cadeau de mariage !

Nous décidons de rentrer : il a soudain mille choses à faire et me demande d'arrêter de travailler jusqu'à mon départ pour que je profite de mes derniers instants en Australie. Je m'inquiète :

– Je dois garder un peu d'argent pour payer mon semestre à l'école et payer le loyer de mon appartement en Suède.

– Ne t'inquiète pas. Tu as besoin de combien ?

– Paolo, je ne veux pas être dépendante de toi.

Je sens que je ne dois plus le contrarier et peut-être accepter d'être plus vulnérable pour le rassurer.

Je vais me concentrer sur nous et verrai bien à mon retour en Suède ce que je ferai à propos de mes études. Mon dernier billet m'emmène de toute façon en Suède et la destination est inchangeable, je dois donc rentrer quoi qu'il arrive !

J'essaie de profiter de mes derniers instants en Australie sans trop réfléchir à l'avenir. Anna m'a promis de venir me chercher à l'aéroport, mais je la sens fatiguée et silencieuse. Nils a repris une gérance et m'a proposé un job d'été, si toutefois je le souhaitais. Nous avons longuement discuté de mes projets et, fidèle à lui-même, il m'a juré que j'aurai toujours une place spéciale dans sa vie. Quoi que nous fassions à l'avenir, nous nourrirons toujours une véritable amitié l'un envers l'autre.

Luigi et sa femme m'appellent un jour pour organiser l'anniversaire de Paolo et mon départ. Nous fêterons cela au *Caffè San Giovanni* entre amis et je décide de faire le gâteau préféré de mon Italien : une *torta caprese*, un gâteau au chocolat et aux amandes dont il raffole.

Avant le grand départ, je profite de la plage et de mes amis, sans penser à autre chose qu'au moment présent. Mes valises sont prêtes, et je garde un sac plus petit pour mon périple en Thaïlande. Je rentre d'Indonésie chargée de cadeaux et de mes précieux carnets de voyage. Paolo, qui y a acheté quelques meubles, finance un container qui emporte également ma nouvelle table à opium ainsi que mes quelques excédents de valises remplies de maillots et de vêtements que je pense vendre en Europe, plus tard. Tout semble si fluide que je profite enfin de ma vie sans penser à autre chose qu'à nous deux. Parfois, je me pince pour pouvoir y croire. Je n'ai plus eu de cauchemars depuis si longtemps que, quand je me réveille par hasard la nuit, en silence, je suis toujours surprise de ne plus voir cet œil maléfique qui a hanté mes nuits durant tant d'années. Mon anorexie semble s'être volatilisée par magie, je n'arrive pas à comprendre par quel mécanisme mon corps s'est enfin assagi. Je n'ai plus peur de mon corps, je le remercie d'être mon allié plutôt que cet ennemi qui me poussait à le détruire petit à petit. Je commence enfin à croire que cette « malédiction » n'était peut-être que le fruit de mon imagination. Je me sens enfin heureuse et projette mon vingt-cinquième anniversaire aux côtés de l'homme que j'aime follement, de manière presque viscérale.

Notre dernière soirée est aussi folle et joyeuse que ce que j'avais espéré pour Paolo. Mon gâteau est un succès qui le pousse à penser que notre restaurant sera une véritable réussite, il en est certain. Mes amis sont là et j'ai le cœur noué de devoir les quitter. Revenir en Australie un jour me paraît si improbable que je sais que je laisse derrière moi des souvenirs et des amis à jamais.

Le lendemain, c'est une horde joyeuse qui m'accompagne à l'aéroport, mais chacun a la finesse de me laisser seule en tête-à-tête avec Paolo avant mon départ. Je dois l'appeler dès mon arrivée à Bangkok. Fin juillet, nous nous retrouverons à l'aéroport de Madrid. Je m'accroche à son odeur avant de le quitter avec émotion. En me retournant, je le vois me fixer d'un air inquiet. Je détourne le regard pour ne pas flancher.

Göteborg – juin 1989

Je suis rentrée chez moi. Retrouver mon appartement, mes odeurs, mes amis et Nils a été si naturel que je sais que je suis véritablement chez moi ici. Nils a refait sa vie, une petite rousse à son bras, et nous nous sommes retrouvés avec beaucoup d'émotion. Cependant, je sais désormais que la page est tournée. Notre amitié et notre affection sont indéfectibles et je me sens enfin en paix à ses côtés.

J'ai couru chez mon professeur, qui m'a accueillie avec sa femme, Sylvia, ainsi qu'une joie immense, autour d'un repas. Il m'a félicitée pour ma bonne mine et m'a promis de m'accepter dans ses cours si tel était mon souhait. En discutant de mes projets, il a proposé de m'envoyer les cours par courrier, ce qui m'a semblé être une excellente idée. Je sais que mon cursus sera compliqué, mais mes découvertes en Indonésie et autour du monde me donnent envie de me battre.

Nils me propose de faire des remplacements dans son établissement, ce que j'accepte avec bonheur. Travailler avec lui est d'une limpidité sans faille. Nous nous entendons si bien que les jours coulent paisiblement. Paolo téléphone quotidiennement et son départ l'occupe suffisamment pour qu'il ne trouve pas le temps long. Anna va mal, je sens que quelque chose l'a bouleversée, mais elle refuse de s'épancher pour ne pas gâcher mon bonheur. Notre amitié est devenue une évidence et son mal-être m'inquiète, malgré le sourire de façade qu'elle affiche en me retrouvant.

Je prépare mon nouveau départ et prends conscience que mon avenir, qui semble pourtant tout tracé, est toujours une source d'angoisse. Je sens que ces départs, ces halls d'aéroports, ces valises à moitié défaites, commencent à me peser peu à peu.

La veille de mon départ pour Madrid, je rêve de l'ours ; il me protège tandis que je tombe sur une route enneigée et me relève à la suite de chacune de mes chutes. Je n'avais plus fait de rêves de la sorte depuis si longtemps que la peur m'étreint la poitrine en décollant pour Paris. Arrivée à Madrid, en attendant Paolo, je tue le temps en déambulant dans les boutiques du *duty free* quand, dans une vitrine, un ours en peluche me tend les pattes. Il porte un nœud bleu autour du cou et, je ne sais pas pourquoi, je sens qu'il me le faut à tout prix. La vendeuse me propose un joli papier cadeau, que je refuse. Je veux l'offrir à Paolo, qui va certainement faire la grimace, mais je m'en moque, je tiens à lui faire ce présent.

À quelques minutes de l'arrivée de mon Italien, je m'installe loin des barrières où se presse déjà une foule bruyante, le cœur battant. Je veux l'observer de loin, je veux savourer cet instant fugace où nos regards se croiseront à nouveau après ces deux mois de séparation. Je veux également profiter pleinement de mes derniers instants de solitude.

La porte de sortie s'ouvre et vomit une myriade de voyageurs rouges de fatigue et de joie de retrouver leurs proches. J'observe les gens défiler, les familles qui s'embrassent en riant, un homme d'affaires à l'air morose, un couple d'amoureux qui se jettent littéralement l'un sur l'autre.

Et puis, plus rien, plus personne ne sort. Je serre mon ours contre mon visage en tremblant et m'apprête à me lever pour aller vérifier les horaires sur l'écran, quand j'entends :

– *Topolino* !

Il est juste à ma gauche, je ne l'ai pas vu sortir. Je lui tends l'ours :

– Tiens, c'est pour toi.

– C'est vrai ?

Il sourit et me serre contre lui. Nos retrouvailles sont à son image : discrètes, intenses et tendres. Je jure que, dans une autre vie, je l'ai connu. Je commence à pleurer.

– Ah non, pas de larmes ! Allez, viens, on file, marre de ces aéroports ! J'ai réservé un petit hôtel pour ce soir et, demain, nous partirons manger des tapas sur la côte. Je veux aussi t'emmener voir une équipe que j'ai entraînée autrefois en France, à Perpignan.

Je n'arrive pas à prendre conscience qu'il est enfin là, tout près de moi, que nous sommes tous les deux en Espagne, à quelques jours de rencontrer nos familles respectives, et que je vais vivre avec lui, quelque part au Portugal. Ma vie me semble très étrange, comme si elle n'était faite que de rencontres belles mais compliquées, d'au revoir et de voyages incessants autour de la Terre. Je voudrais tellement ne plus avoir peur.

L'hôtel se révèle être une catastrophe ; nous préférons en rire malgré tout et décidons d'aller boire un verre en ville. Il me serre dans ses bras et nous marchons en silence. Je n'ose pas lui poser la question qui me taraude. En quittant l'Australie, je sais qu'il laisse un fils derrière lui. J'ai dû travailler intensément sur moi et mes émotions au sujet de cette paternité, car elle m'a bouleversée et a réveillé ma douleur. D'un autre côté, depuis que j'ai rencontré Paolo, je rêve d'avoir un enfant avec lui.

Le lendemain, nous partons pour Cadaqués, où il tient à passer quelques jours. Je le laisse prendre les commandes de ma vie, insouciante et heureuse. Nous sommes vite attablés en terrasse et grignotons du poisson grillé ; la soirée est belle et douce. Je ne crois plus en cette malédiction, je suis avec l'homme que j'aime et plus rien ne pourra me détourner du bonheur.

En commandant un café, j'aperçois un homme qui marche seul dans la ruelle attenante. Mon visage se fige et je souris aussitôt. Cela fait six ans que je ne l'ai pas vu, lui qui vivait avec la sœur d'Alexia, Amélie, qui était restée si proche de moi après le suicide de sa sœur. Après la mort de sa mère, Amélie et moi avions continué à nous voir, puis à nous écrire. Depuis l'Australie, je n'avais plus de nouvelles. J'appelle le jeune homme, Anicet, en me levant de table ; Paolo m'observe me jeter dans ses bras.

Je ne me souviens plus de rien, le monde autour de nous s'est mis à tourner, je n'entends plus les paroles d'Anicet. La mort vient à nouveau de frapper dans ma vie : Amélie s'est suicidée il y a deux mois, elle était enceinte de huit mois. Elle est partie en emportant son secret avec elle. Je viens de perdre un bout de mon adolescence et un bout de mon cœur. Anicet serre la main de Paolo, qui me regarde, blême et l'air perdu. Je n'arrive plus à respirer et nous quittons le restaurant pour nous asseoir loin de la foule.

Cette nuit-là, je ne dors pas. Paolo tente vainement de calmer mes pleurs. Je me lève au petit matin et sèche mes larmes toute seule en regardant le soleil se lever. Cette malédiction vit en moi et me retire ceux que j'aime un à un. J'observe l'astre conquérant et le maudis de toutes mes forces.

Paolo et moi quittons l'Espagne et reprenons la route en nous jurant de nous aimer très fort et pour la vie.

France – été 1989

À notre arrivée à Perpignan, une première tension me jette cependant dans un trouble dont je n'arrive pas à me débarrasser. Au matin, Paolo prend le volant de notre voiture de location et emprunte une rue en sens interdit. J'ai beau l'avertir, puis hurler, il ne veut rien écouter. Il est certainement dérouté de devoir conduire à droite et fatigué par ces derniers jours, mais il refuse de me laisser conduire et se montre incapable de s'excuser. Je serre les dents jusqu'à Toulouse.

Ma sœur est enceinte de son premier enfant. Je dois apprendre à accueillir les premières grossesses autour de moi en me réjouissant pour mes amies et cette sœur qui me déteste. J'enfouis au fond de moi mes chagrins pour mieux me concentrer sur l'avenir. Bientôt, ma famille, qui s'est habituée à me voir aller et venir sans cesse, nous voit repartir en direction de l'Italie aussi rapidement que nous sommes arrivés. Mon Italien a fait l'unanimité, comme Nils l'avait fait autrefois.

Au fil des jours, je découvre Paolo : posé, intelligent, parfois psychorigide, mais aussi tendre, à l'humour ravageur et sensible. Il porte en lui une blessure qu'il me confie une nuit de migraine, à propos de la mort de son grand frère : né peu après ce dernier, il ne s'est jamais senti aimé par sa mère. Il s'est donc construit seul et au travers du sport, qui anime tout son être. C'est un ancien champion et il en garde une rigueur presque excessive. Moi qui suis créative, rêveuse et parfois indécise, je sens souvent le poids de son jugement désapprobateur sur moi.

Rencontrer sa famille est une joie, mais aussi une source d'angoisse à mes yeux. Moi qui n'aurai jamais d'enfants, quel regard m'accorderont-ils ? Alors que nous arrivons dans leur propriété, la mère et le père de Paolo nous ouvrent la porte en souriant. Sa mère chuchote un « *Que bella !* », inattendu de la part de cette femme si austère et si peu démonstrative. Son père, qui parle un français parfait, m'embrasse chaleureusement.

Ils me font aussitôt visiter leur propriété ligure et Paolo m'emmène enfin dans notre appartement, qui était autrefois sa chambre d'enfant et d'adolescent. Je découvre son passé bourgeois et austère, qui m'éclaire peu à peu sur son caractère parfois autoritaire et rigide. C'est l'été ; j'en profite pour découvrir une région magnifique et me régale de *trofie* au pesto, la spécialité locale. Paolo et moi filons le parfait amour. Son père nous propose de nous aider et nous dépose discrètement un chèque sur la table de chevet. Sa mère, elle, parle de mariage. Je souris, mais au fond de moi ressurgit cette peur intime et profonde : « Ne te marie pas. »

Paolo est égal à lui-même, pragmatique et instantanément en charge de tout. Je me laisse faire. Pour lui, se marier est une formalité et il décide de se tourner vers le consulat français pour lancer les démarches.

Un jour, nous partons en direction du consulat de Gênes. Je reste silencieuse dans la voiture. Je n'ai jamais aimé personne aussi fort et pourtant, l'idée de ce mariage me terrifie. En apprenant que je suis résidente suédoise, le consulat m'explique aussitôt que, en me mariant, je devrai abandonner mon statut de résidente. À cette époque, la Suède ne fait pas partie de la communauté européenne et les règles d'immigration sur toujours strictes et sans détour. Pour retourner chez moi, il me faudra alors faire une demande de visa de tourisme et je n'aurai plus le droit d'y travailler librement. Je sens monter en moi un vent de panique.

En rentrant de Gênes, Paolo remarque mon silence et mon manque d'enthousiasme face à ce mariage. Je ne sais pas comment lui expliquer. Éclate alors une dispute violente. Je me sens prise au piège : je ne peux pas abandonner la Suède, l'amour que je lui porte est plus fort que tout. Mon Italien ne comprend pas et se mure dans la colère et le silence.

– Tu ne veux pas te marier parce que tu es toujours amoureuse de Nils ?

– Mais pas du tout, ça n'a rien à voir ! La Suède, c'est le cœur de ma vie, c'est inexplicable, je ne peux pas t'exprimer ce que je ressens.

– J'ai bien tout quitté en Australie pour toi, moi, y compris mon fils !

Je savais qu'il me le reprocherait un jour. C'est la phrase fatidique que j'attendais presque inconsciemment. Je la prends comme un coup de poignard dans le cœur.

– Paolo, nous pouvons très bien vivre ensemble sans nous marier, non ?

À ce moment-là, je sais que c'est le début de la fin. L'inexorable terminus de notre histoire. Je pourrais rebrousser chemin et rentrer chez moi, ou me marier avec lui. Mais je ne bouge plus, ne réfléchis plus, je me sens dépossédée de toute volonté propre. C'est la peur qui m'envahit entièrement. Pourtant, les jours suivants, Paolo poursuit nos projets sans reparler du mariage et nous voilà à nouveau sur la route du Portugal. Son père nous a offert une voiture neuve et de quoi nous installer une fois sur place. Je me sens prise au piège de cette inexorable fuite en avant.

Évidemment, rien ne se passe comme nous l'espérions : nos disputes deviennent des guerres de tranchées, et je me retrouve dans un pays magnifique et accueillant, certes, mais dans lequel je n'arrive pas à me projeter. Après quelques semaines de farniente, puis de recherches intenses pour trouver un lieu où bâtir notre avenir, nous abandonnons l'idée d'y vivre. Nos disputes rongent nos jours et nos nuits. Je n'ose plus parler et préfère me terrer dans le silence.

Nous retournons en Italie, où je fête sinistrement mes 25 ans sur un bateau, en pleine mer. Je regarde les dauphins glisser dans l'eau en rêvant de la pluie d'automne en Suède. À présent, tout devient sujet à discussion et conflit avec Paolo. Il est devenu d'une rigidité encore plus étrange : il critique mes tatouages et mes cigarettes, et mes rares verres de vin l'exaspèrent. Je me sens épuisée et commence à somatiser. Mes cheveux tombent à chaque coup de brosse. Aucun médecin ne comprend ce que j'ai et je m'enfonce dans le silence. Mes cauchemars ont disparu mais, la nuit, une petite voix me chuchote de rentrer en Suède.

C'est l'automne en Italie et je tombe d'épuisement : la fièvre ne me lâche plus, je tousse jour et nuit et j'ai reperdu du poids. Le père de Paolo, ancien médecin, m'envoie à l'hôpital de Gênes, où l'on découvre des taches sur mes poumons. Le verdict est brutal : je suis atteinte du virus de la grippe A(H3N2). Je suis mise sous traitement et tente de me reposer tout en réprimant mon désir de fuite. Je me remets peu à peu, mais le cœur n'y est plus. Je passe mes journées à dévorer la bibliothèque familiale et à jouer aux échecs avec le père de mon Italien. Paolo, quant à lui, se montre de moins en moins présent. Il a postulé auprès d'une ligne aérienne de Rome et dit vouloir reprendre ses études.

Le temps passe et je sais que tout n'est plus qu'une question de temps. Noël approche. Un soir, le téléphone sonne et le père de Paolo revient me chercher à table, où nous sommes en train de dîner. À son regard, je comprends que ma vie va basculer une fois de plus. Mon grand-père adoré vient de nous quitter. Je raccroche et me mure à nouveau dans le silence. Mon grand-père, mon pilier, celui que j'aimais tant en secret, est parti sans que je puisse lui dire au revoir, le revoir ou l'accompagner. Ma famille m'a caché sa maladie et je ne suis même pas conviée à son enterrement. Le gouffre qui nous séparait déjà ne fait que s'agrandir et je me sens désormais seule au monde.

Paolo est devenu un lion en cage, silencieux et irascible. La nuit du réveillon, il accepte une mission et me laisse seule au fond de mon lit, à pleurer de tristesse, de rage et d'impuissance. Je m'accroche à mes cours en cachette. Personne ne sait ce que j'étudie : je n'ose pas parler de naturopathie et de médecine chinoise autour de moi, surtout dans cette famille de médecins et de chirurgiens.

En rangeant la chambre par un bel après-midi de janvier, je découvre des photos d'Adam, le fils de Paolo. Ce beau bébé joufflu sourit dans les bras d'une fille si banale, si éloignée des anciennes conquêtes de l'Italien, que je comprends qu'il n'a pas menti : une nuit de beuverie entre copains, une réceptionniste un peu trop entreprenante, et son destin a basculé. Adam lui ressemble comme deux gouttes d'eau. Au dos de la photo, une phrase laconique : « Baptême d'Adam, 1989. »

La photo a été cachée sur son bureau, sous une pile de papiers. Je la repose à sa place et prépare mes valises. Je décide, la mort dans l'âme, de rentrer en Suède.

Göteborg

Je n'ai eu qu'à appeler Nils et Anna, et je me retrouve dans mon appartement suédois à regarder la neige tomber à travers la baie vitrée en buvant un thé bouillant. Nils m'a apporté mes clefs et est reparti travailler. Anna et moi décidons de sortir boire un verre. Nous avons tant de choses à nous raconter. Je n'arrive pas à lui cacher mon chagrin. Elle est là, j'ai retrouvé mes marques, mes odeurs, mon travail et mes études, mais mon cœur est brisé.

Paolo est resté silencieux à la gare. Il m'a juste dit que je passerais ma vie à fuir. Je suis partie le cœur en miettes, sans pouvoir lui dire que j'avais mal, que j'avais peur et que je m'en voulais, mais qu'une force plus grande que moi, plus féroce que mon amour pour lui, me poussait à nouveau à fuir. Je ne lui ai jamais raconté mon voyage en Sibérie, je ne lui ai jamais confié mes cauchemars, mes peurs, mes faiblesses, mes failles et mon véritable et profond amour pour lui.

Une fois arrivé en Europe, il est devenu critique, acerbe et parfois cruel, et notre complicité s'est diluée comme le lait dans le café que je bois désormais après chacun de mes repas. J'ai pris conscience que j'avais peur de son jugement en permanence et que ma spontanéité et ma joie de vivre avaient disparu.

Paolo fait des allers-retours entre la Ligurie et Rome pour planifier ses nouvelles études au sein de l'école d'aviation et s'est découvert une passion pour le vol en parapente. Il ne rêve plus que de cela : voler. Il en fera son métier. Il continue de m'appeler tous les jours, me faisant tour à tour des déclarations d'amour et des reproches incessants. Je sais que je devrais l'oublier, tirer un trait sur cette histoire, mais nous nous acharnons à espérer un miracle. À chacun de ses appels, je pleure et le supplie de venir me rejoindre en Suède, et lui s'agace régulièrement face à mon refus de quitter la Suède pour le retrouver. Nous nous entêtons à nous aimer malgré tout. Un soir, il m'appelle pour m'annoncer qu'il a pris la route et qu'il arrive : parcourir 2 000 kilomètres de route, pour lui qui déteste conduire, est une énième preuve d'amour, je le sens bien. Quand il gare sa voiture devant mon appartement deux jours plus tard, il est épuisé.

Ce sont des retrouvailles douces-amères : trop de non-dits, de larmes, de déceptions et d'incertitudes, ainsi que mon refus de quitter la Suède l'ont poussé malgré lui à venir me retrouver, mais je sens bien que ce n'est plus comme aux premiers jours. La magie a disparu. Notre histoire passionnelle est en train de virer au cauchemar, et nos différences nous divisent de plus en plus. Quand je suis au travail ou en cours, il tente de prendre un peu de temps pour découvrir la ville et décide très vite de trouver une équipe à entraîner par le biais d'anciens contacts qu'il a un peu partout. En tant qu'ancien champion, il est mis en relation avec la ligue scandinave de water-polo, qui lui propose un poste d'entraîneur au Danemark.

Anna, qui a très vite sympathisé avec lui, essaie de nous apaiser avec toute sa bienveillance et son impartialité. Elle me prend à part un jour, alors que nous courons autour du lac :

– Nathalie, Paolo a raison, tu fuis, inconsciemment ou consciemment. Il le sent. Ce n'est pas faute d'essayer avec toi, tu sais ?

– Je sais, j'ai peur, c'est tout.

– De quoi as-tu peur au juste ?

– Je ne sais pas, je sens planer cette malédiction, comme si je n'avais pas le droit d'être heureuse.

– Si tu continues, tu vas passer à côté de ta vie. On n'évite rien en s'empêchant de vivre, tu le sais bien !

– Anna, j'ai l'impression que cette chamane avait raison : j'ai été maudite, je ne sais pas où, quand, ni comment, mais je le sens. Si je me marie, je vais tout perdre d'un coup et j'ai peur de l'embarquer dans cette histoire. Je ne veux pas qu'il meure à cause de moi.

– Mais qu'est-ce que tu racontes ?

– Je n'arrête pas de faire un rêve étrange depuis quelque temps…

– Tu refais ton cauchemar ?

– Non, c'est encore autre chose. Quand je ferme les yeux, je me vois assise par terre dans la neige, à hurler comme une folle, et je tiens un homme dans mes bras. Il saigne et me fixe droit dans les yeux. Il finit par mourir, d'un coup.

– Nathalie, il faut que tu ailles voir quelqu'un. Je vais lui parler, elle te recevra.

– Anna, je ne suis pas folle, je n'ai pas besoin d'une psy, seulement de protéger Paolo !

– Ce n'est pas une psychologue.

– Je ne veux plus voir personne, j'ai parlé avec des tas de gens et personne ne peut m'aider, j'en suis sûre.

– Nathalie, Paolo t'aime vraiment, il me l'a dit, mais il ne sait plus comment agir vis-à-vis de toi. Quoi qu'il fasse, tu sabotes tout et tu fuis sans cesse ! Va voir cette fille, elle est infirmière et acupunctrice, mais elle travaille aussi sur un plan plus subtil.

Je suis partie courir pour ne pas répondre, pour ne plus penser, pour ne plus sentir mon cœur qui s'emballe. Ma vie ressemble à un bateau ivre avec, à son bord, un capitaine à la dérive. Pourtant, Anna poursuit :

– Tu te souviens de Magnus, le propriétaire du restaurant où travaillait Johannes ?

Je me retourne subitement ; je ne veux plus entendre parler de Johannes, ni de cette époque maudite.

– Oui, et alors ?

– Il te cherche, il voudrait te proposer quelque chose, tu veux bien l'appeler ?

Nous rentrons en silence et je retrouve Paolo autour d'un café. Il me propose de passer le week-end au Danemark ; il en profitera pour me présenter l'autre entraîneur et le club où il travaille. Nous réservons le ferry pour le week-end et une chambre dans une auberge bien connue de Skagen. Ma vie tient à un billet d'avion, un aéroport, un quai de port, un énième départ, d'énièmes retrouvailles. Je n'en peux plus et je voudrais sauter à pied joint sur ma vie pour m'enraciner enfin. Je fais le grand écart entre ici-bas et un monde invisible qui m'écartèle le cœur. Je cours sans cesse à nouveau. Paolo entraîne une équipe danoise durant la semaine et rentre le vendredi soir. Je sais pertinemment qu'il fait cela pour être près de moi, mais que cela n'a aucun sens.

Soudain, la guerre éclate à nouveau. Nils refuse de rencontrer Paolo et Paolo refuse de rencontrer Nils. Un combat de coqs silencieux s'est installé entre eux depuis que Nils, qui venait chercher du courrier chez moi alors que Paolo était en train de déjeuner, est entré sans crier gare. Les deux se sont jaugés, Paolo lui a tendu son courrier et Nils est reparti sans un mot. À mon retour, j'ai senti que le vent avait tourné.

Qu'il est loin, le doux souvenir de ma rencontre avec Paolo, de notre vie en Australie, de nos moments de complicité et d'amour. En le serrant dans mes bras, je sens son cœur qui bat trop vite, je sais qu'il n'est plus heureux. Un dimanche soir, avant qu'il ne parte pour sa semaine au Danemark, je lui ouvre une porte de sortie :

– Paolo, si tu veux partir, je comprendrai.

Il me regarde tristement.

– Je ne suis pas heureux, je ne vais pas te mentir, mais je ne veux pas te perdre et je sais que, si je partais, je te perdrais pour toujours.

– Lorsque tu rentreras vendredi, je te parlerai d'une proposition que l'on m'a faite pour gérer un hôtel dans les Alpes. On pourrait peut-être y réfléchir ?

– On y réfléchira, *topolino*, promis. *Ti amo*, sois sage.

Je regarde sa voiture s'éloigner et sens une tempête murmuer au fond de mon cœur.

Anna a décidé de m'emmener voir son infirmière, qui a un cabinet en centre-ville et me reçoit seule dans son bureau. Elle est douce, réconfortante, et elle m'invite à m'allonger sur une table de massage. Pour cette première séance, elle me propose de poser quelques aiguilles d'acupuncture afin de me détendre. Je me laisse faire en respirant calmement tandis qu'elle plante en douceur une pointe après l'autre. Elle place enfin une dernière aiguille entre mes deux yeux, au niveau des sourcils, sur un point qu'elle appelle *yin tang* ou « palais de l'esprit », qu'elle désigne aussi comme « le troisième œil ». Elle éteint la lumière et me demande de me reposer un instant. Je n'ai pas peur, je suis en confiance et en paix. Je respire calmement. Quand elle revient, elle retire une à une les aiguilles en les tournant doucement.

Soudain, un éclair me foudroie : l'œil est là. J'hurle et me relève en haletant. La praticienne retire sa dernière aiguille et me regarde, inquiète. Elle me prend par la main et me demande de la suivre dans son bureau.

– Tout va bien ? Je vous ai fait mal ?

– Non, je m'excuse d'avoir hurlé comme cela, je suis confuse.

– Qu'est-ce qui s'est passé, exactement ?

Je la regarde, prête à m'effondrer en larmes et encore sous le choc de cet éclair si étrange. J'ai vu l'œil qui s'approchait de mon visage en tournant, plus hideux que jamais. J'avais oublié son regard maléfique. Pourtant, je l'ai reconnu immédiatement.

– Je suis venue vous voir parce qu'il se passe beaucoup d'événements étranges et inexpliqués dans ma vie, et cela depuis mon enfance. Et puis, je fuis sans cesse, sans pouvoir m'arrêter. Lorsque vous avez touché la dernière aiguille, le flash de l'un de mes pires cauchemars m'est apparu.

– Qu'est-ce que vous avez vu ?

– Un œil qui semble vouloir m'aspirer en tournant comme une toupie entre mes yeux. Je sais, cela semble stupide et incohérent, mais je sens que c'est plus qu'un simple cauchemar.

– Vous savez ce qu'est le troisième œil ?

– Non ?

– Appelé *Ājñā chakra*, le troisième œil est le centre de votre intuition et de votre perception extrasensorielle. Il est directement relié à votre glande pinéale, ainsi qu'à votre hypophyse. C'est également le centre de vos facultés psychiques ; c'est lui qui dirige vos rêves et votre sagesse intérieure. On l'appelle le « siège de l'âme ». Dans les traditions ésotériques des quatre coins du monde, il est dit que l'éveil de votre troisième œil vous révélera les secrets de votre âme. Il est le gardien de la connaissance qui se trouve au-delà de vos yeux physiques. N'ayez pas peur du réveil de ce gardien, c'est lui qui vous guide et vous éclaire. Vous avez une chance incroyable et vous êtes probablement une vieille âme, même si vous semblez en avoir terriblement peur.

– En réalité, lorsque je vois l'œil, il m'arrive toujours un malheur. Une chamane m'a dit que je portais une malédiction et je la crois.

– Revenez me voir plus tard, on en discutera. Pensez à respirer profondément et à méditer. Quant à cette malédiction, on en reparlera.

Je ne suis jamais retournée la voir. La vie m'a emportée dans son tourbillon et ma tendance au déni n'a pas aidé.

Quand Paolo rentre, ce fameux vendredi, ma semaine m'a complètement accaparée, mais je suis allée chercher des lasagnes fraîches chez le traiteur et un sublime tiramisu pour fêter son retour. J'ai également pris une bouteille de bon vin rouge, même s'il ne boit plus ou très rarement. Malgré ses reproches sur l'alcool et les cigarettes, je tente en vain de garder le contrôle de ma vie. En surface, je conserve mon indépendance et mon côté frondeur, bien qu'à l'intérieur, ses réflexions me blessent de plus en plus profondément. Il ne veut plus que je me coupe les cheveux ; ils m'arrivent à la taille et je les lâche pour lui faire plaisir.

Je prépare une jolie table, allume des bougies et me dépêche de m'habiller. Il arrive et me serre dans ses bras ; je me dis que je ne pourrai plus jamais vivre sans lui. Il m'a acheté des crevettes de Skagen et du maquereau fumé. Il me connaît par cœur et sait que je déteste les fleurs et les bijoux. Il est si heureux de retrouver un peu de calme et de partager ce petit repas en tête-à-tête avec moi que je chasse presque mes mauvais pressentiments. J'ai pourtant l'impression de ne plus respirer.

J'essaie de me convaincre que c'est son côté italien et macho qui me dérange mais, au fond de moi, je sais que je suis prise dans une relation inextricable. Cet amour empoisonne peu à peu mon esprit.

– Paolo, il faut que je te parle de quelque chose.

– Attends, je vais deviner. Tu vas me quitter ?

– Ce n'est pas amusant. Tu veux que je te quitte ?

– Non, je plaisantais.

– Un ami me propose de tenir son hôtel dans les Alpes pour six mois. C'est tout de suite ou jamais !

– Donc tu vas me quitter ?

– Arrête, je suis sérieuse ! Tu pourrais m'aider là-bas, on aurait un appartement, tu aurais un salaire fixe et on serait ensemble à gérer tout ça. Qu'est-ce que tu en dis ?

Il me regarde d'un air fatigué.

– Et tu pars quand ?

– Je ne pars pas sans toi, si tu ne veux pas me suivre, je resterai ici.

– Et on part quand ?

Notre départ précipité pour une station des Alpes françaises nous a épuisés : régler les problèmes de contrats, faire les valises et des achats d'urgence, nettoyer l'appartement et prendre la route nous a mis en surchauffe. Je sais qu'une fois de plus, nous sommes en fuite. Si ce n'était pas tragique, je rirais presque de ces valises jetées au fond du coffre et de nos kilomètres avalés entre deux sandwichs et un mauvais café sur une aire d'autoroute. Je ne souris plus, je cherche juste à gagner encore un peu de temps avec lui.

Notre arrivée au sein de l'hôtel ne se fait pas sans peine. Le personnel, seul à bord depuis le départ de mon ami et patron de l'établissement, à présent malade et hospitalisé en Suède, a pris de mauvaises habitudes et nous voit arriver comme des intrus. Paolo vit mal le fait que je sois la responsable du lieu et, de mon côté, j'éprouve des difficultés à me faire respecter. Tout est réuni pour aboutir à une explosion. Très vite, tout se fissure entre nous. La nuit, je m'écroule de fatigue dans mon lit sans un mot pour lui, et lorsqu'il décide de passer ses après-midi à surfer pendant que je me bats avec le personnel, je craque.

Les semaines passent entre l'arrivée des clients et leur départ, et les vacances d'hiver battent leur plein sans que j'aie l'occasion de passer un peu de temps avec Paolo. Le silence s'installe entre nous. Un matin, je me réveille en sursaut : il n'est pas dans le lit. Sur le bureau, une feuille griffonnée :

> « Nathalie,
> Tu vas terriblement me manquer, mais je préfère que nous en restions là.
> *Ti amo, topolino* »

Je retiens un hurlement et des larmes en entendant la voix du réceptionniste qui frappe à ma porte :

– Nathalie, ouvre, Paolo a chargé ses valises et vient de partir !

En une seconde, je suis devant l'entrée enneigée de notre petit hôtel, livide et pieds nus… Sa voiture n'est plus là. Je me précipite dans notre appartement pour fouiller les placards : il n'y a plus rien. Je ne comprends pas comment il a pu faire ses valises et les charger sans rien me dire, aller se coucher et se lever ainsi à l'aube pour me quitter sans un mot. J'ai six mois à tenir ici, à gérer un hôtel impossible. J'enfouis mon chagrin et mon désespoir sous une froideur polaire.

« Tu seras maudite, apatride, sans toit ni famille, à errer seule autour de la Terre pour l'éternité. » Les mots de Valentina résonnent soudain plus fort que jamais en moi. Si c'est mon destin, je l'embrasserai dans son entièreté sans desserrer les mâchoires. Ma froideur et mon vide abyssal vont lentement devenir ma pire punition.

Il est 23 heures quand je rentre et fonce sous la douche après une journée épouvantable. Le téléphone sonne.

– *Topolino* ? Je suis rentré chez moi. Je suis désolé, je ne pouvais pas te regarder pleurer, il fallait que ça s'arrête.

J'ai si froid que je raccroche sans un mot. Au réveil, j'ai déchiré son mot, trempé mes draps de larmes et je vais maquiller mes yeux et ma bouche et ne plus jamais, jamais ressentir les battements de mon cœur pour qui que ce soit. Plus jamais, je m'en fais la promesse.

Je travaille en silence et sors toutes les nuits pour noyer mon chagrin. Mes amis surfeurs sont venus me rejoindre pour skier. Nous sortons, je m'enivre de musique, de monde et de vide, et souris sans cesse pour ne pas m'effondrer.

En quittant enfin l'hôtel à la fin de la saison, je décide d'aller voir ma famille. Je m'arrête chez ma mère, mais mon petit frère ne cesse de demander après Paolo. Je préfère me taire. Je ne desserre plus les dents, je souris faussement et je quitte mon dernier amant en date, un médecin australien venu skier dans l'immense domaine de la station, sans une once de culpabilité. Il téléphone chez ma mère, mais j'ai si honte que je raccroche sans dire un mot.

J'ai rempli mon contrat pleinement, la saison a été bonne et les chiffres excellents. En arrivant à Göteborg, Magnus me verse mes primes avec un air satisfait et je retourne à mon ancien poste de serveuse et à mon ancien appartement sans aucun problème. Ma vie est là, tout simplement.

Anna va mal, je me concentre sur elle et prends peu à peu conscience qu'elle m'a caché sa maladie. Je passe mes nuits chez elle, puis cours au travail, épuisée. J'avance sur des sables mouvants et tiens bon pour Anna, rien que pour elle qui est devenue si chère à mon cœur. Ce dernier est toutefois devenu dur comme de la pierre et je n'ai plus de nouvelles de Paolo.

Alors qu'elle va très mal, je fais promettre à Anna de nous retrouver le lendemain à la campagne pour fêter *Midsommar* tous ensemble. Je l'embrasse et lui fais jurer d'être là. Elle jure.

Au petit matin, je la rappelle pour la réveiller. Le téléphone sonne dans le vide. J'appelle sa sœur, qui me dit qu'elle n'arrive pas à la joindre non plus. Je m'habille et me précipite jusque chez mon amie en demandant à sa sœur de m'y rejoindre. De la musique joue en boucle tandis que je sonne à la porte, qui reste fermée. Personne ne répond.

De l'extérieur, je vois que la fenêtre de sa cuisine, au premier étage, est ouverte, mais je n'arrive pas à escalader la paroi de l'immeuble. Je remonte et sonne chez un voisin, qui m'ouvre aussitôt. Inquiète, je lui demande d'appeler la police. Nous continuons de sonner, en vain, jusqu'à ce que la police arrive. Je sais que c'est grave. La musique me hante encore aujourd'hui et, en entrant dans son appartement, je sais que je vais moi aussi mourir un peu à nouveau. Elle s'est suicidée et son corps gît dans la cuisine, à même le sol.

Le policier me prend par la main pour m'arracher à elle et me confie aussitôt à un ambulancier, qui tente vainement d'engager la conversation. Je ne réponds plus, je ne respire plus. Je regarde l'appartement autour de moi : mon verre de vin est resté sur la table du salon et des mégots portent encore la trace de mon rouge à lèvres… Je ne vais pas m'écrouler là, je vais me relever et partir, aller travailler, voyager, errer autour de la Terre sans m'arrêter. Même mon cœur n'a pas voulu cesser de battre. Je sais que je suis maudite, je n'aurais jamais dû m'arrêter et aimer à nouveau.

Un matin, alors que nous venons d'enterrer Anna chez elle, à la campagne, je me réveille avec une cloque sur le genou droit. Petit à petit, une marque rouge s'inscrit dans ma chair. Plus je gratte la marque, plus elle me démange. Valentina avait vu ma brûlure.

Désormais, je ne vis plus, sauf lorsque je travaille ou que je sors la nuit. Dehors, je ne pleure pas, je souris. Tout le temps. Et je cours tout le temps : je travaille et enchaîne les jours et les nuits sans me poser de questions. J'enchaîne également les aventures sans lendemain. Je cherche Paolo partout, dans un sourire, une odeur, un geste, un mot. Le vide s'agrandit ; mon sourire aussi. La nuit, l'aigle survole mon sommeil, mais ne s'arrête même plus.

Un de mes amants me dit que je crie et gémis toutes les nuits. Lui est là parce qu'il ne me pose jamais de questions, vit à mille à l'heure, me fait rire aux éclats et ne me promet rien. Il fuit sa propre vie comme je fuis la mienne.

Alors, je continue de travailler et d'étudier la nuit, à la lumière d'une lampe que j'ai installée dans la cuisine pour regarder par la fenêtre si la voiture de Paolo n'apparaîtrait pas, comme par miracle. Je bois café sur café et fume cigarette sur cigarette en espérant son retour. Son silence me hante. Mes absents et mes disparus me hantent. À l'extérieur, personne ne se doute que je suis vide à l'intérieur.

Un matin, il est là, sur le pas de la porte. Je reste figée, muette, froide. J'ai tellement barricadé mon cœur que je ne réagis pas.

– Je te dérange ?

– Entre…

Il regarde autour de lui, la porte de ma chambre est ouverte, mon lit est défait – Mathias, mon amant, y a oublié un tee-shirt. Il me regarde, s'assoit sur le lit et me désigne le vêtement.

– C'est à Nils ?

– Non, pas du tout.

Je le fixe droit dans les yeux, il baisse les siens et se met à pleurer. Je l'ai vu faire tant de fois ; cette fois-ci, je ne dois pas, je ne dois plus craquer.

– Nathalie, j'ai su pour Anna. Je suis si désolé pour vous tous, je n'ai pas osé t'appeler, mais je n'ai fait que penser à toi, je te le jure.

– Pourquoi es-tu venu, au juste ?

– Je ne sais pas, je ne sais plus quoi faire, je n'arrive pas à t'oublier, c'est comme si tu étais inscrite dans ma chair. Parfois, je me dis que toi et moi avons vécu ensemble dans une autre vie.

Je le fixe en tremblant.

– Tu imagines si je vivais avec quelqu'un ici ? Tu aurais pu appeler avant de venir, non ?

– Manifestement, il y a quelqu'un, dit-il en me tendant le tee-shirt.

– Il s'appelle Mathias.

– Tu l'aimes ?

– Non.

Nous nous fixons droit dans les yeux. Il sourit en premier et m'enjoint de me rapprocher de lui. Dans la nuit, il me réveille en me chuchotant la chanson de Venditti :

> *Sara, svegliati, è primavera/Sara, sono le sette e tu devi andare a scuola/Oh, Sara, prendi tutti i libri ed accendi il motorino/E poi attenta, ricordati che aspetti un bambino…*

– Paolo, fais-moi un bébé, s'il te plaît…

Je ne sais plus si je dois vivre ou me laisser mourir à petit feu. Il est là, dans mon lit, endormi, il ressemble à un enfant et, moi, je voudrais mourir, juste pour ne plus sentir ce cœur qui s'emballe à nouveau. En pleine nuit, Mathias frappe à la porte en hurlant mon nom, probablement un peu éméché après une soirée entre copains. Je sursaute, Paolo ouvre les yeux et se redresse dans le lit. Je sors de la chambre pieds nus, les cheveux en bataille, enroulée dans ma couette. Je m'adresse à Mathias à travers la porte d'entrée :

– Qu'est-ce que tu veux ?

– Ouvre, imbécile !

– Mathias, rentre chez toi, s'il te plaît.

Paolo est debout, c'est lui qui ouvre la porte. Je voudrais mourir de honte, être foudroyée sur place par un éclair. Je recule sans rien dire. Je m'enferme dans la salle de bains. J'ai si mal et si honte que je glisse sous la douche en pleurant et en me bouchant les oreilles. Paolo entre et tire le rideau : je suis recroquevillée à même le sol, je n'arrive plus à arrêter de pleurer.

– Pourquoi pleures-tu ? Tu l'aimes ?

– Non, je ne suis pas amoureuse, Paolo, mais tu arrives à l'improviste et bouleverses mon cœur à nouveau. Pourquoi détruis-tu ma vie ainsi ?

Il quitte la salle de bains en claquant la porte. Je ne sais plus pourquoi ma vie est si chaotique. J'ai envie de hurler ma rage et mon impuissance. Quoi que je fasse, tout dans ma vie s'écroule sous mes pieds. Quand je sors, il est en train de préparer du café.

– Je vais rentrer, Nathalie, je ne te dérangerai plus, c'est promis. Je suis désolé, c'était stupide de ma part. De toute façon, j'attaque les longs courriers à l'international et ce n'est pas une vie pour toi. Tu mérites mieux que ça !

J'ai envie de hurler et de lui arracher les yeux.

– Bois ton café et habille-toi. Je veux t'emmener quelque part. Il faut que l'on parle sérieusement !

– Non, c'est moi qui t'emmène quelque part, prends un sac et ton passeport et ne pose pas de questions, s'il te plaît. Appelle ton patron, fais-toi remplacer pour trois jours.

Je suis à bout de forces. J'enfile une robe, des ballerines et ma veste en jean. Je jette quelques affaires pêle-mêle dans un sac, sans savoir où nous allons, je n'ai plus la force de le lui demander.

– Tu as mis ta robe blanche ?

Je regarde ma tenue. Sans le faire exprès, j'ai mis la robe que je portais le jour de notre rencontre. Je la conserve comme une relique depuis. Il s'approche de moi et me serre contre lui ; je sens son cœur qui bat fort. Il me soulève de terre et me serre encore plus fort.

– Tu es toute petite, *topolino*, si minuscule, et pourtant, tu as remué ma vie comme personne ne l'a jamais fait avant toi.

Je n'ai plus la force de parler. J'avais verrouillé mon cœur et il l'a démoli à coups de massue en une seconde.

– Je t'emmène à Copenhague. On va manger des sushis, j'ai réservé au *Sheraton*…

Au téléphone, mon patron est en colère, non pas parce que je prends trois jours de congé que j'ai vraiment mérités, mais « parce que ce satané Italien va ravager ta vie encore une fois ».

Je marche le long du canal de Nyhavn, il fait un temps splendide et le monde se presse dans les cafés. Paolo m'attrape par la taille :

– *Topolino*, quand on rentrera, mets un jean et un tee-shirt.

Je me retourne pour le regarder en face.

– Tu plaisantes, j'espère ?

– Non, j'aime bien quand tu portes ton jean.

Je serre les dents et me change sans broncher. J'ai compris que cette robe lui rappelait trop de souvenirs et qu'il protégeait son cœur, lui aussi. Il a choisi l'un des meilleurs restaurants japonais de la ville, il sait que j'adore cette cuisine, mais j'ai du mal à me contenir. Dans ma tête, j'explose mille fois.

– *Topolino*, tu rentres en Italie avec moi, je suis venu te chercher.

– Ça suffit, Paolo, tu comprends ? Je ne peux plus vivre comme ça. En Suède, je travaille, je suis libre et indépendante. Je suis malheureuse parce que tu me manques, mais je préfère ça à ton caractère psychorigide et à la prison dorée que tu comptes m'offrir.

Il regarde autour de lui car j'ai haussé la voix. Il demande l'addition. Une fois que nous sommes rentrés dans notre chambre, il me sert un whisky et m'allume une cigarette. Il fait parfois cela quand il veut m'amadouer. Je le connais par cœur, je sais qu'il va encore essayer de me convaincre que c'est moi qui crée des problèmes pour rien. Mais il ne dit rien, il me regarde fumer ma cigarette en silence et avaler mon whisky en faisant la grimace. Il finit par reprendre la parole :

– Tu sais, je me dis souvent que nous aurions dû rester à Sydney. Depuis que nous sommes rentrés, tout va mal.

Je savais que cela arriverait. J'ai toujours su qu'il me reprocherait notre retour.

– Paolo, je sais que j'ai bouleversé ta vie, mais ma vie est en Suède. Je n'y peux rien, c'est comme ça.

– Qu'est-ce qui te retient en Suède ? Je n'arrive pas à comprendre.

– Tu crois au karma ?

– Je ne sais pas, peut-être, oui, mais pourquoi la Suède ?

– Le jour où j'ai posé mes pieds là-bas, j'ai pleuré de joie. D'un véritable bonheur, comme jamais je n'en avais ressenti. Et puis, j'ai vécu des choses belles et fortes, rencontré des gens précieux, aimants, des gens que j'ai « reconnus » immédiatement. Ensuite, j'ai vécu la peur, le chagrin, la mort, mais rien ne saurait m'arracher à ce pays. Si je le quittais, je crois que j'en mourrais… Moi, je crois au karma. Je suis sûre que toi et moi, on s'est connus autrefois et, depuis, on se déchire parce qu'on doit apprendre à se pardonner de quelque chose. Je le sens au fond de moi.

Il me regarde, avec son léger strabisme dû à sa myopie, et je n'ai qu'une envie : me coller à lui et ne plus jamais m'en séparer.

– *Topolino*, toi et moi, on se retrouvera quand on sera vieux, je le sais…

– Quand nous serons vieux, tu m'auras oubliée depuis longtemps.

– Viens.

Depuis que je l'ai rencontré, chaque nuit, je pleure dans ses bras, de joie, de bonheur et de peur.

– Paolo, je veux un bébé avec toi.

– Viens.

À notre retour en Suède, je regarde la côte se rapprocher depuis le bateau de la Stena Line et mon cœur s'apaise. Je n'ai jamais ressenti autant de paix que lorsque je foule le sol de cette terre viking, même quand la vie m'arrache ceux que j'aime, que la pluie tombe des jours durant, que la tristesse et la solitude m'étreignent, je suis en paix. Je suis ici chez moi, je le ressens, au-delà de tout bon sens ou de toute explication rationnelle.

Il me reste un jour de congé et je n'ai qu'une envie : rester avec Paolo, dîner à la lueur des bougies, aller au marché au poisson, boire un capuccino, marcher sans parler. Juste vivre et respirer près de lui.

Lui mène une guerre contre le temps, contre moi et mon obstination, contre la Suède, contre ma moralité, mon immaturité et tous mes travers. Chaque mot est une claque suivie d'une caresse. Il ne joue pas, ne manipule pas ; il n'est pas un prédateur, pas plus qu'un être foncièrement toxique, même si notre relation l'est devenue. Non, il joue et rejoue une partition inscrite en lui, un combat que nous avons peut-être perdu autrefois et qu'il répète à l'infini. Il revit aussi son enfance solitaire, mal apprécié par une mère rigide et froide, bien qu'aimante.

L'amour ne devrait jamais faire souffrir. Je n'arrête pas de le répéter à mon Italien. Il me répond qu'il le sait, mais qu'il ne comprend pas pourquoi nous nous déchirons ainsi. Mon ancien psychologue, mon cher Monsieur Alfredsson, que je vois de temps en temps, est persuadé que nous revivons des choses non résolues, karmiques, profondes, violentes, mais il est certain que Paolo ne me fait pas souffrir par narcissisme ou par plaisir. Un pervers ou un manipulateur ne souffre pas ; il prend plaisir à blesser l'autre, à le rabaisser, et jouit de sa souffrance. Or, Paolo est éprouvé, clivé, déchiré entre son bon sens, sa rigidité, son caractère déterminé et cette passion qui nous dévore et qui lui fait aussi perdre pied. Il a mal, je le sens. Nous sommes tous les deux en souffrance, pris dans une relation vouée à l'échec.

Monsieur Alfredsson me propose de nous recevoir ensemble, puis séparément. Paolo accepte, puis refuse, avant d'accepter à nouveau en traînant les pieds : il veut bien le voir, lui parler, l'écouter, mais il ne voit pas où cela nous mènera. Quand il rentre de son rendez-vous personnel, il est triste et silencieux. Je regrette déjà presque de l'avoir poussé à voir le vieux psychologue. Pourtant, il m'avoue que leur discussion l'a éclairé sur mes peurs, sur mon caractère libre, entier et hypersensible, et surtout sur le fait que je n'arrive pas à me couper de la Suède. Elle a également mis en lumière son caractère trop psychorigide et parfois cruel vis-à-vis de moi. Il se sent perdu parce qu'il sait que tout nous échappe, quoi que nous fassions ; de manière pragmatique et logique, ou irrationnelle et passionnelle, rien n'arrivera à débloquer notre situation.

Le lendemain, mon planning est chargé : je cours à nouveau entre mon travail et quelques examens de biologie en candidat libre. Je n'ai pas révisé, je rate donc les épreuves. En rentrant, je suis morose et n'arrive pas à cacher mon agacement et ma déception. Paolo s'agace de ma mine renfermée et l'explosion ne tient plus qu'à un mot :

– Nathalie, tu n'es qu'une égoïste capricieuse.

Je m'arrête net et retiens ma respiration avant de lui hurler dessus. Il se jette sur ses valises et, en une demi-heure, il a disparu de ma vie à nouveau. Je reste prostrée devant la fenêtre une bonne partie la nuit. À 6 heures du matin, il m'appelle d'une station-service en Allemagne pour me hurler sa rage, sa frustration et son impuissance. Il faut que tout cela cesse, sinon, je vais devenir folle. Il raccroche et je reste éveillée jusqu'au lever du jour.

Début septembre 1989

Le verbe « aimer » pèse des tonnes.
Des tonnes de chagrins, de joies, d'inquiétudes,
de doutes, de cris, d'extases. Ne le fuis pas.
Ne pas aimer pèse encore plus lourd.

Félix Leclerc

J'ai passé les derniers mois à travailler comme une forcenée. Mon patron et désormais associé n'en démord pas : l'Italien ravage ma vie. Je reprends les cours de mon professeur de biologie, épuisée par mes nuits sans sommeil. Je dois bientôt passer mon examen final et préparer ma thèse. J'ai choisi de travailler sur les brûlures et la cicatrisation, avec une option sur l'aromathérapie. Inconsciemment, j'ai choisi une histoire de peau. Je travaille comme un automate et me nourris de sachets de nouilles japonaises.

Un matin, alors que je n'ai plus de nouvelles de Paolo depuis son départ, je reçois une lettre :

> « Rendez-vous le 27 septembre à Paris, Hôtel *Nikko*, 61, quai de Grenelle, Paris 15e.
> J'arriverai à 17 heures, nous passerons ton anniversaire ensemble. Prévois quelques jours si tu le peux. Si tu ne viens pas, je comprendrai.
> Paolo »

Mon cœur s'emballe, puis enrage : je dois passer mes examens le 15 septembre ; j'ai besoin de calme et de concentration, et voilà que mon cœur tremble à nouveau. J'irai cependant à Paris, je dois le voir. Il faut que je comprenne ce qui nous pousse à nous déchirer sans pouvoir véritablement nous séparer.

Suzanne, une hôtesse de l'air avec qui j'avais fait connaissance le soir de ma rencontre avec Johannes, est peu à peu devenue ma confidente et ma plus belle amitié après la perte d'Anna. Elle me soutient et me conseille d'aller rejoindre Paolo à Paris. Elle est persuadée que nous trouverons une solution. Je réserve mes billets, remplie d'angoisse, d'espoir et le cœur battant.

L'idée de retrouver mon Italien transcende mon énergie et je passe mes examens avec succès. Je commence ma thèse et, le 27 au petit matin, j'embarque en direction de Paris. À 16 heures, je m'installe dans le hall d'entrée de l'hôtel *Nikko* en tremblant de la tête aux pieds. J'ai acheté une veste de tailleur noire et porte un jean brut et des talons compensés. Je me suis fait une queue-de-cheval ; mes cheveux sont désormais si longs qu'ils traînent jusque sous ma taille – je n'ose plus les couper. J'ai mis mon rouge à lèvres. Paolo connaît mes parfums par cœur : je porte depuis toujours, mélangé l'un à l'autre, *Élixir* de Clinique et *Patchouli* de Réminiscence. Je me suis précipitée à la boutique de *duty-free* pour refaire mon stock car, depuis que mon Italien est parti, je n'en ai pas remis une seule goutte. J'ai également acheté un ours en peluche à *La Peluchérie* sur les Champs-Élysées, comme un rituel.

À 17 heures, la porte de l'hôtel s'ouvre et le personnel navigant défile devant moi. Je tremble tellement que je ne remarque même pas les regards des pilotes qui me dévisagent en attendant les clefs de leur chambre. Soudain, il est là, devant moi, en uniforme. Mon cœur se serre. Il s'approche en souriant et m'entraîne vers les ascenseurs en me proposant de le suivre.

Nous nous engouffrons dans l'une des cabines. Deux pilotes nous emboîtent le pas et je me retrouve collée dos au miroir. Paolo me serre la main en regardant droit devant lui et salue les deux pilotes quand ils sortent à leur étage. Il se retourne ensuite vivement et m'embrasse violemment. Une fois que nous sommes dans sa chambre, il s'enflamme :

– *Topolino*, retire tout ça, déshabille-toi. On ne ressort plus ! Je repars dans 48 heures ; ne ressortons pas et mangeons ici, tu veux bien ?

– Tiens, c'est pour toi.

Il sourit à l'ours que je lui tends, puis le range dans sa mallette. 48 heures.

– Paolo, fais-moi un bébé, s'il te plaît. Je ne veux plus que l'on se dispute.

48 heures pour changer à tout jamais le cours de ma vie.

– Nathalie, je repars le 29. J'ai un vol, mais ensuite, on se retrouve à Biarritz pour fêter ton anniversaire dans ta famille. Ça te va ?

– Oui, c'est parfait.

48 heures pour nous regarder, nous humer, nous coller l'un à l'autre. 48 heures pour nous dire que nous nous aimons, pour pleurer, pour nous faire toutes les promesses du monde et nous déchirer, encore. 48 heures qui filent entre mes mains, dans mon corps et qui brûlent mon âme à tout jamais.. Le 29 au matin, je le regarde s'habiller, ranger ses affaires et m'embrasser sur le pas de la porte en souriant tristement.

– Je t'appelle dès que j'arrive à Biarritz. À très vite, mon cœur.

Je ne l'ai plus jamais revu.

J'ai attendu futilement toute la journée et toute la soirée du 30 septembre près du téléphone. Personne n'a pu sécher mes larmes. J'ai appelé sa compagnie, en vain. De toute façon, je n'ai pas insisté. Son père non plus ne savait rien et j'ai fini par rentrer en Suède, le cœur ravagé.

Suzanne ne parvient pas à me consoler, mais elle vient me voir tous les jours et m'aide à rédiger ma thèse. Je travaille en silence. Lentement, je m'enferme pour écouter Chopin, seule sur mon canapé, et passe mon temps libre à lire Anders Tranströmer, qui devient mon compagnon de chevet, à écrire et à croquer des bouts de ma vie sur mes carnets… et à dévorer du chocolat belge. Je déteste le chocolat. Pourtant, depuis quelques jours, je cours m'acheter une tablette que je dévore quotidiennement en silence.

Je dors de plus en plus longuement et je rêve sans arrêt d'un ours qui chemine en silence à mes côtés, d'un aigle qui tournoie lentement au-dessus de nous et de notre trio filant sans un mot sur une route enneigée. Lorsque je tombe, l'ours me relève. Toutes les nuits, je fais ce même rêve. Ma « brûlure » ne me laisse plus aucun répit : je me gratte le genou jour et nuit. Aucun médecin ne sait ce que c'est. Un docteur m'a demandé si je m'étais brûlée avec une cigarette ; je l'ai regardé sans comprendre.

Un matin de fin novembre, alors que la neige se met à tomber sur la ville, je vomis ma plaquette de chocolat. Plus rien ne passe : je vomis sous la douche, accroupie au-dessus de la cuvette des toilettes… Mon ventre s'arrondit étrangement, mes seins me font souffrir et je ne cesse de rendre. Un matin, après avoir régurgité toute la nuit, je me rends aux urgences. Le médecin de garde me demande la date de mes dernières règles.

– Je ne sais plus, août ou septembre, je pense.

– Eh bien, vous êtes certainement enceinte, Mademoiselle !

– Ça m'étonnerait, je vis seule.

– Alors vous êtes l'Immaculée Conception ! Allez au labo et revenez me voir avec vos résultats d'analyses.

En rentrant du laboratoire où je viens de prendre rendez-vous, je m'arrête à la pharmacie pour acheter un test de grossesse. Je marche en serrant le stylet dans ma poche. Dans le silence de mon appartement, au-dessus de la cuvette des toilettes, le test se colore d'une barre bleu azur. Un sourire étrange se dessine soudainement sur mon visage et mon cœur bat la chamade. Je remets le capuchon sur le test et le dépose dans une petite boîte à souvenirs.

Le lendemain matin, je marche sous la neige en tenant mon ventre sous mon manteau. La prise de sang ne dure qu'une seconde et les résultats arrivent par téléphone à 16 heures le lendemain :

– Mademoiselle, vous êtes enceinte de huit semaines.

Je n'ai plus peur, je ne serai plus jamais seule. Je colle mes mains sur mon ventre et souris toute la soirée. Je passe désormais mon temps libre allongée sur le canapé à caresser mon ventre.

Ce matin, j'ai pensé à Johannes, à Biret, à Yelena et à Valentina. J'ai allumé une bougie et ai déposé deux petits papiers à l'église Oscar Fredrik, non loin de chez moi. Si c'est un garçon, je l'appellerai Marius et ajouterai le prénom de mon grand-père, Arsène. Si c'est une fille, ce sera Ambra, et Marie, pour ma grand-mère.

Je n'appelle personne, je n'ai pas envie de partager mon bonheur. J'ai décidé de protéger cet enfant. J'ai oublié le nom de son père au fond de ma boîte à souvenirs. J'ai coulé une chape de béton imaginaire sur lui. Je n'ai plus une seule pensée pour lui, il n'existe plus depuis que j'ai appelé son père en Italie pour lui dire que j'avais besoin de parler à Paolo de toute urgence. Mon ancien beau-père m'a dit qu'il était en Inde, qu'il rentrait sous 15 jours et qu'il lui transmettrait mon message. Il n'a jamais appelé. Depuis, j'ai verrouillé ma vie.

Les semaines passent, je travaille en silence, j'ai arrêté de sortir, de fumer, de boire. Je dors et je tiens mon ventre au chaud. En sécurité. Personne ne sait que je suis enceinte. Un jour, je découvre une annonce pour des appartements en vente sur plan en centre-ville. J'ai besoin d'une chambre en plus. Je signe sans hésitation. Suzanne appelle sans arrêt et j'évite de lui répondre désormais. Seule, je me sens protégée, en paix.

J'ai décidé de travailler pour les fêtes. Le lendemain de Noël, je me lève pour assister à la messe du *Julotta* et déambule, toujours le cœur en liesse, dans les rues de la ville enneigée. J'ai coupé mes cheveux au niveau de ma taille. Mon patron trouve que j'ai une mine rayonnante et je travaille en souriant. Vient le temps d'emménager dans l'appartement flambant neuf. Aidée par quelques amis, je souris en rêvant de ma nouvelle vie. La chambre attenante à la mienne reste close pour le moment, mais j'ai choisi un beige coquille d'œuf pour la peinture des murs et ai acheté un vieux meuble en bois que je lave, ponce et patine en rêvant. La vie est douce et belle. Étrange et sans mélancolie.

J'ai appris à me réfugier en mon for intérieur, dans le silence, pour éviter les orages et protéger mon cœur et celui de ce bébé qui prend déjà tant de place dans ma vie, mais si peu dans mon ventre. Mon médecin me surveille avec inquiétude et je réserve rapidement ma place au service néonatal alternatif. Je refuse que l'on touche à cet enfant : j'accoucherai sans péridurale et dans l'eau.

Mon docteur me convoque pour des examens et je rentre rassurée, même si c'est, selon lui, une grossesse à risque et que je ne prends pas assez de poids. Je vis dans ma bulle et ne laisse personne s'approcher de nous. Je sais que notre vie se trouve ici, en Suède, je sais pourquoi je devais à tout prix revenir dans ce pays et pourquoi ce bébé doit y naître. Je sais que cette malédiction a pris vie ici et que c'est ici qu'elle se terminera, avec cet enfant. J'en suis convaincue.

Malgré tout, fin mars, quelques contractions me mènent aux urgences, où l'on me donne l'ordre de rester alitée jusqu'à l'accouchement. Je décide de prendre un long congé sans solde et rédige lentement ma thèse, mais mon cœur vibre ailleurs.

Mon ventre s'arrondit en douceur, je l'observe faire, lovée dans ma baignoire où je pratique des exercices au son du prélude op. 28 n° 15 de Chopin. Petite, lorsque j'avais peur à cause de mon cauchemar, lorsque l'œil venait me sortir de mon sommeil, j'écoutais Chopin et me rendormais paisiblement. Cela me rappelle mon enfance et ma mère aussi, qui écoutait en boucle les *Polonaises* et les *Nocturnes* à la maison.

Ce bébé, ce sera ma revanche sur la malédiction qui a ruiné mon existence jusqu'ici. Jusqu'à ce que ce miracle me soit offert. Je ne laisserai plus personne détruire ma vie.

Un matin d'avril, il pleut mais j'ai le cœur en joie dans le taxi qui m'emmène à la clinique. Des contractions violentes m'ont sortie de mon sommeil. J'ai immédiatement appelé le service dans lequel je devais accoucher et l'infirmière m'a demandé de venir en urgence. Si elle a semblé inquiète, je n'ai ressenti qu'une euphorie hypnotique. Dans mes écouteurs, Chopin m'accompagne. J'ai si hâte de serrer ce bébé dans mes bras que j'oublie que je ne suis enceinte que de sept mois et demi. Macha, ma doula, arrive, sourire aux lèvres. Dans ses yeux pointe pourtant une inquiétude qui semble la tenailler.

Elle est russe par sa mère ; j'y vois le plus beau des présages. Le travail a commencé et, une fois que je suis dans la baignoire de naissance, elle me motive :

– *Malyshka*, pousse, pousse ! Encore, ne t'arrête pas ! Respire, pousse, pousse…

Le temps s'éternise. Pourtant, mes contractions se rapprochent et deviennent de plus en plus violentes. Ma doula me masse le ventre avec douceur pour que je reprenne un peu de force. Au bout d'un temps indéterminé, Macha dépose ma nouvelle petite fille sur ma poitrine. Je l'embrasse. J'entends soudain ma doula crier quelque chose, mais je ne comprends plus trop ce qu'elle me dit et puis des gens courent partout, s'agitent et m'arrachent Ambra.

Je voudrais mon os d'aigle, mais j'ai dû l'oublier à la maison ou ailleurs, je ne sais plus. Je voudrais que Paolo soit là, parce qu'elle lui ressemble tant. Elle a ses lèvres et des cheveux clairs comme les siens. Je voudrais qu'on la repose sur mon sein, mais tout le monde court et je ne comprends rien à ce brouhaha.

Pendant que Macha me masse le ventre, je cherche le souffle d'Ambra en moi. Son cri si ténu résonne dans ma tête. Je cherche son regard, sa bouche, sa peau, et je hurle comme une louve. Je voudrais arracher les yeux et la langue du médecin qui dépose Ambra dans mes bras en me disant qu'il doit la transférer au centre de néonatalité en urgence et que je dois lui dire au revoir. J'arrache mes cathéters, avant de blottir Ambra contre moi. Elle ne bouge pas.

Je sais qu'on doit me la reprendre et je hurle au fond de la chambre bleue. Je voudrais mourir, mais même la mort ne semble pas vouloir de moi. Je ne me souviens pas de la piqûre qui me plonge dans le néant.

La mort m'a pris ma petite perle d'ambre et m'a laissée saigner seule dans cette chambre.

Il neige. Je voudrais cesser d'exister, mais le Monde d'en bas ne veut pas de moi. J'entends résonner le prélude de Chopin et Valentina, et Biret, et la doula ; tout se mélange dans ma tête.

– Tu es maudite, *malyshka*, et ton âme s'en souvient si bien qu'elle erre depuis des siècles, seule autour de la Terre, sans trouver le repos.

– Beaucoup d'enfants viendront bientôt à toi. Ce sont des enfants du Monde d'en bas, ils doivent y retourner…

– Ne pleurez pas, s'il vous plaît, respirez, Nathalie.

Au matin du troisième jour, je me suis levée, vidée de ma chair, de mon sang et de mes larmes. J'ai signé des papiers sans un mot, j'ai regardé le père François me parler et me tenir la main après la courte messe qu'il avait officiée, mais j'ai retiré ma main doucement et ai serré les poings dans mon manteau. Je ne me suis pas retournée, j'ai marché en serrant les poings et les mâchoires.

Je ne sais plus quel jour nous sommes, mais j'ai pris l'avion et suis allée hurler sur une plage du Morbihan. J'ai fui la Suède pour aller me reposer chez des amis. Ces derniers restent silencieux et me préparent des plateaux d'huîtres et des œufs mimosa. Je ne sais pas pourquoi, mais je rêve d'œufs mimosa et d'huîtres tout le temps. Je bois des litres de thé noir et fume des cigarettes en regardant la pluie tomber à travers la fenêtre. Et puis, j'écoute les *Nocturnes* de Chopin et je marche seule sur la plage vide, cheveux trempés au vent. Je maudis la Terre et l'Univers.

Je souris sous la pluie et rentre chaque jour en serrant les mâchoires plus fort que jamais. J'ai oublié que la vie m'attend malgré tout et que je dois croire encore et encore que, quelque part, il y a un rayon de lumière auquel je dois m'accrocher. Mais, la nuit, je maudis Dieu et tous les saints, et je mords les draps pour ne pas hurler.

Un matin, je ferme mes cahiers de voyages, mes valises, et retourne vivre en Suède. La malédiction m'a pris l'essentiel, elle ne pourra plus rien me prendre, plus jamais. Je vais vivre, puisque c'est tout ce qu'il me reste.

Suzanne m'attend à l'aéroport et, à son sourire, je sais que la vie est belle malgré tout. La vie, c'est un peu ce que l'on en fait. Je ferai bien quelque chose de cette vie-ci. J'ai un travail, un appartement, des amis qui sourient en me retrouvant. Je ne parle de rien à personne, sauf de la pluie et du beau temps. Je vais devenir experte en météo. Et errer encore un peu entre deux avions. Dans chaque aéroport, à chacun de mes voyages, je scrute le visage et l'uniforme du personnel navigant.

La Californie et le Mexique ne me font plus aucun effet. À Tijuana, je revois encore la gamine échevelée et noire de soleil que j'étais, mais même les mariachis et la tequila me laissent de marbre. Je regarde les surfeurs danser sur les vagues de Baja en souriant et quitte les États-Unis sans l'ombre d'un regret.

Je prends parfois l'avion pour quelques jours seulement. De temps en temps, je ne sais plus où je suis lorsque je me réveille dans une chambre d'hôtel. Istanbul ressemble à Athènes et, dans mon cœur, il n'y a plus de frontières ni de décalage horaire. À la place, il y a une petite pierre d'ambre. Je la cherche sur la plage de Skagen et je marche des heures durant sans pleurer, sans hurler, sans me retourner, en scrutant le sable dans l'espoir d'y trouver une petite perle. Un jour, je m'arrête chez un bijoutier et m'offre une pierre d'ambre sertie d'argent que j'enfile à mon cou avant de rentrer en Suède, où j'arrête mes études et travaille sur de nouvelles collaborations.

Les hommes ne sont que de grands enfants, je ne vois plus les sourires ni les invitations. Tout m'est devenu insignifiant. Mathias va et vient dans ma vie, il me fait sourire et vient d'emménager sur le même palier que moi par hasard. Nos portes sont ouvertes en permanence et nous passons nos soirées à boire du vin rouge et à écouter de la musique. Il est musicien, je m'enivre de notes. Il est expert en météo comme moi et nous parlons de la pluie et du beau temps en écoutant Miles Davis en boucle.

Un soir, sur une terrasse animée, Johannes est là, attablé avec des amis. Il sourit en me voyant et nos regards s'illuminent comme autrefois. Nous décidons d'aller marcher un peu dans la nuit. Nous cheminons en silence, côte à côte, tels deux vieux amis, puis nous rentrons chez moi. Il parle toute la nuit de lui, de sa vie et je l'écoute en silence. Il va se marier. Je le regarde faire un café en souriant dans ma cuisine. Bientôt, il rentrera définitivement là-haut, au pays des rennes. À son départ, je referme ma porte d'entrée et ce chapitre de ma vie en paix.

Nils, quant à lui, vit le parfait amour avec sa future femme et mère de ses futurs enfants. Il vit sur l'île et tient un hôtel-restaurant qui l'occupe pleinement. Nous avons pris nos distances naturellement, mais restons profondément attachés l'un à l'autre par une amitié indéfectible.

Je vis en regardant les autres se marier et avoir des enfants, et je prends un avion quand mon cœur flanche un peu trop.

Début 1992

J'attends mon avion pour Göteborg à l'aéroport Charles de Gaulle quand Mathias se jette sur moi. Cela fait deux mois qu'il est en déplacement et que je ne l'ai pas vu, je ne savais même pas qu'il était à Paris.

– Qu'est-ce que tu fais là ?

– Et toi ?

– J'étais en studio avec Anton pour enregistrer son dernier album.

Je me retourne et aperçois Anton W., un chanteur suédois que je connais de nom. Il me sourit et me salue du regard. Dans l'avion presque vide, les musiciens s'installent tous au fond. Mon siège est voisin de celui d'Anton. Il se présente et nous décollons sous un ciel bleu sans nuages. Comme moi, il déteste l'avion. Nous discutons de son album et de la France, où il vient de signer un contrat pour trois albums. Loin de l'image décadente d'un chanteur pop rock, il est posé, souriant, simple et sans histoires.

En arrivant à l'aéroport, il tient à me déposer en taxi à mon domicile. En partant, il me laisse sa carte et gribouille mon numéro sur sa main. Mathias arrive peu après et m'invite à boire un café.

– Alors, comment tu le trouves ?

– Qui ça ?

– Anton !

– Très sympa, plus simple et accessible que je l'imaginais, mais c'est tout.

– Nathalie, un conseil, ne t'approche pas de lui.

– Tu es jaloux ?

– Ça n'a rien à voir, c'est juste un conseil de grand frère, d'accord ?

– C'est bon, Mathias, je n'ai pas peur de lui, crois-moi…

Dans la soirée, le téléphone sonne : c'est Anton qui me propose d'aller boire un verre le lendemain. Je ne sais pas trop si je dois accepter, mais il insiste en me disant qu'il a une soirée presse ensuite et qu'il serait ravi que je me joigne à eux.

– Je veux bien prendre l'apéro demain. Pour le reste, je verrai.

– Parfait, je passe te prendre à 19 heures.

Mathias fait la tête. Nous sommes devenus inséparables, mais, même si j'aime sa compagnie, je ne veux plus d'une histoire d'amour. D'ailleurs, Anton, aussi charmant et populaire soit-il, ne me fait ni chaud ni froid. Je dirais même que quelque chose me dérange chez lui.

Au travail, je raconte aussitôt ma rencontre aux filles, qui hurlent de surprise et m'encouragent à aller boire un verre avec lui. Même mon patron insiste. Je vis sans me soucier du lendemain. Je ne vibre plus, je vis, tout simplement. Un peu d'air frais me fera du bien !

Je me suis laissée happer par la pression, les cadeaux, les attentions, son regard bienveillant sur moi, les soirées presse que je déteste par-dessus tout et sa phrase inattendue, prononcée une nuit :

– Tu sais, je crois que j'aimerais bien fonder une famille à présent.

Je ne ressens qu'une vague amitié amoureuse pour lui, mais il passe de plus en plus de temps auprès de moi. Peut-être que mon entourage a raison : je devrais penser à l'avenir et me marier avec lui. Cependant, je n'ai pas le temps de le faire, parce qu'un beau jour, il débarque à mon travail avec un immense bouquet de roses rouges et me demande en mariage devant mes amis et mon patron, médusés.

Je déteste les roses rouges.

Mon patron me fixe du regard, Anton me tend son bouquet bien trop lourd et je reste tétanisée par la peur. Je devrais me mettre à courir et fuir. Au lieu de quoi, je prends le bouquet et il m'embrasse devant tout le monde. L'assemblée siffle et applaudit et moi, je n'ai qu'une envie : m'échapper.

Nous nous marions le 17 octobre, dans mon appartement pour éviter le monde et le chaos à la mairie. Un taxi attend derrière ma résidence. Il se met à neiger et nous partons manger et faire la fête, accompagnés d'amis et de la presse rapace et avide de scoops. Je déteste la presse, qui m'invente des vies imaginaires. Je porte une longue robe noire et un énorme camélia noir en soie, des bas résille et mes cheveux lâchés. Au dernier moment, j'ai laissé ma robe de mariée blanche au placard. Personne n'a rien dit, mais j'ai vu les regards désapprobateurs de ma belle-mère et du maire qui nous a mariés. Je me suis sentie fière de mon pied-de-nez. Je laisse mon mari faire la fête et bois du champagne avec mes amies. Au petit matin, alors qu'Anton dort, je m'assois près de la fenêtre et pleure en regardant les cadeaux et les cadavres de bouteilles de champagne qui jonchent le sol de mon salon.

Nous ne partons pas en voyage de noces comme prévu : mon mari a une émission télévisée et des concerts programmés. Il est doux, calme, méticuleux à la maison et amoureux, mais je souffle véritablement à chacun de ses départs. J'en profite pour fuir chez Mathias, qui ne décolère pas de ma bêtise, et la nuit, je rêve en gémissant.

Les années passent et nous jouons au couple parfait. Ma belle-mère m'a fait des réflexions à propos de mes fausses couches, qui se succèdent, et Anton ne bronche pas. Il lui est totalement soumis.

Mathias redevient mon amant. Je fuis, même si une fracture du coccyx tente brièvement de me clouer au sol de force. Je ne rêve plus de rien.

La malédiction me sépare de ma famille. « Tu seras sans famille… » J'ai décidé que je n'en avais plus, mais les trahisons se succèdent malgré tout. Je ne réponds plus aux attaques. J'ai appris à serrer les dents.

Un jour, je découvre la dette colossale qu'Anton a auprès des impôts suédois et qu'il m'a savamment cachée. Je risque gros, n'ayant signé aucun contrat lors du mariage, et je le confronte sans attendre. Il tempère, nie et fuit ses responsabilités. Je ne lâche rien, bien que la terre s'effondre sous mes pieds.

Mathias, chez qui je me réfugie, me conseille de divorcer. Mes avocats sont inquiets. Anton, lui, relativise tout à sa manière. Notre divorce va m'engloutir tout entière ; je vends mon appartement à perte et en retrouve un fort heureusement joli près du parc de Slottsskogen, là où Johannes et moi allions autrefois marcher sous la neige et boire du chocolat chaud. Anton refuse de divorcer, mais je tiens bon jusqu'au bout, sans desserrer les dents. J'y perds quelques plumes, ainsi que ma réputation, qu'il va salir par vengeance, mais je ne lâche rien et nous divorçons sans nous dire un mot. Mathias choisit son camp par intérêt professionnel et je le laisse partir sans lui en vouloir. Après tout, mon ex-mari est aussi son patron.

1995

Je m'installe dans ma nouvelle vie et réfléchis à mon avenir. Mon cœur est vide et froid depuis si longtemps que plus rien ne m'atteint. Je n'ai qu'une obsession : reprendre mes études et repartir voyager autour du monde. Une proposition professionnelle m'offre l'occasion d'aller en Corse, puis dans les Alpes pour un an ; j'accepte juste pour fuir la Suède pendant un temps.

Cela fait des années maintenant que je travaille dans la restauration en gérant ou créant plusieurs établissements, et mon expérience commence à être reconnue. À mon retour, mon patron me propose de m'associer à lui pour lui pour un nouveau projet ; ce sera de courte durée, parce que je vais avoir 30 ans et que je voudrais poursuivre mes études en dermatologie. Je m'inscris dans une des meilleures écoles d'esthétique du pays et étudie passionnément, tout en travaillant le soir au restaurant. Mes études coûtent cher et je me bats seule pour obtenir mes diplômes.

La nuit, je pleure toujours en pensant à Paolo, il hante mes insomnies. Je ne parle toujours de rien à personne, si ce n'est de la pluie et du beau temps. Je suis devenue, en apparence, la petite Française superficielle et légère par excellence, et je m'en moque. Plus rien ne m'importe désormais. Je fuis. Une fuite en avant qui va m'amener en France malgré moi. La prompte décision de m'installer en Provence tient du suicide, mais je ne le sais pas encore. En arrivant dans le petit village, je serai loin de me douter que cette malédiction ressurgira, encore plus violente que par le passé. Elle n'en aura pas fini avec moi.

Avant mon départ, Suzanne décide de m'emmener chez une célèbre médium de Stockholm : elle y a pris rendez-vous et veut m'offrir la séance. Elle reste toujours attentive, affectueuse et aimante à mes côtés, son amitié est une bénédiction. Elle me rappelle à l'ordre dès que je fuis dans mes silences. Je dois me munir d'une cassette pour enregistrer la séance de voyance et l'écouter ensuite à tête reposée. Je tremble un peu en entrant dans le cabinet de la médium : on chuchote qu'elle reçoit tout le gotha et les célébrités suédoises.

– C'est la première fois que vous faites une séance ?

– Oui…

– Vous croyez à la réincarnation ?

– Malheureusement, oui.

Elle sourit en me regardant à travers ses lunettes et met l'enregistreur en route avant de fermer les yeux.

– Vous êtes douée de vos mains. D'ailleurs, vous travaillerez de vos mains. On vous a trahie… Attention, on vous trahira encore. Je vois deux petites filles, dont une voudra vous ressembler à tout prix. C'est étrange, vous avez perdu un enfant ?

Ma mâchoire se crispe avant que je puisse lui répondre que j'ai perdu ma fille et que je n'aurai plus jamais d'enfants.

– Pourtant, je vois une petite fille à l'avenir. Vous avez vécu avec un avocat ou quelqu'un qui travaillait dans la justice autrefois ?

– Pas du tout.

– Réfléchissez bien, c'est important. C'est un homme du passé, mais aussi d'une vie antérieure, durant laquelle il vous a condamnée et chassée, mais vous a laissé la vie sauve, parce qu'il était secrètement amoureux de vous. Pour ne pas montrer ses sentiments, il a été terriblement dur avec vous mais, à l'intérieur, il souffrait. Quant à l'homme que je vois dans cette vie, il vous a souvent mal jugée et il était avocat. Vous ne voyez pas ? Il vous a aimée de manière passionnelle.

– Je ne vois pas du tout.

– Il va falloir travailler sur lui, parce qu'il vous retient prisonnière. C'est très karmique, cette histoire ! Vous avez une vie très particulière, ici sur Terre, mais autrefois, vous étiez dotée d'un don de guérison. Puisque vous croyez à la réincarnation, vous avez dû souvent fuir dans d'autres vies et vous reproduisez ce schéma sans vous en rendre compte. Vous avez besoin d'ancrage et de racines.

Pendant qu'elle parle et que j'observe un corbeau sur sa fenêtre, je repense subitement à ce que Paolo m'avait confié il y a longtemps, en Australie :

– Tu sais, j'ai étudié le droit à l'université, mais j'ai dû choisir entre les compétitions ou les études, alors j'ai abandonné.

– Tu voulais faire quoi ?

– Devenir avocat !

Elle parle, mais je suis loin dans mon cœur et en pensées. Je n'ai jamais cessé d'aimer Paolo.

– Dans une autre vie, vous avez dû fuir dans la forêt, c'est comme ça que vous avez appris les plantes. D'ailleurs, on vous chassait sans cesse, mais on avait aussi besoin de vous, vous viviez de vos plantes, comme une sorte de sorcière, mais ce n'est pas le terme exact qui me vient à l'esprit pour vous, c'est étrange. Vous n'étiez pas une sorcière, mais une guérisseuse. Vous avez eu plusieurs vies en tant que nomade et vous avez beaucoup souffert. Une chose : ne cherchez jamais à vous venger. Quand on vous blessera, partez, laissez faire, autrement le karma se retournera contre vous. Ne maudissez personne, ne jetez aucun mauvais sort sur quiconque. Vous en avez le pouvoir, mais votre cheminement consiste justement à nettoyer tout ça.

Quand Suzanne sort de sa propre séance, elle ne sourit plus. Je m'inquiète :

– Ça va ?

– Oui, oui…

– Non, ça n'a pas l'air d'aller, Suzanne, qu'est-ce qu'elle t'a dit ?

– Que je n'aurai jamais d'enfants.

Je réussis mes examens et passe mon diplôme international dans la foulée. Je termine ma thèse d'exercice, mais je ne la valide pas. J'aimerais vraiment étudier la dermatologie et passer un doctorat, mais je crois que je n'en ai plus ni la patience, ni les moyens, ni le temps.

1999

J'ai donc décidé de rentrer en France, à contrecœur. Le camion de déménagement bloque ma rue et j'écoute les blagues misogynes des déménageurs français sur les Suédoises qui passent devant eux. Je les déteste déjà.

Mon départ m'arrache le cœur et, dans la soirée, je m'effondre tout à coup sur le sol de ma salle de bains. Un malaise qui va réveiller une peur violente qui me tétanisera toute la nuit. Je ne dois pas partir, je sais que c'est une erreur, mais j'ai accepté cette fuite malgré moi parce que je n'ai plus la force de lutter. On m'a proposé un poste dans un spa de Saint-Malo, mais j'ai choisi la Provence. Je sais que ce n'est pas ce que je veux, même si le soleil et la proximité avec la frontière italienne m'ont convaincue du contraire.

Il y a un mois, Paolo m'a téléphoné. J'ai décroché et ai reconnu sa voix douce, fatiguée et lasse :

– *Topolino* ?

– Paolo ?

– *Topolino*, je suis à l'hôpital, j'ai eu un accident.

– Un accident de quoi ? C'est grave ?

– Je me suis brisé les deux jambes en parapente, j'aurais pu y rester. Je suis à l'hôpital et je n'ai pas cessé de penser à toi.

Sa voix. Je reste silencieuse, prête à fondre en larmes, mais je ne dois plus craquer.

– Qu'est-ce que tu veux, Paolo ?

– J'avais besoin de t'entendre…

– Pourquoi maintenant ? Après toutes ces années ?

– Tu as refait ta vie, *topolino* ?

– Oui, enfin non, et toi ?

– Oui, enfin non, une hôtesse de l'air et puis une autre.

J'ai mal. J'ai si mal que je me mets à pleurer de rage, de jalousie, de tristesse.

– Ne pleure pas, *topolino*, tu te souviens : *Sara, svegliati è primavera…*

– Tais-toi, ça suffit ! Garde ton cinéma pour tes hôtesses de l'air, mais fiche-moi la paix !

– *Topolino*, il faut qu'on parle, je veux te voir.

– Oui, il faut que l'on parle.

– Je te rappellerai et on pourra peut-être se voir pour ton anniversaire ?

– Je ne sais pas, je déménage en France à la fin du mois.

– Je t'appellerai dimanche soir, d'accord ? Pourquoi la France ?

– Je ne sais pas, j'ai pris ma décision, mais je ne sais plus pourquoi…

Je pleure toute la nuit ; ma plaie s'est rouverte. Je suis en apnée et sursaute à chaque coup de téléphone. Quelques jours plus tard, il rappelle :

– Tu sais, je suis allé en Inde très souvent, tu aimerais ce pays, je crois.

– Non, je n'aime pas l'Inde, je n'ai jamais voulu y aller d'ailleurs. Paolo, où étais-tu pour mon anniversaire, lorsque tu as disparu ?

– J'étais en Iran. C'est parce que tu n'es pas spirituelle que tu n'aimes pas l'Inde, c'est dommage, on dirait que tu ne veux pas grandir. On pourrait se voir chez mes parents, tu veux que l'on choisisse une date ?

– Si tu veux, dis-moi ce qui t'arrange.

– Je rentre chez eux prochainement pour ma convalescence, je t'appelle dimanche et on décidera ?

– D'accord.

– *Ciao, topolino, mi manchi tanto.*

– Toi aussi, tu me manques. Paolo ?

– Oui ?

– Il faudra que je te dise quelque chose dimanche.

– *Mi manchi, topolino*, je t'aime. On se retrouvera un jour. Même vieux, je t'aimerai toujours…

Je n'ai plus jamais entendu le son de sa voix. Il n'a plus jamais rappelé.

Provence – 2005

J'ai oublié ce qu'était aimer depuis tant d'années que je regarde mes vieilles photos en me demandant si j'ai vraiment vécu cette vie. Je ne fume plus, je cours toujours avec mon chien, India ; des kilomètres que j'avale sans respirer dans le Lubéron.

Cela fait tant d'années que je vis sans parler, sans aimer, sans vibrer… La nuit, je ne fais que gémir et me réveille souvent en hurlant, la respiration coupée. Je fais semblant d'être heureuse et travaille à mon compte pour ne plus avoir à penser. J'ai abandonné l'idée de vivre de mon véritable métier par manque d'opportunités dans la région et je le regrette. Je n'ai pas d'enfants. Je n'en aurai jamais, je l'ai bien compris à présent. Mes nombreuses fausses couches m'ont ravagé le cœur.

Tout me hante sans cesse et me réveille la nuit. L'œil a disparu depuis tant d'années que j'en oublie presque que je suis partie en Sibérie à cause de lui. Je ne pense plus à cette malédiction qui n'a aucun sens pour moi, même si je cherche parfois une réponse dans des livres.

Paolo habite toujours mon cœur et mes souvenirs. Je pleure depuis des années en cachette en pensant à lui. J'ai décidé de lui écrire, mais je ne réussis pas à lui dire que j'ai eu une petite fille de lui. Ce matin, elle aurait eu 14 ans ; je n'arrive plus à garder le silence. J'envoie la lettre chez ses parents et ferme les yeux. Je n'ai pas su trouver les mots justes, alors je lui ai écrit que je n'arrivais pas à l'oublier et qu'il me manquait toujours. Ensuite, j'ai décidé d'aller marcher seule sur le chemin de Compostelle pour essayer de trouver un sens à ma vie.

Un matin, à la fin de l'été, le facteur me tend une lettre. Mes mains tremblent tellement que je ne peux pas la lire du premier coup. Je cours dans la garrigue pour la lire au calme. Le soleil disparaît en un éclair. Paolo a écrit depuis la Chine, où il est en voyage, que je devais refaire ma vie, l'oublier et que je n'étais qu'une erreur de jeunesse. Je reçois ses mots comme des coups de poignard perfides en plein cœur. Je déchire la lettre et la jette dans un ruisseau. Je regarde ma vie être emportée en menus morceaux et ravale mes larmes.

Depuis cinq ans, je fabrique et vends de la pâte fraîche italienne à emporter. On accourt des quatre coins du Lubéron pour goûter mes lasagnes et mes plats au pesto frais. C'est l'unique lien qui me relie à mon Italien. Nous avions évoqué ce projet un jour en marchant dans les rues de Gênes.

Je vais fêter mes 41 ans. Nils est venu me voir l'été dernier, avec sa femme et son fils. Nous avons pris la route pour aller manger sur la plage de Ramatuelle. Ce fut un jour heureux. Nils est la plus belle personne avec qui j'ai vécu. Il est aussi beau à l'intérieur qu'à l'extérieur et je l'aime de tout mon cœur et pour toujours. Ce n'était juste pas lui ou pas le bon moment pour nous deux, mais nous gardons un respect et une amitié indéfectibles. Au fond de moi, j'ai toujours su qu'il ne faisait pas partie de cette malédiction, qu'il était là pour partager un bout de chemin avec moi.

Mes amis Suédois viennent souvent passer quelques jours en Provence. Je souris et leur cache mon chagrin comme j'ai appris à le faire depuis tant d'années.

En septembre, j'ai décidé de ne pas fêter mon anniversaire, mais de faire une retraite silencieuse. L'année dernière, j'ai fêté mes 40 ans entourée de tous mes amis et de ma famille, venus du monde entier, sous une tente caïdale, façon nomade. Réunir mes amis américains, australiens, anglais et suédois a été un véritable défi, mais je n'ai rien perdu de mon caractère déterminé et passionné. On a grillé de l'agneau et dansé au son des guitares flamenca des gitans venus pour l'occasion d'Espagne. J'ai voulu réunir ce et ceux que j'aimais le plus sous une sorte de yourte pour me souvenir de ma vie d'antan.

Je n'ai jamais retrouvé la trace de Yelena et je sais bien que Valentina est partie rejoindre les aigles, tout là-haut, mais quand je prie, j'ai toujours une pensée pour elles.

Je n'ai pas cessé de vivre, de rire et de voyager, j'ai seulement cessé d'aimer. Mais, cette année, j'ai besoin de briser le silence et de me libérer. Je dois partir en Italie et avouer à Paolo qu'il y a presque quinze ans, une petite fille est née et est repartie aussitôt. Et que c'était aussi sa fille. Je me dis souvent qu'il est très étrange qu'elle ait été conçue le jour de notre séparation, comme si tout était déjà écrit. J'ai quelques fournisseurs à voir à Gênes et je décide de réserver une chambre d'hôtes spécialisée dans les randonnées en forêt, juste au-dessus du village de Paolo. Il est l'heure pour moi de vider mon sac.

Lorsque je quitte la Provence pour l'Italie, je suis loin de me douter que je vais rouvrir les portes de l'enfer. Je n'ai aucun regret, je fais ce que je dois faire ! La route m'est si familière et je suis si déterminée que même la pluie n'arrive pas à me désarmer. Je suis une fois de plus en déplacement et rien ne peut me rendre plus heureuse que ces voyages. J'ai la route chevillée au corps, depuis vingt-cinq ans dans cette vie et mille ans dans mon cœur. Mon âme ne connaît que ça. Je pleure de temps en temps, mais je sais que je dois me délester de ce poids qui empêche mon cœur de battre vraiment.

Il y a quelques années, je suis allée voir un moine ermite : encore une fois, je voulais comprendre pourquoi ma vie était jalonnée de drames, de rencontres et de bonheurs avortés. Je crois que, au fond de moi, je ne savais toujours pas si cette malédiction énoncée par la vieille chamane était une réalité ou si mon voyage en Sibérie avait simplement ancré cette croyance en moi. Quand j'ai demandé au moine pourquoi je n'arrivais pas à être heureuse et à mener ma vie sereinement comme tout le monde, il a levé les yeux pour me fixer.

– Crois-tu que toutes les fleurs sentent bon ?

– Euh… non.

– Penses-tu que tous les oiseaux ont un chant mélodieux ?

– Non, bien sûr que non.

– Alors pourquoi penses-tu devoir ressembler à tout le monde ?

– Mais pourquoi est-ce que je n'ai pas le droit au bonheur ?

– Parce que tu penses que le bonheur est un dû ? As-tu déjà pensé que ta vie et ton bonheur ne se trouvaient peut-être pas dans le fait d'être mère, de te marier ou d'acheter une maison ?

– Mais alors, c'est quoi, ma vie ?

– Si tu ne le sais pas toi-même, comment puis-je t'aider ?

Il m'a tellement énervée que je suis rentrée à l'auberge en colère contre le monde entier. Mais je suis retournée le voir jour après jour.

– Je veux savoir pourquoi je suis maudite.

– Ta malédiction est peut-être une bénédiction ?

– Mais enfin, je ne sais plus que croire !

– La réponse est en toi. Écoute ton cœur.

Mon cœur ne parle pas, il bat pour que je puisse mettre un pied devant l'autre, c'est tout.

Au matin du 30 septembre, juste au-dessus du village de Paolo, je chemine seule dans la forêt. Une randonnée de quatre heures, perdue au milieu des monts ligures, à pleurer sans discontinuer. J'ai 41 ans ce matin.

En rentrant au gîte, je sais que j'ai un sac à ouvrir et une petite urne remplie de cendres qui ne demandent plus qu'à rejoindre le ciel. Ou la mer. Je décide d'aller sur la jetée du village de Paolo et jette la deuxième partie des cendres à la mer, accompagnées de quelques fleurs blanches. La première partie a été déversée en Suède. Je regarde les fleurs flotter doucement à la surface de l'eau et le soleil se noyer doucement dans la mer italienne en se mêlant aux cendres. Je remonte ensuite au gîte en passant devant la maison de Paolo sans me retourner.

Le soir, la propriétaire et quelques amis me préparent un petit repas d'anniversaire. Je n'ose pas refuser leur invitation, mais mon cœur n'est pas à la fête ; il est en bas du village, sur la jetée, à regarder l'horizon. En discutant avec l'un des amis de la propriétaire durant le repas, je réalise qu'il connaît Paolo. Il l'a d'ailleurs croisé il y a quelques jours :

– Il vient d'avoir un petit garçon et je crois qu'il s'est marié récemment. Je l'ai croisé au magasin bio il y a peu. Il est en déplacement à l'étranger en ce moment.

Dans mon cœur, tout s'entrechoque : les mots, les larmes, le chagrin, la déception, la honte et l'envie brutale de me lever et de partir. Le blizzard qui souffle sur ma vie depuis qu'il m'a quittée me glace à nouveau le sang. J'essaie de rester calme mais, au petit matin, je me lève avec le cœur vide et décide d'appeler famille et amis pour leur avouer sans ménagement que, il y a quatorze ans, j'ai eu un enfant et qu'elle est décédée brutalement. Je ravage le cœur de tout le monde.

Il me reste une dernière chose à faire : écrire une lettre à Paolo. En la déposant dans une boîte du village, je sais que plus rien ne sera jamais pareil. Je roule le long de la côte en direction des *Cinque Terre* pour déposer mon urne dans l'église de Santa Margherita di Antiochia. Les cendres de ma fille ont été partagées entre la Suède et l'Italie, comme je le souhaitais.

Je rentre le cœur cadenassé à double tour. Mes larmes ne cessent de couler jusqu'à mon retour en Provence. Là-bas, je marche tous les jours dans la garrigue. J'ai pris l'habitude d'y retrouver un vieux paysan du coin, Léon, qui ramasse de l'herbe pour ses lapins. Il m'apprend à reconnaître les salades sauvages et nous parlons de tout et de rien. Un après-midi, à mon retour, je le croise au milieu d'un champ. Il ne parle pas beaucoup mais, quand il me voit, il m'appelle toujours « petite » et me passe immanquablement une serpette pour que je l'aide à couper son herbe.

– Alors, petite, je ne t'ai pas vue cette semaine, tu étais malade ?

– Non, Léon, j'étais en Italie.

– Ça n'a pas l'air d'aller. Qu'est-ce qu'il t'arrive ?

– Je ne sais pas, je ne sais plus pourquoi je suis ici. J'ai envie de rentrer chez moi.

– Tu sais, petite, ici, on ne vient pas pour faire fortune, on vient se trouver.

– Alors j'ai dû me perdre, Léon.

C'est étrange, parce que ses paroles résonnent si fort en moi que je me dis qu'il pourrait avoir raison. C'est peut-être ici que je vais enfin me retrouver. Quelques jours plus tard, au petit matin, je ne me suis pas réveillée. On m'a trouvée par terre, incapable de bouger. Un AVC m'a terrassée sans crier gare.

Je passe les semaines suivantes à réapprendre à marcher droit, sans vomir, sans flancher, sans trembler. Même conduire est devenu impossible. Malgré tout, je fais tout pour me relever. Je sens que tout me force à m'arrêter, mais je m'obstine. Je n'ai pas le choix, je dois continuer à cheminer coûte que coûte.

2006

En secret, je rêve de partir en Mongolie pour travailler pour une ONG, tout près des monts Saïan en Sibérie. Je me documente, je réfléchis à chaque détail et je fais ma rééducation en silence. Pourtant, lorsqu'Olivier, mon meilleur ami de l'époque, me propose de reprendre un petit restaurant en perdition, je saute à pieds joints sur l'occasion, sans réfléchir.

Et je me lève tous les matins pour prendre la route au volant de mon gros quatre-quatre noir et cuisiner des pâtes italiennes. Tous les soirs, en rentrant sur cette route du Lubéron, je longe une colline. Parfois, je regarde la lune s'y coucher et je ne pleure plus. J'observe la vie, de loin. Et tous les matins, j'applique le même rituel : me doucher et boire mon thé noir au lait en musique, démarrer mon quatre-quatre et allumer la radio. Je ne coupe plus mes cheveux depuis des années et j'appose toujours du rouge sur mes lèvres avant de partir. Je ritualise tout jusqu'au moindre détail. Rouler est devenu ma méditation et je longe le petit canal et les champs en souriant. Dans mes prières, je demande souvent de rencontrer enfin « celui qui sera bon et juste pour moi ». J'ai peu à peu ouvert mon cœur à l'idée d'aimer à nouveau. Je prie dans une petite crypte et dépose parfois de petits mots d'intention en demandant protection. J'ai toujours eu la foi ; même quand je me suis sentie abandonnée, trahie, éprouvée. Je l'ai gardée au fond de moi, même lorsque je maudissais Dieu de m'avoir arraché la plus belle chose qui pouvait m'arriver. Je sais qu'au fond de moi, j'avais foi en la vie. Je roule en souriant et en regardant la brume s'évanouir dans les champs de roseaux…

La vie est incertaine : le restaurant devient très vite un piège que je fuis pour sauver mes derniers deniers, car les propriétaires ont vidé la caisse. Je les quitte sans l'ombre d'un regret. Je replonge soudain dans un cauchemar plus vivant que ceux qui me hantaient autrefois. Parfois, les malédictions ressemblent à des bénédictions.

Le chemin que j'empruntais en direction du restaurant a bouleversé mes projets de rejoindre une ONG en Mongolie et j'ai ouvert mon cœur en grand à un nouvel inconnu croisé sur la route, alors que je quittais l'établissement pour la dernière fois. Étrangement, j'ai à nouveau eu la sensation de le reconnaître au premier regard. Je ne le savais pas encore, mais je venais de croiser le diable, ce vieux druide maudit.

Je me suis juré de ne plus fuir, plus jamais. Mais c'est cette nouvelle promesse d'un bonheur tout neuf qui réveille la malédiction, parce que le vieux sorcier n'en a toujours pas fini avec moi. « Tu seras maudite, apatride, sans toit ni famille, à errer seule autour de la Terre pour l'éternité. »

Je suis fatiguée d'errer. Je reste en France, bâtis ce toit interdit, construis une famille, arrête le temps et ma fuite. Une petite fille est entrée dans ma vie. Je ne suis pas sa mère, mais ce bébé comble désormais mon âme de maman. Elle me suit comme une ombre et mime tout ce que je fais. Je me remarierai un jour, j'en suis certaine, n'en déplaise à Valentina. Je défie les lois karmiques, fais un doigt d'honneur à la malédiction et au vieux sorcier parce que la vie n'attend pas, elle file comme un train fou et j'ai envie d'arrêter le temps pour me poser et souffler un peu. J'ai une vie devant moi, de l'amour à donner, et beaucoup, beaucoup de foi et d'espérance.

Mes amis s'inquiètent pourtant. Le bonheur tout neuf ressemble très vite à un vieux cauchemar sorti du grenier, poussiéreux et nauséabond. Une nuit, l'œil est à nouveau là, prêt à m'avaler. J'ai si peur que je m'enroule sous ma couette et prie de toutes mes forces. Les matins suivants, je me réveille et une voix me chuchote : « Tu vas mourir. » J'ai le cœur en transe et je ferme les yeux de plus en plus fort.

J'ai arrêté de courir, de marcher : je ne me concentre plus que sur cette famille à nourrir et à chérir, ainsi que sur ce toit à construire. Je travaille depuis peu comme consultante et rédige articles et recettes de cuisine pour différents sites et magazines. Je m'oublie et ne maîtrise plus rien. Mon meilleur ami me supplie de partir, mais rien ne peut plus me détourner de mon chemin.

Un matin d'avril, je décide d'aller déposer une bougie pour Ambra à la crypte ; c'est son anniversaire. Je ne pleure plus, je laisse le temps glisser sur ma peine. En rentrant chez moi et en ouvrant le portail, je sais qu'un petit chiot de deux mois m'attend avec impatience. C'est la nouvelle merveille qui fait battre mon cœur et je roule au pas pour l'éviter en le surveillant dans le rétroviseur. Je le lâche du regard une seconde pour éviter un chat qui traverse l'allée. La seconde suivante, mon chiot n'est plus là. Je me jette hors de la voiture : il est allongé au sol et tremble de tout son petit corps. Ma vision se brouille et mon cœur s'arrête en même temps que le sien, il gît dans mes bras. Il est passé sous la roue en un rien de temps. Je n'arrive plus à contrôler mes hurlements, j'ai l'impression que même la mort ne peut plus m'arrêter. Plus tard, j'arrache la feuille de calendrier de ce jour maudit.

Pour ne pas me laisser mourir, j'écris à nouveau, je travaille et cuisine sans cesse. J'invente des week-ends magiques et des vacances à l'étranger pour ressentir mon âme vibrer. En Suède, mon cœur bat et reprend ses couleurs d'antan, mais ma vie est désormais en France. J'ai le goût du bonheur, mais rien ne m'importe plus que le bonheur des autres. Cependant, je ne souris plus.

Hortense, une amie psychologue, me conseille d'aller voir quelqu'un. Elle ne comprend pas ce qui m'arrive, mais elle sent que quelque chose d'anormal se trame dans ma vie. Elle me connaît depuis longtemps et ne saisit pas que tout ce que je touche s'écroule, mais me trouve énervée et sur la défensive en permanence :

– Nathalie, je ne comprends pas ce qui se passe dans ta vie : tu as de l'or dans les mains, tu es une jolie femme pleine de vie et tu as tout pour être heureuse et, malgré cela, tu vas d'échec en échec et, plus je te vois, plus je trouve que tu as changé. Tu ne souris plus.

– Je t'assure que tout va bien. Il se passe des petites choses à la maison, mais ça va s'arranger. Je te le promets : je suis juste un peu fatiguée, c'est tout !

– Depuis quelque temps, tu te plains d'être fatiguée constamment, ça ne te ressemble pas, tu as vu un médecin récemment ?

– Hortense, je n'ai pas besoin d'un médecin, ça va passer !

– J'ai un ami que tu devrais aller voir, c'est un thérapeute réputé ici et j'aimerais que tu prennes rendez-vous. Je peux t'accompagner, si tu le souhaites.

– Je ne veux plus voir personne, aucun praticien ne peut m'aider.

– Prends son adresse et tiens-moi au courant.

Le jour où mon chiot est mort, un petit labrador noir est né en Camargue. Je décide de l'adopter ; je vais pouvoir materner à nouveau, rien n'arrêtera ce désir de vie qui brûle en moi. L'Italie m'appelle toujours mais, cette fois-ci, avec une famille à mes côtés. Mon cœur ne pleure plus Paolo et il est temps de me séparer de la robe blanche que je cache au fond d'un placard. Je la fais s'embraser et elle finit en fumée et en cendres qui s'envolent au vent, tous comme les souvenirs qui y sont attachés.

Au fond de moi, je sens rôder le mal. Mes amis s'interrogent mais n'osent plus me questionner. Un matin, je me réveille en hurlant. Mon genou est recouvert d'une cloque rouge. J'ai rêvé que j'étais tombée dans une crevasse enneigée. Un ours m'a tendu la patte avant de s'éloigner de moi, me laissant seule à mon macabre sort. Plus que le mal, c'est la mort que je sens rôder à présent.

Je perds ma petite grand-mère, qui est partie sans faire de bruit, et je ne ressens plus rien. Même la mort n'arrive plus à me toucher. Hortense me supplie d'aller voir le thérapeute. Je l'appelle pour la rassurer et prends rendez-vous sans vraiment croire qu'il pourra faire quoi que ce soit pour moi. Il me donne rendez-vous pour la semaine suivante et je note son adresse sur un bout de papier que je jette dans mon sac. Il officie dans une ville à deux heures de chez moi. Le jour dit, je prends la route sans attendre de miracle de sa part ; j'y vais comme on irait au marché. Arrivée devant son cabinet, je vérifie la plaque à son nom et sonne, le cœur un peu tremblant. Pas un bruit, personne ne répond. Je sonne à nouveau en vérifiant l'adresse et frappe à la porte. Un vieil homme l'entrouvre et me fixe d'un air agacé.

– Oui ?

– Bonjour, j'ai rendez-vous chez vous à 14 h 30.

– Vous devez faire erreur, je n'ai aucun rendez-vous aujourd'hui.

Il me claque la porte au nez. Je suis si choquée par son attitude que je me dis que je suis certainement tombée sur un charlatan. Je ressors mon bout de papier et vérifie à nouveau le nom et l'adresse. Je n'ai pas noté la date, mais suis certaine que c'est bien le jour de mon rendez-vous. Je réactive la sonnette aussitôt : il est hors de question que j'aie fait quatre heures de route pour rien.

– Oui ?

– Je m'excuse, mais je viens de loin et mon rendez-vous est à 14 h 30. C'est une amie, Hortense Plasenski, qui m'envoie.

Il tient un agenda entre ses mains et me demande mon nom.

– Votre rendez-vous est pour demain, vous avez fait erreur. Revenez demain !

Il s'apprête à refermer la porte quand je m'effondre en larmes.

– Je vous en supplie, je dois vous voir, je sens que c'est urgent, je suis désolée d'insister.

Il me regarde et me demande de le suivre tout en me sermonnant. J'ai si honte que je ne dis plus un mot. Il me guide jusqu'à son cabinet :

– Asseyez-vous. La prochaine fois, notez vos rendez-vous correctement, c'est mon unique jour de congé.

Je baisse la tête en me disant que cette entrevue commence bien mal.

– Puisque vous êtes ici, expliquez-moi l'objet de votre visite.

– Je ne sais pas très bien expliquer les raisons de ma venue. Hortense m'a demandé de venir vous voir parce que ma vie est un champ de bataille, un véritable chaos, et que je ne comprends rien à ce qu'il m'arrive. Tout ce que je touche s'écroule, j'ai passé ma vie à fuir et je n'en peux plus. Et depuis que je me suis posée et que j'ai décidé de ne plus fuir, les choses s'emballent à nouveau.

– Très bien, suivez-moi, nous allons dans la pièce d'à côté.

Nous entrons dans une pièce blanche où il me demande de m'asseoir sur un fauteuil. Il s'assoit à son tour en face de moi, sur une chaise. J'observe des photos de Padre Pio et du Dalaï-Lama, ainsi que quelques diplômes encadrés au mur et reprends mon souffle.

– Vous allez fermer les yeux et respirer calmement. Concentrez-vous sur ce qui vous amène ici, ne dites rien.

J'acquiesce et ferme les yeux. Il se lève et médite, les yeux fermés. Je l'observe à travers mes yeux mi-clos à présent. Quand il s'approche de moi, je l'entends chuchoter des paroles inintelligibles et respirer profondément. Mon cœur bat violemment et j'essaie de réfréner ma peur pendant qu'il médite, ses mains posées au-dessus de ma tête.

– Est-ce que le mot « ours » vous parle ?

J'ouvre les yeux et me fige, en proie à une panique totale. Il me regarde et referme les yeux.

– Vous fuyez parce qu'on vous a demandé de fuir. Mais vous êtes protégée.

Je l'observe et tremble de froid. Je n'arrive plus à me contrôler, je tremble de tout mon corps. Je croise les jambes, mais elles grelottent de manière incontrôlable. Tout à coup, dans ce cabinet du Sud de la France, trente ans après avoir voyagé jusqu'au fin fond du Touva, le vieux magnétiseur me lance calmement :

– Vous portez une malédiction. Un vieux sorcier, un druide ou quelqu'un de cet acabit-là vous a jeté un sort. Il vous a maudite à l'aide d'une phrase : « Tu seras maudite, apatride, sans toit ni famille, à errer seule autour de la Terre pour l'éternité… »

Je n'arrive plus à respirer ni à déglutir et ma tête se met à tourner. Le praticien récite une sorte de prière, mais je n'entends plus ses mots. Je le fixe et m'agrippe à ma chaise pour ne pas m'évanouir.

– Je vois du feu, des hurlements, des gens massacrés partout. Vous avez trahi votre clan pour vous marier en cachette. Vous vous êtes mariée dans la forêt avec un jeune homme d'une autre tribu. C'était un clan ennemi. Vous avez signé un pacte de sang avec lui et puis, prise de remords, vous êtes retournée dans votre village pour avoir la bénédiction de votre famille. Mais, à votre retour, le village était en feu, tout le monde avait été massacré. Il y avait un très vieil homme assis sur une pierre, il tenait son visage dans ses mains. Lorsqu'il vous a vue, il vous a maudite et vous avez fui dans la forêt.

Il est debout, les yeux fermés. Je ne comprends plus rien, j'ai l'impression de glisser dans une autre dimension, de devenir folle et de cauchemarder les yeux ouverts mais, en même temps, tout me semble si réel…

– Ça va ? Vous êtes toute pâle.

– Non, je ne me sens pas bien. Qu'est-ce que c'est que cette histoire ? Comment est-ce possible ?

– Je reviens, je vais vous préparer quelque chose à boire, ne bougez pas.

Lorsque le vieux magnétiseur revient avec deux tasses de thé, il s'assoit près de moi et je me sens rassurée ; il a l'air parfaitement paisible. Pas un charlatan, pas un de ces néochamans comme j'en ai parfois croisés, juste un vieil homme sobre et serein.

– Ça va mieux ?

– Je ne sais pas. Il faut que je vous avoue quelque chose.

– Attendez, je dois reprendre, ne parlez pas encore. Vous êtes prête ?

– Oui.

Il se relève et me demande de respirer calmement en fermant les yeux. Je le sens derrière moi et je ressens la chaleur de ses mains sur mon crâne.

– Quand vous avez perdu votre jeune époux, vous vous êtes enfuie seule à travers la forêt. Pour survivre, vous avez dû apprendre à vous nourrir seule de plantes et de baies. Vous avez commencé à soigner les gens. On vous a rejetée malgré le grand bien que vous faisiez. Partout où vous passiez, on acceptait vos soins, mais on vous jetait à la rue aussitôt les soins fournis. Vous avez erré sans cesse, sans répit, seule. Un jour, un homme vous a jugée dans un tribunal. À l'époque, on envoyait les sorcières au bûcher. Il vous a finalement sauvée, mais vous avez dû fuir à nouveau et vous cacher. Cet homme était amoureux de vous en secret, mais il vous a condamnée à errer à nouveau. Pourtant, vous l'aviez soigné autrefois. Ce qui est étrange, c'est que je ne vois pas votre mort, c'est comme si vous erriez depuis mille ans autour de la Terre, seule, sans but.

Il s'approche d'un évier et laisse couler de l'eau sur ses mains. Je regarde la pièce blanche autour de moi. Je me sens vide, complètement vide.

– Venez, allons dans mon bureau.

Je me lève ; j'ai l'impression de flotter, de ne plus toucher terre. Pas d'aigle, pas d'ours, personne pour me tenir la main, je me sens livrée à cette malédiction sans savoir quoi faire.

– Écoutez, c'est la première fois que je vois une malédiction aussi étrange. Vous êtes mariée ? Vous avez des enfants ?

– Non, je n'ai rien de tout ça, mais je dois vous dire quelque chose. Il y a des années, je suis allée voir une chamane en Sibérie parce que, depuis mon enfance, je faisais des cauchemars et des rêves étranges. Elle m'a parlé de cette malédiction. En vérité, elle m'a énoncé les mêmes paroles que vous. Depuis, ma vie n'est qu'une suite d'événements bizarres et de malheurs. Dès que je pense avoir trouvé la paix et la sérénité, tout s'écroule et je fuis sans m'arrêter. J'ai eu une petite fille, qui est décédée. Son père et moi avons eu une histoire qui m'a brisé le cœur et j'ai toujours senti qu'il avait fait partie de ma vie autrefois. Il y a deux ans, j'ai rencontré quelqu'un. J'ai décidé d'arrêter de fuir et de poser mes valises. Je me suis juré de ne plus m'évader, mais je sens que quelque chose ne va pas. Et mon cauchemar, qui avait disparu après mon voyage en Sibérie, est revenu me hanter. Je ne me sens jamais à ma place, nulle part.

Il m'écoute et note des choses sur un cahier, j'ai déroulé mon histoire d'une traite, sans reprendre mon souffle. Il me regarde en silence.

– J'ai oublié de vous dire une chose : je rêve très souvent d'un ours qui marche à mes côtés. Il me relève sans cesse quand je tombe et ne parle jamais.

– Je vous crois. Malheureusement, si vous ne faites rien, vous allez continuer à errer seule, car vous avez accepté cette malédiction et elle ne veut pas vous lâcher. Ce druide était un sorcier, il avait le pouvoir de vie, de mort et celui de la parole.

– Mais pourquoi est-ce que je revis tout ça maintenant ?

– Je crois que vous avez demandé à vous incarner dans cette vie pour vous affranchir de cette malédiction. Seule, vous n'y arriverez pas, vous avez besoin d'aide.

– Qu'est-ce que je dois faire ?

– Vous êtes croyante ? Priez. Et puis, on va essayer de nettoyer tout ça. Il faut revenir me voir : je ne vous promets rien et ça risque d'être long, mais aucune malédiction n'est indissoluble. J'ai la sensation que quelqu'un a réactivé ce sort pour en finir avec vous.

– Et si je ne fais rien ?

– C'est votre choix, vous avez un libre arbitre, y compris celui de ne pas croire ce que je viens de vous dire. Je ne prétends pas détenir la vérité ni la solution à votre problème, mais vous avez le choix de vous résigner et de fuir ou bien de vous libérer. Vous êtes venue pour ça, non ?

– Je voudrais vous montrer quelque chose. J'ai une marque au genou qui va et vient. Mon dermatologue ne comprend pas ce que c'est, il me dit que c'est une brûlure, mais je ne me suis jamais brûlée à cet endroit.

Il observe mon genou et s'empare d'un pendule qui se met à décrire des cercles immédiatement.

– C'est bien une brûlure, mais pas de celles que je soigne habituellement. Vous devez défaire chaque nœud de cette malédiction et elle disparaîtra. Revenez, nous travaillerons sur chacun des mots de cette malédiction. Vous devez l'effacer de votre mémoire, sous peine de tout revivre sans cesse.

Je rentre comme une somnambule, les yeux rivés sur la route. Arrivée à la maison, je déchire le petit bout de papier avec le nom et l'adresse du praticien et nie ses paroles. Je ne veux pas rouvrir cette malédiction insensée, c'est absurde. Comment a-t-il pu voir tout cela ? Je passe la nuit taraudée par ses dires et décide de ne rien raconter à personne de cette entrevue.

L'été débute et, un matin, Suzanne m'annonce qu'elle arrive en France et qu'elle veut nous voir. Je saute de joie. Malgré nos appels téléphoniques réguliers, je ne l'ai pas revue depuis l'été 2003. En septembre 2004, elle n'a pas pu assister à mes 40 ans. Je lui en ai un peu voulu, mais elle avait réservé un voyage avec son mari en Thaïlande pour les fêtes de Noël et ne pouvait donc pas se libérer de ses obligations professionnelles de septembre. Au petit matin du 26 décembre, elle a été emportée, avec son mari et quatre de nos amis suédois, par le tsunami de la plage de Khao Lak. J'ai regardé les images diffusées à la télévision avec horreur avant de me précipiter sur le téléphone pour appeler son frère. Nous avons vécu quatre jours de panique totale avant d'apprendre qu'elle et son mari avaient été retrouvés grièvement blessés, mais bien vivants. Deux de nos amis manquaient à l'appel ; ils n'ont jamais été retrouvés. Rapatriée par avion sanitaire, elle vécut un enfer avant de nous annoncer qu'elle divorçait et qu'elle arrêtait de voler pour la ligne aérienne pour laquelle elle travaillait depuis quinze ans.

Depuis, je la soutiens mais tremble de peur : elle semble parfois étrange et tient des propos incohérents. Son frère m'a expliqué qu'elle souffrait de psychose post-traumatique et qu'elle était soignée et surveillée de près. Nous nous relayons pour la soutenir, moi au téléphone autant que possible et nos amis sur place.

Quand je la serre enfin dans mes bras, je sens la mort rôder dans ses yeux éteints, même si elle fait de son mieux pour rire et me féliciter pour ma nouvelle vie. Quand nous nous quittons, elle me promet de revenir nous voir très vite.

L'été passe, tout s'emballe dans ma vie, mais je ferme les yeux. Je cuisine, jardine et bâtis mon rêve. J'ai un livre en cours d'écriture. Lorsque Maria, une amie suédoise, m'appelle un matin de septembre, je sais que je ne devrais pas répondre. Suzanne, ma belle hôtesse de l'air, ma dernière amie fidèle, celle qui m'avait un jour parlé de cette école de naturopathie parce qu'elle sentait que j'étais « faite pour soigner », celle qui avait pansé mon cœur tant de fois par le passé, celle qui m'embarquait en avion sur un coup de tête pour aller manger un plat de *spaghetti alle vongole*, son plat préféré, à Stockholm, celle qui chantait (faux) à tue-tête et en italien des chansons d'amour pour me faire rire, celle qui adorait Paolo, ma confidente et un peu ma grande sœur, s'est jetée sous un train dans la nuit. À ses obsèques, mon ex-mari joue un morceau pour elle. Je n'ai pas le courage ni la force d'y assister. Je me mure dans mon chagrin et continue à jardiner, à cuisiner et à regarder ma vie s'écrouler.

D'ailleurs, tout s'écroule et je rebâtis tout aussitôt. Je colmate les brèches, je m'arme de détermination et je vais au combat dès que la guerre m'est déclarée. Quand la toiture de notre maison s'écroule sous l'orage d'un 15 août, je ne bronche pas, je ne pleure pas, je lave et nettoie en silence. Je suis allongée dans mon lit quand un pan du toit s'effondre d'un coup sur moi. J'ai juste le temps de me jeter à terre et de fuir la chambre en hurlant. Même les pompiers appelés en pleine nuit restent muets et impuissants. Au petit matin, je suis debout, à éponger et à courir après les couvreurs et les charpentiers. Quand un terrible incendie ravage notre colline et notre maison l'été suivant, je contemple les cendres et retrousse mes manches. La colère m'étreint. Je suis sans cesse enragée.

Tout s'emballe, ce n'est plus une vie, c'est un champ de bataille. Je défie cette foutue malédiction en inventant des anniversaires, des petits week-ends et des voyages pour souffler suffisamment pour ne pas m'écrouler.

Lorsque, l'année de mes 49 ans, mon médecin décide d'opérer en urgence mon utérus ravagé par le Distilbène, je rentre chez moi et mets un couvercle sur mes rêves de maternité.

Je me remarie parce que la guerrière en moi n'a pas dit son dernier mot. Valentina avait raison : je m'en moque. Je cours à ma perte et défie le sorcier de m'achever.

Un beau jour, je reçois un message du neveu de Paolo, que j'ai connu enfant et qui me demande s'il peut passer la nuit chez moi avant de poursuivre sa route vers Paris. Le passé ressurgit en un instant. Paolo a un fils, travaille toujours à l'international et est marié. Je ne pose pas de questions. Je m'accroche à ma propre famille et ferme les yeux pour ne pas pleurer.

J'ai rencontré un vieux sourcier. Il me guide souvent quand je tombe d'épuisement et de peur. Il m'enseigne les vertus des plantes, les failles géobiologiques, et je me passionne toujours pour cette nature qui est la seule à savoir m'apaiser désormais.

J'ai perdu le contrôle de ma vie, on m'a peu à peu dépossédée de tout, mais je n'ai plus la force de partir. Lorsque j'essaie de fuir, la vie me prend encore et encore : mes biens – les véhicules qui lâchent les uns après les autres, notamment – et ma santé. Un matin, mon genou se remet à me brûler. Une cloque apparaît à nouveau et s'étale en m'arrachant des cris de douleur. Je sais que ce n'est qu'une question de temps avant que tout ne disparaisse de ma vie. Et j'attends, le souffle court, la peur au ventre. Un jour, mon vieux sourcier m'annonce qu'il vient me voir : il a pris la route depuis l'Ardèche, où il vit, et me demande de l'attendre. Quand il arrive, il me propose d'aller nous promener pour pouvoir discuter. Je le suis et nous partons sur cette colline que j'ai tant aimée autrefois. Nous nous asseyons dans l'herbe et regardons en silence la ville qui s'étale en contrebas.

– Nathalie, j'ai pensé à ce que tu m'as raconté un jour à propos de ta malédiction. Tu sais, dans mon petit village, il y avait une rumeur de malédiction qui courait sur une maison. Personne ne voulait en parler. Pourtant, il se passait des choses vraiment étranges là-bas. Et puis, un jour, un couple d'Anglais l'a achetée. Au bout de quelque temps, la femme est venue voir ma mère. Elle parlait un français presque parfait et elle lui a posé des questions sur la maison. Elle voulait tout savoir et lui a même dit qu'elle avait l'impression d'avoir vécu dans cette maison autrefois. Elle lui a également confié qu'elle avait rêvé qu'elle avait été infirmière et qu'elle y avait fait des avortements clandestins. Ma mère est restée muette de stupeur parce que, jusqu'à la Seconde Guerre mondiale, les femmes venaient se faire avorter en cachette dans la demeure. Depuis lors, on disait que la maison était maudite. Cette Anglaise venait de voir deux grossesses s'interrompre d'affilée et sentait qu'il fallait qu'elle vende la propriété. Je ne peux pas t'expliquer toutes ces histoires de malédictions, mais je connais un prêtre qui pratique des nettoyages. Je crois qu'il pourrait t'aider.

– Henri, je ne sais plus vraiment ce qui se passe. Ce que je sais, c'est que je me sens en danger. Mais je ne veux plus voir de prêtres, de chamans ou de thérapeutes. Je crois que c'est à moi de faire ce travail.

– Écoute, je suis là si ça ne va pas, n'hésite pas à m'appeler, d'accord ?

2016

La malédiction n'a pris qu'une minute pour raser ma vie. Quand il s'est retiré, j'étais debout. J'ai hurlé, tremblé de peur, j'ai pris des coups au cœur, au visage, au corps et à l'âme, mais je suis restée debout. Le diable m'a regardée droit dans les yeux pendant qu'il m'arrachait le cœur. Avec un rictus sur les lèvres, il m'a dit : « C'est fini, tu as tout perdu, et quand j'en aurai fini avec toi, même ton père ne voudra plus te regarder droit dans les yeux. » Mon père m'a regardée avec ses yeux de père.

C'en était surtout fini de cette malédiction et, ce jour-là, j'ai compris que j'avais vécu avec mon vieux druide, celui qui m'avait maudite. Il était revenu pour tout me prendre et m'achever. Le diable connaissait tout de moi – mes forces et mes faiblesses –, mais je sais qu'à l'intérieur, il me craignait.

Mais je suis restée debout. J'ai mis du rouge sur mes lèvres, j'ai blondi mes cheveux et me suis fait tatouer un précepte d'Hippocrate sur le bras : *Vis medicatrix naturae*[12]. C'était là ma force et ma richesse.

J'allais vivre et tout reconstruire seule. Même si je devais encore traverser des orages, je savais que j'étais en train de payer une dette karmique et que, une fois ce dû remboursé, je vivrai enfin libre.

Un matin, je me suis réveillée et j'ai recommencé à respirer. J'étais libérée du diable et je me suis demandé comment j'avais pu traverser

---

12. « La nature est guérisseuse. »

ces dix ans de chaos et de brouillard sans m'enfuir. J'avais fait un pacte de soumission, mais mon âme, elle, n'avait jamais perdu la foi.

Un bel après-midi de juin, c'est un être profondément beau et bienveillant qui recroise ma route. Je l'avais rencontré lors d'un tournage des années auparavant. Il avait croisé le regard du diable et avait compris tout de suite. Il savait qu'on se retrouverait.

Ce jour-là, il a décidé de ne plus lâcher ma main. Depuis, je crois profondément que les anges existent. On ne sort pas de l'enfer en un claquement de doigts. Je savais que personne ne comprendrait et que je devrais me battre seule encore et encore mais, au fond de moi, une étincelle de vie brûlait encore. Peu à peu, j'ai décidé de vivre, de respirer et de reprendre mon corps en main. Les amis fidèles sont restés et m'accompagnent à chaque fois que je trébuche, en m'apportant leur soutien. Je reprends doucement mon souffle. Je sais que je suis protégée, je le sens.

En rencontrant cet ange, j'ai le premier réflexe de fuir et de me réfugier sur une île, pour m'éloigner du diable qui rôde, minaude, rit et s'amuse. J'ai une vie à reconstruire et un cœur à raccommoder. Je profite du soleil, de la mer et de ma liberté retrouvée pour réfléchir à la suite de mon chemin. Je fuis l'ange qui ne me lâche pas la main. Il respecte mes silences et mes éloignements, et veille patiemment de loin.

À mon retour, mon vieux sourcier me téléphone : il veut me voir. Nous nous retrouvons sur cette route où, dix ans auparavant, j'ai croisé le diable. Nous restons dans la voiture, à l'endroit même où ma vie a basculé un soir de février 2006, lorsque j'ai rencontré celui qui me plongerait au cœur de la malédiction…

– Nathalie, il faut que tu poses certains actes pour te libérer, tu dois agir méthodiquement. Tu vas reconstruire ta vie, mais avant, tu dois déconstruire tout ce qui t'a menée à ta perte. Tu vas écrire sur une feuille que tu te libères définitivement de cette vie et brûler ici même ce bout de papier. C'est symbolique, mais c'est un premier pas. Ensuite tu vas appeler une psychologue pour parler et une avocate pour divorcer et te faire aider pas à pas, d'accord ?

Il est venu d'Ardèche pour m'épauler et je sens que le chemin de la libération et de la réconciliation sera long, et peut-être dur, mais je n'ai plus peur.

Le papier s'enflamme rapidement et nous quittons les lieux sans nous retourner. Je me sens si libérée que je rentre me changer et pars rejoindre mon ange barbu et chevelu chez lui, près d'une île. Sa mère, Malo Ma'nous, a préparé des *knedlíky* aux abricots. Nous passons la nuit sur la plage, à parler de la vie en buvant du cham-cham à la belle étoile. Je reprends ma respiration, j'ai l'impression d'avoir vécu en apnée. Je reperds mes kilos en un clin d'œil et souris enfin. Plus rien ne sera comme avant. J'ai changé, mais j'ai gardé l'essentiel : mon âme. Je n'ai plus rien pour partir et fuir, puisqu'on m'a dépossédée de tout, mais je suis vivante et libre. Mon barbu respecte mes silences et mes peurs, il connaît la guerre, le feu et la mort. Il m'offre son respect et son amour sans que j'attende rien de lui. Je suis en paix.

J'ai encore un peu de route à faire pour honorer mes derniers contrats professionnels, et un directeur commercial m'appelle un soir pour me proposer de venir passer quelques jours dans leur établissement du Sud-Ouest de la France et d'y faire un reportage sur les traditions gastronomiques et les ressources touristiques de la région. J'accepte aussitôt. Ses paroles résonnent encore en moi : « Tu crois au destin ? » Je n'ai pas répondu parce que j'ai bien compris qu'il pensait à tout autre chose mais, dans mon cœur, je m'en moque ; je suis à nouveau libre et sur la route. Mon cœur bondit de joie lorsque je voyage. Conduire est une sorte d'exutoire et de bonheur intense pour moi. J'avale kilomètre après kilomètre en souriant.

Je revois encore mes nuits étoilées dans la jungle de Oaxaca, à 17 ans, mes petits matins sous la tente avec Johannes, mes pas silencieux dans la neige de Laponie avec Biret, mes courses folles sur la plage de Tarifa avec Nils, mes soirées de fous rires avec Anna accrochée à mon bras, un peu saoule mais si vivante encore, la plage immaculée de Jervis Bay et l'azur de la mer qui se noie dans les yeux verts de Paolo, Valentina et Yelena un peu fatiguées par la vodka et la chaleur du poêle, la peau d'Ambra contre la mienne, le vide, le gouffre, mais aussi l'amour ressenti, le sourire de Suzanne fixé pour toujours et l'amitié de ceux qui sont encore là et qui croient si fort en moi. Et puis, les mots de cet ange, de ce barbu qui vient de repartir filmer les horreurs de la guerre en Syrie : « Cette malédiction est une bénédiction, *malá želva*, elle t'a guidée vers toi. Toutes ces conspirations pour te découvrir, apprendre à t'aimer et à devenir toi, c'est beau, tu ne trouves pas ? » Il m'appelle « petite tortue » en tchèque, tout comme les autres m'ont appelée tour à tour *malyshka*, *topolino* et *lilla gumman*. Comme un fil invisible qui me lie à cette petite adolescente maudite toujours en fuite.

Tous ces moments de bonheur, de joie et de tristesse me rendent finalement très reconnaissante aujourd'hui : je ne sens plus aucune injustice dans mon chemin de vie, seulement une grande leçon d'humilité. Intérieurement, je sens que j'ai choisi ce chemin et peut-être bien même cette malédiction. Je crois que les âmes choisissent leur voie et ceux avec qui elles doivent cheminer.

Le temps n'existe pas, il n'a aucune importance : une heure, un mois, un an, dix ans, mille ans, peu importe. C'est la leçon qui est importante et surtout les émotions vécues, l'amour au-delà des ruptures, la profondeur des instants, le partage, l'amitié éternelle au-delà de la mort, les liens tissés par-delà les frontières. Je sais désormais que, peu importe ce que l'avenir me réserve, j'ai suivi mon chemin sans me détourner de moi et de ma foi en la vie, et que je suis toujours debout.

L'Ours

« Quand on vous blessera, partez », m'avait dit cette médium de Stockholm. Je n'ai jamais oublié ses paroles. Le diable m'a tout pris, sauf mon âme. Je n'ai aucune envie de me venger. Je suis vivante et en route, la vie est belle, même semée d'embûches qui m'attendent au tournant. Je n'ai plus peur de la vie ni de la mort. Je suis partie.

J'ai roulé en paix jusqu'à la chambre d'hôtes où je devais m'arrêter quelques jours. Le directeur commercial m'a fait son cinéma ; je l'ai ignoré et me suis très vite recentrée sur ce pour quoi j'étais initialement venue. J'ai fait mon reportage et ai déambulé dans les rues de ce charmant village en réfléchissant à ma vie. Je ne fais plus que cela : marcher, réfléchir et revivre, loin du diable et de cette malédiction. Je respire à nouveau, je dors paisiblement, et ma brûlure a disparu.

Un bel après-midi du mois d'octobre, assise sur la terrasse de ma suite, je suis en train de lire lorsqu'une petite plume blanche tombe du ciel sur mon livre ouvert. Je souris au ciel et la garde dans ma poche. Le lendemain, je dois reprendre la route pour un château dans le Minervois : il me reste deux reportages à Collioure, et puis ce sera le grand saut dans le vide avant mon divorce. Il fait un temps splendide et la route est belle. Je viens d'avoir 52 ans, en pleine tempête, mais j'ai doucement repris le sport ainsi que mes airs de gamine en perdant mes kilos de tristesse. Il y a dix ans que j'avais arrêté de faire de l'exercice. C'était déjà un signe, j'aurais dû comprendre. Moi qui avais toujours besoin de courir ou de bouger, j'étais devenue léthargique, épuisée et mal dans ma peau. En réalité, j'étais devenue l'ombre de moi-même. Je cuisinais sans cesse pour ne pas mourir ; je mangeais et prenais du poids, pour me protéger. Je ne maîtrisais plus rien, même plus mon propre corps.

Le château est un affreux bâtiment sans charme, et la directrice, une incompétente incapable de trouver du lait pour mon thé de 17 heures. Je file à l'épicerie du coin pour remplir un caddie de lait, de soupes en briques et de fruits. En chemin, je rentre dans l'église du village, tout aussi fade que le château, et allume une bougie au pied d'une statue – celle de sainte Rita. Elle qui défend les causes perdues tombe à point nommé. Je lui souris.

Je rentre et me couche aussitôt. Mes nuits sont si paisibles que je réalise que je ne dormais plus depuis dix ans. Je sombrais seulement pour fuir. Au petit matin, je me lève pour faire un peu de yoga et de méditation. Une super lune est annoncée samedi soir avant mon départ, prévu le dimanche matin. Nous sommes jeudi et je traîne devant la télévision du salon. Tout à coup, je me fige, mortifiée par les horreurs de la guerre de Syrie qui s'affichent sans scrupule sur le grand écran.

Je sais que mon barbu est enfermé, quelque part dans la vieille ville d'Alep, sous les bombardements, et j'ai mal en pensant à lui. Pourtant, je sais qu'il vit son destin en pleine conscience. Il a choisi de suivre son chemin de vie, loin des diktats et des normes. Il m'a appris à regarder la vie différemment et à accepter mon étrange et chaotique destinée. Il trouve que ma vie est belle et que cette malédiction m'a apporté plus de bien que de mal :

– C'est une vue de l'esprit, *malá želva.* Si tu regardes ta vie avec les yeux des autres, elle est sûrement tragique. Si tu la regardes avec ton cœur, tu sauras qu'elle est juste pour toi et qu'au final, elle t'a offert bien plus qu'elle ne t'a pris.

Il m'a appris tant de choses en si peu de temps. Je sais désormais qu'il est comme une étoile qui éclaire ma route.

Une fois douchée et habillée, je descends déjeuner dans la petite salle sous la verrière. Le château est vide en dehors du personnel qui se tient droit comme un « i » devant le buffet sans attrait de l'établissement. Lorsque je m'assois, je sens un regard fixé sur moi. Je lève la tête. Un raz-de-marée sans précédent vient de m'avaler tout entière. Le grand nettoyage peut démarrer. Je viens de croiser le regard de l'ours. Ce n'est pas d'amour dont il est question désormais, mais du début de la grande purge. Cependant, je ne le sais pas encore.

Je suis ici pour travailler sur les traditions gastronomiques du Minervois et le soir, l'ours, qui est aussi le chef des cuisines du château, me propose de venir manger à la table du directeur commercial et de ses invités. Je décline l'invitation et commande un plateau froid, qu'il dépose dans ma suite. En partant, il me demande si je n'ai pas peur. Je le regarde en riant avant qu'il m'explique que le château est exceptionnellement fermé pour la nuit et que je serai donc seule à y résider. Il a des yeux verts immenses et je sens son regard sur moi. Je referme la porte en souriant. Je n'ai plus peur de rien.

Au petit matin, je descends sous la verrière pour déjeuner et finir d'envoyer des articles à mes clients. L'ours est là, souriant. Il ne va plus me quitter. C'est étrange, j'ai l'impression qu'il me renifle en tournant sans cesse autour de moi. Lorsqu'il m'invite à le suivre pour visiter la cave à vins, je sens mon cœur s'emballer, puis s'apaiser aussitôt.

La super lune tant attendue éclaire le balcon et j'invite l'ours à boire un verre avant de reprendre ma route vers la frontière catalane et Collioure, où j'ai réservé un hôtel dans lequel j'ai mes habitudes depuis longtemps. Je ne parle pas et écoute l'ours me raconter sa vie sans détour, durant toute la nuit. Je n'arrive pas à détacher mon regard de lui. Pourtant, tout nous sépare, absolument tout, et il a vingt ans de moins que moi. C'est le catalyseur qui me mènera au gouffre, puis au plus grand nettoyage de toute mon existence. Parce que, depuis toujours, je refuse de lâcher cette adolescente ; je m'accroche à elle comme à un bâton de pèlerin et, d'un coup, cet écart d'âge me plonge dans l'effroi.

La super lune est la lune des chasseurs, et elle réveille mon âme de chasseuse et de nomade. Je sais que ma route ne s'arrête pas là, et peut-être bien qu'elle ne s'arrêtera jamais mais, pour le moment, l'ours me fait soudain prendre conscience du temps qui passe. Il va cheminer à mes côtés et me tenir la main. Une fois à Collioure, après une soirée à parler sous la lune, il me prend dans ses bras et m'assène ces mots : « Je sais que c'est toi, je t'ai reconnue tout de suite. » Je le regarde sans rien dire.

Je décide de l'emmener à Cadaqués, puis il souhaite me suivre en Corse et nous roulons, parlons, sourions et nous aimons. À chacun de nos retours, il refuse que je le quitte, ne veut rien savoir, se moque de l'âge, des différences, de ma situation.

Il m'avoue qu'il a rêvé de moi quelques jours avant de me rencontrer et qu'il m'a reconnue au premier regard. Je le regarde marcher à mes côtés et j'ai l'impression d'avoir retrouvé mon double. Je n'arrête pas de l'observer en souriant. Il est sincère et parfois abrupt. C'est un ours fatigué que je soigne. Un jour, il se redressera et dévoilera toute sa beauté et son cœur immensément vrai. Il sourit sans cesse. À force de porter les autres, il s'est oublié, mais il sourit toujours. À force de soigner le diable, je me suis oubliée, mais je me remets à sourire peu à peu. Un jeu de miroir s'installe doucement entre nous. Nos différences réveillent nos peurs et nos blessures les plus profondes ; je n'ai plus d'autre choix que de les soigner.

Un soir, dans le Minervois, je capitule, je ne peux plus réfréner mes sentiments, ni ce mot lancinant qui me brûle la bouche depuis que je l'ai rencontré. Au petit matin, je l'ai regardé et mon cœur n'a pas pu se taire :

– Mon ours, mon ours…

L'œil a disparu. Enfin, j'ai la sensation étrange d'être chez moi, de retrouver une part de mon âme et d'être en paix. Je me réveille en souriant et je m'endors collée à lui. Il se réveille en souriant et s'endort collé à moi.

Un jour, il me chuchote qu'il est là pour m'aider à traverser ce passage et qu'il est venu pour me soutenir un moment seulement. Je refuse qu'il soit là rien que pour cela mais, au fond de moi, je sais qu'il dit vrai. Et puis, il m'ouvre le cœur en grand. Pas le cœur d'adolescente éternelle, qui croyait pourtant aimer encore et encore. Non, il m'ouvre le cœur en m'apprenant l'amour inconditionnel. Ce que je ressens est si différent que je sais qu'il est là pour m'aider à guérir.

Il me fait traverser le feu sans cesse. Il me guérit de mes blessures, de ma peur et de ma malédiction en me forçant à me regarder de l'intérieur. Il m'apprend le pardon peu à peu. Il est arrivé dans ma vie au moment où tout s'écroulait autour de moi, il m'a tenu la main et fait un bout de chemin à mes côtés, le temps que je comprenne que je suis celle qui a toutes les clefs pour me libérer. Il me donne tout l'amour dont j'ai besoin, puis lâche ma main et me met à l'épreuve pour me tester en disparaissant durant quelques mois sans explication. Je plonge dans la plus longue nuit de l'âme avant de me relever seule.

Pourtant, quand je me relève, il est là à nouveau. Il ne peut pas vivre sans moi. Soudain, il veut que nous vivions ensemble et je le suis dans le Minervois, mais c'était écrit d'avance, un ours est un ours : il a besoin de sa liberté. Et moi, je fuis encore.

L'ange, lui aussi, a passé son temps à veiller de près ou de loin sur moi, de manière inconditionnelle alors qu'il se savait condamné. J'appelle cela de l'« amourtié ». Il sourit chaque fois que nous nous retrouvons et nous passons notre temps à parler, à écouter de la musique en buvant du cham-cham sous les étoiles. Il a accepté de me laisser à cet ours par amour.

L'ours et moi passons notre temps à nous courir après. Pourtant, je sais qu'il n'est là que pour m'apprendre à cheminer seule et pour finalement me lâcher la main. Lui qui marchait depuis des siècles à mes côtés. Lorsque le diable m'a pris tout ce qu'il y avait à prendre au cours du divorce, il est venu me soutenir encore un peu physiquement. De manière plus subtile, il avait cependant toujours été à mes côtés. Lorsqu'il a compris que j'étais toujours en fuite, il m'a alors offert la plus belle des leçons : il fallait que je cesse de fuir pour enfin vivre ma vie – habitude que j'avais reprise suite au divorce. Toutes ces années passées à nous fuir pour nous retrouver encore et encore... Alors, c'est lui qui a fui une dernière fois pour me montrer la douleur, la peine que j'infligeais aux autres depuis toujours.

Et il m'a laissée vivre ma vie pour que j'apprenne enfin à m'aimer. L'ours m'a jetée au feu et ne s'est pas retourné. C'était d'une cruauté terrible. J'ai hurlé ma peine et mon chagrin, j'ai cru mourir mille fois, j'ai plongé et je suis remontée à la surface pour reprendre mon souffle et ma vie. Et puis, mon barbu, mon ange gardien, est mort d'un cancer à Zurich.

J'aurais pu devenir folle, mais j'ai commencé à marcher, pour m'ancrer et pour apprendre à m'aimer un peu. Sa mort était écrite et la malédiction n'a eu aucun rôle à jouer dans cette fin. La malédiction vit avec le diable, elle ne m'appartient plus parce que j'ai compris que celui qui maudit se maudit lui-même. Et moi, je bénis tous les jours mon ours de m'avoir libérée.

« Ne rendez point mal pour mal, ou injure pour injure ; bénissez, au contraire, car c'est à cela que vous avez été appelés, afin d'hériter la bénédiction[13]. » La médium suédoise avait raison : il ne faut jamais se venger !

---

13. 1 Pierre 3:9.

Mon barbu et l'ours m'ont abandonnée en route, chacun à leur façon, pour me donner la vie. J'ai choisi la vie. Les malédictions sont parfois des bénédictions : elles vous enseignent la vie.

Épilogue

Johannes est marié avec celle qu'il avait rencontrée il y a trente ans. Il n'a jamais eu d'enfants et a quitté sa vie de nomade. Il y a deux mois, alors que j'écrivais sur lui, il m'a étrangement retrouvée sur les réseaux sociaux et, après trente ans de silence, nous n'avons pas eu besoin de parler. Ce n'est pas nécessaire : je sais qu'il me lit et qu'il sourit. Avec lui, j'ai appris une autre façon de communiquer parce que, comme l'écrivait si bien le poète suédois Tomas Tranströmer, je suis « las de tous ceux qui viennent avec des mots, des mots, mais pas de langage ». Nous n'avons jamais eu besoin de nous parler. Vuolla, Máret, Biret et Madeleine sont décédés. La mort n'est rien d'autre pour moi qu'un passage. Ils sont dans mon cœur pour toujours.

J'ai perdu la trace de Yelena après quelques cartes échangées à mon retour. Elle aussi est vivante dans mon cœur, comme tous mes chers disparus. Valentina doit voler avec les aigles, tout là-haut, et je suis sûre qu'elle a retrouvé son beau regard vert de nomade.

Nils est divorcé, a deux grands garçons et est toujours amoureux de la mer. Lui aussi est un mélancolique solitaire. Nous sommes restés amis et bienveillants l'un envers l'autre.

Paolo ne m'a plus jamais donné de nouvelles, il vit sa vie. Il ressurgit parfois dans mon cœur sans crier gare. Nous n'avons pas fini de nous retrouver, puisqu'il faudra bien que nos âmes se pardonnent et se libèrent. Mille vies ne suffisent pas toujours pour grandir.

J'ai retrouvé Luigi sur les réseaux sociaux, toujours souriant au *Caffè San Giovanni.*

Mon barbu me manque, mais je sais qu'il veille sur moi de là-haut. L'ours hiberne dans mon cœur en paix, je n'ai plus besoin de sa patte pour marcher.

J'ai reconstruit ma vie seule, différemment. Depuis que j'ai fui le diable, l'œil n'est plus jamais revenu hanter mes nuits, pas plus que mes vieux cauchemars. Ma brûlure a disparu, je n'ai même plus de cicatrice.

J'ai un chien qui s'appelle Nanuuq. *Nanuuq* est un mot inuit qui signifie « ours blanc ». Il est arrivé dans ma vie comme un cadeau du ciel. Il veille sur moi, je veille sur lui. Un jour, il a fugué. Je l'ai cherché nuit et jour, et j'ai bien cru que la malédiction m'avait rattrapée. Un matin, alors que je pensais qu'il était mort, j'ai trouvé une paire d'ailes de rapace, qu'un renard avait dû attraper durant la nuit dans un champ. J'ai prélevé deux plumes de l'oiseau et ai prié l'esprit de l'aigle pour retrouver Nanuuq vivant. Depuis, il court dans les champs avec moi à la recherche de plantes sauvages et les plumes ornent ma table de chevet.

J'ai payé ma dette au vieux druide. Je ne fuis plus ceux qui m'aiment, et je me tiens éloignée des autres. J'ai appris que, pour changer sa vie, il ne faut pas avoir peur des orages ni même chercher à les éviter, qu'il faut parfois oser rentrer dans l'œil du cyclone, au risque d'y perdre quelques plumes, et que l'amour ne devrait jamais faire mal, mais aider à grandir. J'ai appris que ceux qui maudissent se maudissent eux-mêmes et que, parfois, les malédictions s'avèrent être des bénédictions.

Je mange toujours du *kama* en buvant des litres de thé noir au lait et je ne pourrais plus me passer de mon café du matin. Je me suis remise à fumer, pour respirer, comme un cordon ombilical. Je fume et je marche sans cesse.

Mais je n'ai plus peur.

Dépôt légal : février 2022
Achevé d'imprimer par la Nouvelle Imprimerie Laballery en janvier 2022.
N° d'impression : 112241
La Nouvelle Imprimerie Laballery est titulaire du label Imprim'Vert.

Imprimé en France